小学校国語科における討論指導に関する研究
――協同探究のための〈議論展開能力〉の育成――

北川雅浩 著

風間書房

目　　次

序章　研究の目的と方法 ……………………………………………… 1
　第1節　本研究の意義と目的 ……………………………………… 1
　第2節　研究の方法と構成 ………………………………………… 11

第1章　討論指導の目標の変遷 ……………………………………… 19
　第1節　討論指導史を調査する目的 ……………………………… 19
　第2節　自己主張を重視した討論指導 …………………………… 21
　第3節　思考力の育成を主眼に置いた討論指導………………… 26
　第4節　探究的な議論としての討論指導 ………………………… 34
　第5節　今後の討論指導の目標の考察―協同探究型討論の志向― … 47

第2章　小学校段階における協同探究型討論の必要性の再検討 … 51
　第1節　問題の所在と研究の目的 ………………………………… 51
　第2節　実践の概要 ………………………………………………… 53
　第3節　各次元への影響の分析…………………………………… 61
　第4節　協同探究型討論の必要性 ………………………………… 73

第3章　協同探究型討論で育成すべき能力の検討
　　　　―〈議論展開能力〉を中心に― ……………………………… 79
　第1節　討論を協同探究とするために必要な能力…………… 79
　第2節　〈議論展開能力〉の定義と具体化 ……………………… 91

ii

第4章　小学6年生を対象とした〈議論展開能力〉の育成 ……… 115
　第1節　問題の所在と目的 ………………………………… 115
　第2節　分析の対象とした学習者と実践の概要 ………………… 116
　第3節　〈議論展開能力〉の育成過程の分析 ……………………… 125
　第4節　3つの実践を通した〈議論展開能力〉の育成への示唆 …… 165

第5章　議論展開スキルの整理 ………………………………… 171
　第1節　議論展開スキルの重点についての検討 ………………… 171
　第2節　全体に問いかけることの意義についての検討 ………… 179
　第3節　本章の成果と今後の展望 ……………………………… 191

第6章　討論における協同性を高めるための段階的な指導 ……… 193
　第1節　問題の所在と目的 ………………………………… 193
　第2節　並立的討論と対立的討論 ……………………………… 194
　第3節　実践の概要 ……………………………………… 200
　第4節　段階的な指導の影響についての分析 ………………… 203
　第5節　並立的討論を先行して指導する効果の考察 ………… 231

終章　研究の成果と課題 ………………………………………… 235
　第1節　本研究の成果とその意義 ……………………………… 235
　第2節　本研究に残された課題と展望 ………………………… 243

引用・参照文献一覧 ……………………………………………… 247
おわりに ………………………………………………………… 257
語句索引 ………………………………………………………… 261

序章　研究の目的と方法

第1節　本研究の意義と目的

1.1　討論指導を研究する意義

(1)　現在の教育の動向と討論

　現在,「アクティブ・ラーニング」や「主体的・対話的で深い学び」といった文言が旗頭となり, 議論を通した学習が志向されている。その背景には, 知識の習得に偏りがちであった学習を見直し, 自ら課題を発見して解決していく学習への転換が図られていることが挙げられる。そういった学習においては, 知識は1つの要素であり, 学びの対象の全てではない。むしろ, 習得した知識や技能を活用して何ができるか, 個人の内部に留めることなく他者との協働を通していかに拡張していけるか, が重要視される。なぜなら, これからの予測不可能な社会の状況を鑑みた時, 正答の無い問題に対して様々な角度や立場から検討し, 建設的な解決を図るための資質・能力を育成することが求められるからである。この場合, 建設的な解決と言っても, 必ずしも1つの合意にたどり着けるわけではない。条件付きで一時的な合意であることもあるだろうし, 合意はできなくても互いの立場からの主張を理解し合うことを一定の成果とする場合も往々にして考えられる[1]。それゆえ, 多角的に物事を検討し, 考えを深めていくための学習指導が求められるのであるが, その際に有効となるのが他者との議論, わけても現前する相手との討論といった活動である[2]。このことについて, 香西 (1995) は討論には実存する他者からの指摘を受けて多角的に検討できるといったメリットがある

2

ことを指摘する。自己内の想定する他者からは，あくまで自己の範囲内でしか検討する観点が得られない。しかし，現前する他者は，時に思いもよらなかった指摘により，自己を困惑させたり，葛藤を引き起こしたり，あるいはそれまで築いていた主張を全て崩すことにつながったりする。これらは，自己中心的な見方や考え方を脱し，複眼的で高次な思考に至る起点となることから，いわゆる「深い学び」を実現するための重要な契機であるということができる。特に小学生にとっては，自己内に他者の視点をいくつももつということは容易ではない。級友からの指摘を通して再検討したり，複眼的なものの見方を獲得したりすることが極めて重要な学びとなる。合わせて，自他を区別し，自分とは異なる他者の立場や考え方を尊重するといった態度を養う上でも，討論の有効性が発揮される。今後，社会は益々ボーダーレス化が進んでいき，異なる文化や背景をもった者同士が共生し，発展させていく必要性が指摘されている。日本国内においても，外国人滞在者や外国人観光客は増加傾向をたどっており，小学校でも外国籍の子供たちが増加し続けている。共生社会の実現は，避けられない課題であるといえる。

　それゆえ，現在，様々な授業場面で話し合いや討論が取り入れられている。国語科においては，話すこと・聞くことの領域はもとより，書くことや読むことの領域においても，授業案に必ずと言っていいほど話し合い・討論の場面が設定されている。他教科等においても，同様であるといえよう。しかし，その内実はどうであろうか。学び合いを志向して活動は取り入れられているものの，教師によるリードがいつまでも必要な状態であったり，意見発表に留まっていたりする実態は少なくない。特に討論を取り入れることを企図した実践では，活動が活発になるからといって二項対立するように課題を設定したことで，反論につぐ反論の応酬が生じ，思考が深まるどころか言い負かすことに子供たちの目的が向いてしまっているケースも散見される。これは，二項対立を設定することに問題があるわけではない。二値より多値である方が思考に広がりがあるし，現実的な問題解決につながることは確かであろう

（高橋，2001 等）。しかし，二項対立を起点に議論を開始し，多値的に展開していけばよいのであって，二項対立を設定したからといって二値的な議論しかできないわけではない。問題となるのは，二項対立の立場から意見を発表させた後，有益な議論を展開するための方法を子供たちに学ばせているかである。論拠を質問することは，他者の主張を理解する上でも，自己のバイアスを認知する上でも，討論における重要な行為であるといえる（村松，2010）。ただし，本研究の対象とする小学生という発達段階を鑑みた場合，発言者が示した理由以上に論拠を尋ねて深めていくことは難しい。相手の意見の不確かな部分を聞き，有益な議論を引き起こす質問を返すことは，高度な認知を要するはたらきかけであると考える。そのため，質問にしぼって討論をさせたところ，質問が思いつかないという理由で議論が停滞し続けたという実践を経験したことがある。反論も同様に，有益な議論の起点となるような反論をすることは容易ではない。特に対立が敵対となりやすい小学生の場合，反論は攻撃として映りやすく，認知面だけでなく心理面においても負の影響が生じかねない。対人関係への影響を危惧するあまりに，小学校高学年では反論を口に出すことを拒む傾向も散見される（間瀬・守田，2014）。

　とはいえ，上述したように，討論による学びは，目の前の各教科等の学びを深めるためにも，これからの社会に求められる資質・能力を育成するためにも重要である。そのため，互いの異質性を前提とし，議論を通じて高次の理解に至ることを志向する討論指導の充実が喫緊の課題であると考える。特に，正答の無い問いに対して，様々な立場を尊重しつつ多角的に検討するための議論の能力は，国語科で育成すべき重要な資質・能力の１つであるといえる。

(2) 日常生活における討論

　討論によって互いの理解を深め，高次の考えに至るという営みは，日常生活においても現れてくる。例えば，スマートフォンを所有したいと願う子供

と，トラブルに巻き込まれることを心配する親との間で，購入するかを決める前にスマートフォンを持つことは生活をよくするかを議論するとすれば，それは日常生活における討論となる。このような相手の立場や考え方に応じて意見を述べ合うことや，議論を通して様々な観点からメリットやデメリットを検討してみることは，日常生活においてしばしば求められる事態である。日常生活での討論は，好みなどの情意的要素や利害が含まれることも多く，最終的には一定の合意を目的とする場合が多いといった点で，学習場面における討論とは異なる側面も大きい。そのため，ややもすれば，口論に陥ってしまうことも危惧される。あるいは主体間の関係によっては，結局，立場が上の者の意見が通るということもあるだろう。地域によっては，現在でも議論そのものに否定的なコミュニティもあると耳にする。そうであっても，相手の立場や考え方を考慮に入れながら，言葉を尽くして理解を促すといったはたらきかけや，結論は任せざるを得ないにしてもメリットとデメリットを共有するといった取り組みは，貴重なことではないだろうか。これからの共生社会では，文化・宗教・政治的イデオロギー等，相容れない様々な背景を抱えた者同士が新たな関わりを築いていく必要があるとするならば，合理的な判断によって相互了解を積み上げていこうとする態度が日常生活においても求められるであろう。民主的な社会，市民教育といった言葉を出すまでもなく，日常生活における討論は納得や相互了解によって人々が動くために重要な役割を果たしているのであり，今後，その必要性はさらに高まっていくと考えられるのである。

　このように，討論は学習場面のみならず，日常生活においても重要な役割を果たしているといえる。だからこそ，小学生というコミュニケーションの基盤となる資質・能力を育成するべき発達段階において，討論を通して相手と議論することの楽しさや難しさ，有効性を実感的に学ぶことは意義深いことであると考える。そういった学びを充実させるために，小学校段階での討論指導で育成すべき資質・能力は何かを明らかにし，指導を通した子供たち

序章　研究の目的と方法　　5

の変容を実証的に検討することは重要な研究課題であるといえよう。

1.2　協同探究型討論の志向

　上述したように，討論といっても対象とされる言語活動のイメージは幅広い。自説の優位性を明らかにするために主張し合い判定が下されるもの，相手を言葉でやり込めることを目的としたもの，テーマに基づいて互いの考えの違いから探究を目指すもの等，様々であろう。現状としては，エンタメとしての「テレビ討論」や有権者に向けて政策の是非を闘わせる「党首討論」といった用いられ方が論争的なイメージを強めていると言える。

　しかし，学校教育で指導の対象とすべき討論は，多角的な検討を通して新たな見方や考え方を拓くものであるべきであろうし，相互尊重につながるものであるべきであろう。そうでなければ，人間形成に資することはできないし，多様な価値観が共存する社会における関係構築のあり方を学ぶ契機ともなり得ない。このような考えから，本研究では，小学校段階で求める討論は，参加者間の納得解を求めて協同的に探究する議論であるべきだと考え，協同探究型討論と呼ぶことにした。これは，自説を固持し優位性を主張するに留まる討論とは区別したいという意思の表れであり[3]，討論の学びが子供たちの日々の学習を豊かにするものであって欲しいという願いの具体化でもあると考えている。では，そういった討論による協同探究を志向するにあたって，前提とすべきはどのようなことであろうか。関連する諸研究を基に検討し，本研究が志向する討論を明瞭にしていきたい。

(1)　討論による協同探究

　子供たちの学びを対象としながら，討論による協同探究について明確に論じた先行的研究者としてDeweyが挙げられる。早川（1994）はDeweyの社会的探究の理論を整理し，「社会的探究とは，人間と人間とが相互にかかわりあう状況（人間関係的，社会的状況）の中から生じる諸問題に対処し解決し

6

ようとする包括的な人間学的アプローチ」(p.4) と定義し，相互成長のための機会や可能性となることを主張する。また，早川 (1994) は Dewey が社会的探究における「協働探究者」(co-inquirer) としての人間関係を重視していることに基づき，以下のように論じる。

　　社会的探究に取り組む人間とは，本質的に〈協働探究者（co-inquirer)〉であり，他の探究者とともに問題への関心を共有し，探究過程で対話する能力を培い，相互の意味体系を豊かにするよう協力しあう。社会的探究は，「協働的」かつ「共感的」な探究である。それは，経験の共有だけでなく，「苦しみ」をともに分かちあい，その苦しみを生み出す原因に対し「情熱」をもって取り組む探究である。(p.5)

　そういった「「協働的」かつ「共感的」な探究」を実現させる上で求められる能力について，以下のように述べる。

　　社会的探究における協働探究者にとって，一対一の人間関係のネットワークを拡張していくためには，すでに述べたような他者の立場に立って物事を眺めるという「共感的能力」が必要であると同時に，今述べたような討論のアート（対話能力）が必要である。共感と対話という間主観的な感情と理性は，協働探究者が生涯にわたって自己と他者との相互の意味体系を豊かにしていくためには欠かせないものである。(p.17)

　このように，Dewey の提言する「社会的探究」は，他者との「協働的」な問題解決の過程であり，「協働探究者」としての関係の構築を重視している。そのため，「共感的能力」といった感情の側面と「討論のアート（対話能力）」といった理性の側面の両方が重要であるとされる。すなわち，自説の優位性を主張するのみの討論では「他者の立場に立って物事を眺める」ことはできないのであって，「社会的探究」とはなりえないのである。この「他者の立場に立って物事を眺める」ことを，岡田 (1998) は「視座転換の能力」と呼び，「二つの視点に内在し得るからこそ，それぞれの視点に外在し得る」(p.98) として，互いに異なる意見の文脈を関連付けて「大文脈」

を形成するといった討論の目指すべきゴールに至るための重要な能力であると指摘する。そして，情意面についての「感情的視座転換」と認知面についての「規則対象化の視座転換」とがあることを指摘する (p.235)。そういった討論による協同探究において，認知面のみならず，情意面をも重視すべきとする主張は，「探究の共同体」によって思考教育を推進する Lipman にも共通している。Lipman (2003) は，探究を中心とする教育に向けて，友情や協同性を重視する雰囲気の共同体へと転換する必要性を主張する (p.94)。そして，思考教育においては，「批判的思考 (critical thinking)」や「創造的思考 (creative thinking)」に加えて，「ケア的思考 (caring thinking)」といった情意的次元の思考が重要であると論じる (p.270)。このことは，古くはBales (1950) が，学習における相互作用の過程を分析し，「課題領域 (TaskArea)」と「社会的感情領域 (Social-Emotional Area)」とのふるまいに分類したこととも重なる。また，Baker, Andrissen & Järvelä (2013) は，協働学習を推進する立場から，子供たちの協働的な学びは認知的・社会的・情意的次元が関わっていることを提言し (p.3)，学習研究が認知面に偏り過ぎていることを指摘する (p.13)。

　これらのことから，討論による協同探究を志向していく上では，議論されている内容や論じ方といった認知的次元だけではなく，共に探究しようとする関係 (co-inquirer) の構築といった社会的次元や議論における感情などの情意的次元をも対象とする必要があるといえる。それは，教師が授業のプランニングをする際や実践の分析の観点として考慮するだけではなく，子供たちも3つの次元（認知的・情意的・社会的次元）に目配りしながら進めていくことが求められるのである。しかしながら，前述したように，対立的な立場は攻撃や自己防衛としての沈黙を生みやすく，子供たちは初めから手放しで3つの次元へのはたらきかけができるわけではない。教育ディベートは，これを考慮して，ゲームであるという設定に参加者が合意することで認知的次元だけに焦点化している。だからこそ，論理的・批判的思考力を育成する上

で有効な活動となり得ているのであるが，しかしながら，ディベートが上達すれば，情意的次元や社会的次元へのはたらきかけも求められる討論も同様に上達しているという保証は無い。自律的な討論を実現させるための指導内容と指導方法の整備が喫緊の課題であるといえよう。

では，そもそもなぜ討論を通して協同探究することが重要なのであろうか。これに対して，Paul は「多元論理（multilogic）の問い」の重要性を主張する。Paul（1987）は世の中の極めて重要な問題の多くは，正答が１つに決められる「単一論理（monologic）の問い」ではなく，異なる複数の準拠枠によって議論される「多元論理の問い」であると説明する（p.128）。例えば，AI を増加させ続けるべきかという問いについては，労働者不足に悩む企業と AI が担うことになるであろう労働に従事している労働者とでは考えが異なるであろう。科学者や山間部に住む高齢者，SF 小説の作家でも，意見が異なるかもしれない。他にも，クローンの問題，軍備に関すること，宗教に関すること，性や婚姻に関すること等，世界規模で，あるいは普遍的に重要で解決が難しい課題のほとんどが，立場や背景といった準拠枠が異なれば正しいと考える意見が異なる「多元論理の問い」なのである。そういった「多元論理の問い」に対して，無理に答えを１つにまとめることは適切ではない。重要なのは，討論を通じた「対話的思考（dialogical thinking）」（p.137）を積み重ねることにある。ここで Paul の言う「対話的思考」は，対話（という行為）を通した思考ではない。他者の異なる考え方や解釈を取り入れて，自己中心的な判断を捉え直し，多角的で合理的な思考をすることである。自己の中で他者を想定し，多角的に検討できるようであれば，自己内で「対話的思考」は可能であるということになる。しかしながら，こういった「対話的思考」を促し，的確なものにしていく上で，現前する他者との討論は大きな効果を発揮するのは間違いない。

以上のことから，協同探究すべき問いは「多元論理の問い」であり，認知的・情意的・社会的次元の３つの次元を大事にしながら議論することによっ

て，「対話的思考」を深めていくことが重要であると考える。さらに，そういった討論を通して，「co-inquirer」としての探究的な関係を築いていくことも重要であるといえる。このことを踏まえて，協同探究型討論の定義をしていきたい。

(2) 協同探究型討論の定義と本研究における条件

これまでにも述べてきたように，討論と言っても，その指し示す範囲は広く，全てを対象として研究を進めることは難しいし，中には教育現場にはふさわしくない討論もある。そこで，自説の優位性を主張するに留まる討論と区別するために，協同探究型討論を以下のように定義する。

協同探究型討論とは，共有した多元論理の問いに対して，立場や考え方の違いを前提としながら，参加者全員が協同して議論を展開し，多角的な検討による対話的思考を通じて探究することを目的とする討論である。

まず，協同探究型討論で扱うのは Paul の理論に基づき「多元論理の問い」であるとした。絶対的な正答が無いからこそ，互いの意見を聞き，自分の考えを対象化することができると考える。また，算数で扱うような一元論理の問いでは，答えを知っていそうな人の意見に流れやすい。多元論理の問いだからこそ，多様な考えを受容し合えると判断した。

次に，「立場や考え方の違いを前提としながら」議論することを加えた。多元論理の問いであるから，立場や考えが異なっている方が望ましく，それらの差異は乗り越えるべき問題的な事態ではなく，前提である。差異を前提とすることで，対立的な立場であっても，相手の理由や推論，考えの背景を理解しようとする議論への構えが生まれると考える。

さらに，「参加者全員が協同して議論を展開」することを加えた。これは「co-inquirer」としての協同で探究する関係を築いていくことを含んでいる。

また，参加者が自分たちで議論を展開していくといった自律的な討論への参加を求めている。詳細には第2章で検討するが，教師がリードする学級全体での討論だけでは，自分の意見を述べることに集中してしまい，協同性が育たない可能性がある。認知的・情意的・社会的次元を視野に入れながら，協同的に議論を展開していく能力を育成する必要がある。このことについては，第3章，第4章で詳述することとする。

　最後に，「多角的な検討による対話的思考を通じて探究することを目的とする」ことを示した。討論のメリットとして，現前する他者からの指摘によって多角的に検討しやすいことを指摘した。このことによって，自己中心的な見方や考え方から脱却する契機が得られるわけである。しかし，本研究では，自己を対象化したクリティカルな思考だけを求めているのではない。他者からの指摘を受けて自説を精緻化したり，新たな発想を得たりする創造的な思考をはたらかせることや，互いの主張のメリットとデメリットを整理して理解を共有することによって，一段高いレベルの思考に至ることを重視している。

　なお，本研究で対象とする討論の範囲を以下のように設定する。

A　小学校高学年を対象とした討論であること。

　コミュニケーション教育において，発達を視野に入れることは重要である。本研究では，議論展開に意識が向くようになる小学校高学年を対象とする。

B　グループでの討論であること。

　学級全体となると議論に参加することが難しい子供が一定数出てくる。また，教師からの影響を受けやすく，子供たちも教師による調整を期待しがちである。グループでの討論にすることで，子供たちの自律的な議論展開を重視することとした。

C　学習場面での討論であること。

　生活の中での自由な討論ならば，根拠の無い自由な発想も場合によっては許容されようが，学習場面では，論じ合うテーマにも限定がかかるし，時間

にも制限が与えられる。判断の合理性も求められよう。このように，生活場面での討論と学習場面での討論とでは，思考やふるまいに差が出ることが想定されることから，本研究においては，学習場面での討論に対象をしぼることとした。

1.3 本研究の目的

以上を基に，本研究の目的を整理する。本研究では，子供たちが自律的で協同的な討論を実現させるために，小学校高学年段階で育成すべき能力と指導の在り方を明らかにすることを目的とする。

そのためには，協同探究を目的とした討論を指導する必要性についても再検討すべきであろう。小学校課程を通して育成するという視座からすれば，低学年や中学年での指導とも関連付けていくことも必要であると考える。また，育成すべき能力を明らかにするということは，小学校高学年の子供たちに育成が可能であることや，提示した能力を育成することによって討論が質的に高まることを実証する必要がある。そのため，具体的な実践を取り上げ，子供たちの変容を提示することにも取り組んでいきたい。

これらの研究の成果は，討論が「アクティブ・ラーニング」や「主体的・対話的で深い学び」と呼ばれる協同的な学び合いを実現させるための重要な言語活動でありながらも，実際にはなかなか有効に機能しないケースが散見されるという現状に対し，言語・コミュニケーションについての基幹教科である国語科教育としての対応を示すことにつながると考える。

第2節　研究の方法と構成

2.1 研究の方法

本研究では，上述の目的に沿って，以下の2つのアプローチをとる。

(1) 文献による調査

1つめは，文献による調査である。第1章では，国語科教育において討論指導がどのように扱われてきたのか捉え，今後の討論指導の在り方を導出するために，文献を通した先行実践，先行研究を調査する。第3章では，討論指導で育成すべき能力を検討するために，国語科の先行研究に加えて関連諸研究についても調査を行う。

(2) 小学校における授業実践の実証的分析

2つめは，小学校における授業実践の実証的分析である。これは，設定した討論の指導内容が，授業実践を通じて子供たちにどのように学ばれていくのかといったプロセスを丁寧に捉えていく作業であり，そのことによって，有効性とその条件を整理し，理論を精緻化していくことにつながる。加えて，実践を提示し，その様相を分析することは，今後の学校現場における討論指導に示唆を与えることとなる。

実践の分析においては，藤原（2014）が示す多元的方法の「開発的アプローチ」を導入する。「開発的アプローチ」とは，「目標となる望ましい学習者の状態を生起させるために，教育内容や方法を開発し，その効果検証を試みるアプローチ」（p.90）である。その際，質的方法と量的方法を関連付けたり，多面的なデータを組み合わせたりすることで，子供たちの様々な要因の入り組んだ複雑な学びの様相を解釈し，意味付けていくためのプロセスが多元的方法であるといえる。藤原（2014）は，効果検証は量的方法の方が適合性が高いとされていることを前提としながら，「質的方法を用いる必然性」を明確にすることの重要性を述べ，質的方法を用いる目的とその要点について以下のように論じる。

> 明確な知識習得のためのプランでは，その程度を数量的に測る量的方法が適合的であろう。いっぽう，学習内容が，教材が示す情報と学習者の既有経験の複雑な混成体となる場合，質的方法による効果検証が意味をもってくる。（中略：引

用者）つまり，検証の対象となる学習者の状態に，質的方法を用いるか否か，その活用が必然性をもちえるかの判断は，依拠していることになる。

　ただし，そうした学習内容の複合性ゆえに，効果検証のための質的方法が多元的に活用され，検証の妥当性を高めることが試みられるべきであろう。つまり，多面的な質的データの収集，複数のデータ分析法の組み合わせといったトライアンギュレーションが，質的方法を用いた開発的アプローチの要点となる。(p.93)

　討論の指導法の研究は，討論における子供たちのふるまいの変容の研究であり，討論を通して学ばれた内容についての研究である。討論の学習が初めてだといっても，討論の力がゼロの状態からスタートするわけではなく，むしろ，それまでのコミュニケーション能力が発揮されながら積み重ねられていくものである。また，討論における学びにおいては，既有の知識や経験を基にした判断が重要な役割を果たす。すなわち，分析の対象となる子供たちの学びは極めて複合的であり，質的方法を中心とした多元的方法を用いることが有効であるといえる。このことについて，混合研究法（Mixed Methods Research; MMR)[4]を推進する立場から抱井（2015）は以下のように論じる。

　健康科学の他にも，教育，社会福祉，経済，経営，コミュニケーションといった，課題解決型の社会科学の諸領域においても，混合研究法に関心を示す研究者が急速に増えている。これからの実践分野においては，何層ものレベルの事象が複雑に絡み合う中でさまざまな課題が次々に生み出されていく。このような複雑な現象を理解し，問題の解決策を明らかにするためには，単一メソッドによるアプローチではもはや限界があると言わざるを得ない。混合研究法は，このような背景から生まれた，質的研究と量的研究のハイブリッドアプローチである。(p.iii)

　このことからも，教育そしてコミュニケーションに関わる討論指導の研究が多元的方法でアプローチする必要があることが裏付けられる。さらに抱井（2015）は，混合研究において質的研究を前面に押し出すことの有効性として，「解釈主義的MMR」[5]を紹介しつつ「特定の介入プログラムの効果の有無を検証する上で，なぜ効果があるのか，もしくは効果がないのかといった

因果関係の検討を質的研究が支援し得る」（p.109）と述べる。効果の有無の理由を解釈する上で，質的方法が量的方法以上に効果を発揮する場合があることを指摘しているのである。教育実践を分析し，その価値を一般化しようとする場合，取り組んだプランがよい結果をもたらしたか否かの検証だけでは十分ではない。なぜなら，学習者の特性も学習経験も環境も，あるいは指導者のそれも同一であることはありえないため，基本的に教育実践は再現不可能な一回限りのものでしかないからである。換言すれば，ある学級でよい結果をもたらしたプランだからといって，別の学級でも同じ効果が得られるとは限らないと言える。だからこそ，効果の有無を分析することに加えて，具体的な事象からその要因を解釈し，当該プランが有効となるための条件を整理することが重要になる。討論指導の研究においては，子供たちの実際の討論のトランスクリプトや，学習のふり返りや質問紙調査への記述を質的に分析し，そこに生起した学びの事実を捉える努力が不可欠であると考える。

　しかし一方で，トランスクリプトや記述内容の質的な分析だけでは，全体的な状況を捉えることは難しい。そういった全体性を捉える場合には，質問紙調査でのアンケート結果の量的分析に加えて，トランスクリプトの質的データを発話の頻度やカテゴリー別の傾向によって定量化し量的方法で分析するといったことが有効であると考える。

　以上のことから，本研究では，多元的方法を用いた「開発的アプローチ」を導入し，質的方法と量的方法を組み合わせて分析する。そのことは，結果の意味を明らかにする上で有効であるとともに，個別の詳細な分析と全体的な傾向を合わせて示すことで分析の妥当性を担保していくこととなる。また，複数の質的なデータを組み合わせ，異なった視点や方法から分析することによって，複雑に絡み合った子供たちの学びを理解し，その要因を明らかにしていく。

(3) 実践的研究における倫理的配慮

実践的研究においては，実際の学校現場での調査となるため，以下の点について倫理的配慮をする。

第一に，熟慮し精選された教育内容による実践を行うことである。学校教育では，定められた授業時数の中で学習指導をする必要がある。子供たちの成長に資する指導でなくてはならず，調査のための実践であってはならない。他の指導すべき内容に極力影響が出ないように，授業内容や調査内容を事前によく検討した上で，実践を行う必要がある。

第二に，教育の機会均等を確保することである。本研究では，実証性を高めるために，授業実践において実験群と統制群の比較分析を行う。異学級や異年度のために学習経験の履歴が異なる場合は仕方がないが，学級内で実験群と統制群に分ける場合には，調査終了後にそれぞれの学習状況について交流し，できる限り最終的には同等の指導が受けられるように配慮する。

第三に，個人が特定されないように配慮することである。本研究では，実践における討論のデータを文字に起こしてトランスクリプトを作成し，分析の対象とする。また，実践における学びについての質問紙調査を行い，質的分析の対象とする。その際，データは全て仮名とし，必要以上の情報を提示しないことによって，本人が特定しにくいように配慮する。

第四に，必要に応じて本人や保護者，学校長からの個人情報の許諾をとることである。全体に対して研究実践の意図を伝えるとともに，必要に応じて個別に目的と使用方法を説明し，許諾をとることとする。

第五に，個人の人間性や能力についての評価をしないことである。本研究では，実践を通した個人の変容を質的に分析しており，そこでは子供たちの状況を明示し分析する必要がある。しかし，それはあくまでその時点での状況であって，その個人の人間性や能力を評価するものではない。特にマイナス面の状況については，その子供の成長の描写につながる部分だけを必要に応じて提示することとする。

2.2 本論文の構成

　本論文は，序章と終章を除き，全6章で構成する。

　第1章「討論指導の目標の変遷」では，国語科教育において討論指導がどのように扱われてきたのか捉え，今後の討論指導の在り方を導出する。特に，平成初期のディベート実践が明らかにしたコミュニケーション教育としての課題をどのように乗り越えることが目指されたのか，対話概念や情意的・社会的次元といったタームを手掛かりに捉え，協同探究としての討論指導の方向性について論じる。

　第2章「小学校段階における協同探究型討論の必要性の再検討」では，これまでにも重要性を指摘されてきた討論について，認知的次元と情意的・社会的次元から必要性を再検討する。方法としては，他者からの異論を聞くのみの学習（異論受信型）と討論による学習（討論型）とで子供たちの学びやコミュニケーションに向かう意識にどのような差異が生じるのかを比較する。その結果を基に，小学校段階における協同探究型討論による学習の必要性を再検討し，指導すべき要点を明らかにする。

　第3章「協同探究型討論で育成すべき能力の検討―〈議論展開能力〉を中心に―」では，小学校段階での討論が協同探究となるためには，どのような能力を育成する必要があるかを検討する。先行研究の調査を基に，①論理的な話表力・聴解力，②協同的態度，③クリティカルな思考・態度，④討論を展開する能力，が重要であることを指摘し，中でも④討論を展開する能力を〈議論展開能力〉と呼び，本章でその構成要素や具体的な議論展開スキルを検討する。

　第4章「小学6年生を対象とした〈議論展開能力〉の育成」では，小学校6年生を対象に〈議論展開能力〉の育成を志向した一連の実践を分析し，議論展開スキルが子供たちにどのように受容・活用されていったかを明らかにする。その際，討論における発話の傾向を量的方法で分析し，それらを子供

たちがどのような意図で用いていたのかについて質問紙調査を質的方法で分析する。加えて，タイプの異なる子供たちを抽出し，３つの討論実践を通じてどのような変容があったかを捉える。

　第５章「議論展開スキルの整理」では，第３章で導出した議論展開スキルの一覧を吟味し，小学校高学年段階で重点的に指導するスキルを検討する。加えて，第４章の実践で有効性が確認された【全体に問いかける】が子供たちの討論の中でどのように機能していたのかを，さらに詳細に分析する。

　第６章「討論における協同性を高めるための段階的な指導」では，小学校高学年で討論を円滑に取り入れるために，立場が対立する討論の前段階に，立場が並立する討論を取り入れ，協同的に議論するための方法を学ばせることの有効性を検証する。

　最後に，終章では，本研究を総括しつつ，小学校段階における討論指導について総合的な考察を行い，今後の課題を明らかにする。

注

１）甲斐（2015）は，このような条件や比較の観点についての共有を「枠組みに関する合意」として価値づけ，「実践に関する合意」と区別することを提案している。
２）本研究においては，討論と議論を以下のように区別して用いる。
　　議論：一定のテーマをめぐって，立場や考えの異なる者同士が意見を論じ合うプロセス。音声言語での議論もあれば，文字言語での議論もある。
　　討論：現前する相手との音声言語を通じて議論する活動。
３）このことは，ディベート等の活動を否定するものではない。後述するが，ディベートも発達段階や育成したい能力に応じては有効な言語活動であると考える。
４）混合研究法では，厳密な量的・質的研究法が用いられ，それらの深いレベルでの統合が求められる。そのため，それぞれの研究法の専門性を生かしたチームによる研究が推奨されている。よって，本研究が取り入れる研究方法は，混合研究法を志向しながらも，質的・量的の多元的方法であるといえよう。
５）従来の混合研究法の多くが，量的研究の補足として質的研究が扱われていたことを批判し，質的研究者である Howe が提唱したアプローチである。

第1章　討論指導の目標の変遷

第1節　討論指導史を調査する目的

　討論というと,「論破」(野口, 1998, p.8) という言葉で表現されるように,主張し合うことに主眼が置かれがちである。「論破」ならばまだよいが,「言い合い」「言い負かす」という否定的な表現をされることも少なくない。須田 (2009) は「討論」という言葉のもつイメージがさらに拍車をかけているとして,「討論という言葉の「討」が,争うという意味や「たたかい討つ」という思いを強くし,「相手に勝つ論争」のようになっている状況」(p.103) にあると論じる。このことは,甲斐 (1997) が,「討論は口先だけの子どもを育てる」「討論すればするほど人間関係が悪くなる」(p.4) という教室における討論に対する現場の声を挙げるように,討論という言語活動そのものを否定的に見る向きにつながっている。

　しかし,討論は互いの意見を多角的に検討することで,思考を深めていく重要な言語活動なはずである。とするならば,「論破」といった自己主張を第一義とするのではなく,考え方の異なる他者としての関係を生かしながら,丸野 (2004) が述べるような「複数の視点を自由に行き来する複眼的思考が生成され,それによって相対的なものの見方・考え方ができるようになり,新しい世界が切り開かれていく」(p.35) 状態へと深めていくことをこそ第一義とすべきであろう。そのためには,互いの異質な意見に耳を傾け,なぜそう考えるのか尋ね合うことが重要な契機となると考える。さらにいえば,「論破」をめざす討論では,コミュニケーションの教育が担うはずの共同体としての人間関係づくりということが捨象されることになりかねない。「論

破」をめざすことで互いの思考を練磨し合う関係を築くのだという批判があるかもしれないが，そこには「自己主張のたたかいを忌む民族性」（藤森，1995，p.177）という日本人の特性に対する配慮の欠如が感じられる。わけても，本研究が対象とする小学校段階の子供たちにとっては，なおさら人間関係づくりという視点は大切にすべきであると考える。では，このように「論破」に代表されるような自己主張を第一義とする討論観が国語科教育に根付いてきたのにはどのような背景があるのだろうか。

　一方で，村松が「討論の本質も結局は互いの論拠をめぐる尋ね合いにある」（村松，2006，p.7）と提言し，「討論とは共に考え合うこと」（村松，2009b，p.10）と定義するように，討論を協同探究活動として位置づける主張も見られる。村松（2009b）は「教育の対象とする討論」について以下のように論じている。

　　　私たちが教育の対象とする討論は，相手の意見の納得できない点は質しつつ，言葉を尽くして自分の立場を説明し，大きな文脈の共有をめざす協同的探求活動であってほしいと思う。是と非に分かれて論じ合っても，子どもたちに見据えさせるべきは勝ち負けではなく，問題に対する見解が深まったかどうかであるべきだ。（pp.9-10）

引用箇所から，村松の討論観は，「論破」を目指す自己主張第一主義の討論観とは明らかに異なっていることが分かる。「問題に対する見解が深まったか」を目指すのならば，考えの異なる相手に理解を促すことだけではなく，自己の考えを対象化し再検討することも討論の目的に含まれることになる。そのため，村松（2009b）は「他の意見から学ぼうとする謙虚さと，納得したらいつでも考えを変える柔軟性」（p.12）が討論において重要であることを指摘している。このような討論観は，村松独自のものではない。平成初期に国語科教育における音声言語指導をリードしてきた高橋は，討論を「互いに意見を述べあって真理をたずねること」（高橋，1993，p.93）であるとし，討論の目的について以下のように論じる。

そもそも討論を何のために行うかを考えてみよう。それは，討論をする内容に対して認識を深めることであり，自らの思想や思考を豊かにし，音声言語能力を高めることであり，また，他者の存在に気づき人間尊重の精神を育てることである。(高橋，2001，p.190)

　高橋も村松同様に，「討論をする内容に対して認識を深めること」を志向していることが確認できる。それに加えて，国語科としての目標である「音声言語能力を高めること」や教育目標としての人間性の涵養をも目的に含んで捉えていることが分かる。村松や高橋が多くの論文・著書を出した1990年代から2000年代の20年あまりの間に，このような討論を協同的探究活動とする提言が出されるようになったのには，何が要因となったのであろうか。1995年前後に一躍ブームとなった教室ディベートの指導（中村，2002）とどのような因果関係があるのだろうか。

　そこで，本章の目的は，第一に，小学校国語科において討論がどのような言語活動として扱われ，どのような資質・能力の育成が目指されてきたのかを通時的な調査を基に明らかにすることとする。第二に，調査結果を踏まえ，現在求められる討論指導の方向性について考察することとする。

第2節　自己主張を重視した討論指導

2.1　「話し方」の一形態としての討論指導：飯田恒作

　大正期に，「東京高等師範学校附属小学校で話し方教授を積極的に実践」（増田，1994，p.51）したのが，飯田恒作である。大正期には，「政府による言論弾圧，検閲，戦争などによる時局の移り変わり」（岡山，1994b，p.103）により，社会においては，討論会は衰退の一途をたどっていた。しかし，飯田のように一部の熱心な指導者によって討論指導が行われていた。飯田（1918）は，話し方教授を，「対話」「独演」「討論」の3つに分けている。し

かし，この「討論」は，「話方教授を対話によって行い，乃至は独演によっ
て行う以外に，折々討論によって行うことは児童の最も喜ぶところである。」
（p.208）と述べるように，「討論法による話し方」（p.212）であり，「自己を
主張」（p.212）する力を伸ばすことを目的としていた。そして，児童には
「話角方」（p.209）として提示しており，尋常三四学年から取り組むことが
できるが，尋常五六年が発達の上で適当であると述べる等，具体的な導入方
法についてまで解説している。このことから，飯田が「討論」を用いた話し
方教授の実践を積み重ねてきたことが分かる。さらに，飯田は「討論」にお
ける言葉のやりとりについて，次のように述べる。

> 討論法による話方も発表の指導の一方法である。これによって上品な秩序ある
> 自己発表を指導すればよい。声を大にし，口数多く論じたからとて大局には何の
> 影響も與えない。殊に用もない揚足をとったり，他人の人格を無視して罵倒した
> りすることは絶対に禁じたいものである。（飯田，1918，p.217）

この叙述から，飯田が「討論」を筋道だった自己主張の発表の場として捉
えていたことが分かる。「話し方」の指導法に窮して，積極的な子供の姿を
引き出しやすいという討論の特徴に注目し，討論を発表指導の一手法として
取り入れたのである。とはいえ，音声言語教育の必要性が十分に認められて
いなかった当時の状況を鑑みると，子供たちの意欲喚起に努めた貴重な提言
であったといえる。有働（1994）も，この時期の討論指導としては飯田
（1918）の他に具体的なものは無いとし，大正期における討論は「発表指導
の中にくみこまれていた」（p.187）とまとめている。

2.2　論争として説得し合うことを目指した討論指導：山口信量・河上 民祐

昭和10年代の国民学校期になると，「教育課程の中に「話シ方」が明確に
位置づけ」られ，音声言語の教育が「きわめて重視」されるようになった

（野地，1980，p.797）。その位置づけ方には，「話シ方」を特設するか否かという問題を巡り，輿水実を中心に様々な議論が成されるのだが，その過程で明治・大正期の標準語教育，発表力偏重の話し方からの止揚が図られ，談話や会話，討論といったダイアローグ型の音声言語も指導の対象として取り上げられるようになっていった[6]とされる（野地，1980，pp.797-1011）。

　この期の討論指導について，有働（1994）は，山口・河上（1933）を挙げ，地道な実践研究の一端を捉えている。

　山口・河上（1933）では，「議論話」の一部として討論を扱っている。その解説として，「闘争本能，優越本能などがこの話題の基調をなしていることは云う迄もない。」（p.175）あるいは「対者に対しわが意見を説得せしむるを主眼とする」（p.272）と述べるように，「議論話」は論と論とを対立させ，自己主張し合う力を育成することを目的とした言語活動である。「闘争本能，優越本能」を利用しつつ，激しい弁論会が企図されていたことが推察される。その論題としては，「硬筆と毛筆とについて」（p.154），「遠足は濱か山か。」（p.180），「田と畑」（p.181）を例示している。また，「対者あるものについては，例へば変通自在の過程をとつても，厳として終始一貫の主張をば変じてはならないと云ふが如き根本の心得を確実に体得せしめ」（p.204）とあり，議論によって考えが変容したり創造されたりすることではなく，相手を論破する力を養うことに目標がおかれていたことが分かる。しかし，尋四の学習過程の中には，「終りに組を説き，相互入り乱れて，相互に批評させる」（p.155）とあることから，演説だけでなく，話し合いを取り入れていたことが確認される。また，「討議に際しては道徳法の適用を忘れてはならない」（p.176）として，「嘲笑」や「人格攻撃」の禁止といった情意面への配慮や「党派を生ずると云うことがないやう」と人間関係への配慮の必要性を強調している（p.176）。相互のやりとりを取り入れた点は，それまでの話し方指導からの進歩であると受け止めることができるが，活発なやりとりのために対立関係が設定されており，多角的な検討といった討論本来

24

の目的が背景化されてしまっていることが問題点として指摘される必要があると考える。そして，論題はディベートのように論理的に是か非かをたずねるものではなく，この時既に「遠足は濱か山か」のように好みや状況によって選ばれるべき二者択一のものに変容していることが確認される。

これらのことから，山口・河上（1933）の「議論話」は，公的な場での論争のための弁論術を育成することが目標とされたことが分かる。「相互批評」を取り入れたことや「道徳法の適用」として情意的社会的次元への配慮を強調したことは進歩ではあるものの，討論において論拠の無い言い合いが始まる契機となった可能性も否めないといえよう。

2.3 「公話」の特殊形態としての討論への転換：西尾実

国語教育の理念と構造の礎を築いた西尾実は，討論についても繰り返し論じている。ただし，西尾は一般的な言語生活における討論を対象としており，本研究が対象とする小学校における指導を対象としているわけではない。しかし，西尾の国語科教育における影響の大きさを鑑みると，西尾が討論をどのような言語活動として捉えていたのかを調査することは必要な作業であると考えられる。

西尾は談話を「二種三類のことばの形態」として，「対話」「会話」「公話」（『国語教育学序説』以前は「独話」）に分類する。そして，「討論」については，『言葉とその文化』（1947）・『国語教育学の構想』（1951）では「会話」の特殊形態としていたが，『国語教育学序説』（1957）では講演と同列に「立場のわかっていない公衆を相手に話す公話」（p.71）の特殊形態に位置づけている。この変更について西尾が明言している文書は管見の限り見当たらない。しかし，安（1996）による西尾の聞き手の表記が「多数」→「集団」→「衆団」→「公衆」という変遷をたどってきたとする指摘（p.42）や，時代的な背景を踏まえるならば，マス・メディアの進展に伴って通じ合うべき話し手と聞き手の精神的・物理的隔たりが拡大したことに対する西尾の認識変容が影響

していると推察される。

　では，西尾は「公話」の中で「討論」のどういった点に特殊性を見出していたのであろうか。西尾（1975e）は以下のように説明する。

> 　反対者を説破し，中間者を説得し，賛成者をますます引きつけさせようとする点で，公話であるが，討論の相手を否定し，自己の立場を貫いて，対立者と別な結論に徹しようとする点で，討議と違う。公話一般よりも，対立者の批判と否定を，鋭く，的確に行わなくてはならない点で，しかも，自説を貫き，有力な結論に達しなくてはならない点で，知的批判と集中の度が高いところに，特殊な性格が見いだされる。説得は聴衆のひとりびとりの判断にまつものであるから，その根底には話し手の人間に対する信頼度がものをいうことになる。そこに説得をめざしている公話・討論の困難と，その成果を規定する根本が見いだされなくてはならない。（p.231）

　ここから，西尾が討論を，「立場のわかっていない公衆」を説得することを目的とした対立者相互による「公話」の組み合わせとして捉えていたことが分かる。主張が対立する相手は存在するものの，あくまで主張する先は公衆であると捉えたのである。

　さらに，西尾が繰り返し比較している討議との差異によって，討論の特徴は明瞭になる。西尾自身，「まず，討論と討議との区別をはっきりさせることから出発しなくてはならない」（西尾，1975d，p.166）と述べるように，両者の区別は西尾にとって重要な役割を担っている。西尾（1975c，1975f）をもとに「社会的関係」「展開」「結論」の三観点で整理すると表I 1のようになる。

　西尾の「討論」は「公話の組み合わせ」であり，各々が判断する「結論」と聴衆によって判断される「判定」とを明確に区別するものであることが分かる。西尾の討論観をもとに討論指導の目標を設定するならば，「立場のわかっていない公衆」を説得するための演説能力を高めることや，自説を終始貫き通すといった知的忍耐力を養うこととなろう。「公衆」という相手意識

表Ⅰ–1　西尾実における討論と討議の区別

	討論	討議
社会的関係	・立場がわかっていない	・立場がわかり合っている
展開	・それぞれの主張で公衆を説得しようとする，一種の公話の組み合わせ ・賛成者はあくまで賛成に終始し，反対者はあくまで反対に終始し，第三者はあくまで第三者として終始	・一定の問題の解決に協力的に集中する話し合い
結論	・めいめいの結論に達しようとする ・判定は聴衆のひとりひとりにまかせる	・一つの，最も正しい，最も有力な結論に達しようとする

を明確にしたことは，話す内容や話し方にも影響することであるから，当時の言語生活の実態を踏まえた重要な条件整備であったといえよう。しかし，それは同時に，討論では自説を主張し合うことを第一義とする討論観を推し進めたといっても過言ではないと思われる。

　以上見てきたように，国語科教育に討論が取り入れられた初期段階では，欧米で行われていたディベートの主張部分に焦点が当てられ，主に発表指導の方法として取り入れられたのである。

第3節　思考力の育成を主眼に置いた討論指導

3.1　大久保忠利・話教研による討論指導

　児童言語研究会，日本話しコトバ教育研究会（通称：話教研，以下，話教研と記す）の理論的指導者であった大久保忠利は，言語と思考の相関を重視した国語教育観に立ち，国語科の目標を「日本語を正しく身につけさせ，よくつかいこなせるようにする⇄正しく考える力を育てる。それによって現実を正しく認識し，認識を通達し受けとり，それにもとづいて正しく行動し，現実を変化させる力を身につけさせる」（大久保・小林，1961，p.13）ことである

とする。わけても，内言（＝純粋内言）のはたらきを重視し，いわゆる外言も「外内言」であるとし，「外言は内言として発し，もどり，さらに考えの形成に参加する」（大久保・小林，1967，p.11）と定義する。そのため，話し言葉指導においても，思考力の育成を重点目標としており，小学校段階から討論を取り入れることを提言している。そして，大久保・小林（1967）では，討論を以下のように定義している。

> 討論は，ある命題についての肯定・否定という意見の対立を前提としておこなう，言表⇄聴取という外内言（⇄思考）過程をもっておこなう集団的思考の一形式であり，最も精神の真の緊張を要求する思考行動なのです。討論指導は，生徒たちをこの実さい的な環境に入れつつおこなう言語⇄思考指導そのものなのです。（p.12）

この思考重視の国語教育観により，「主張の論理的構造」（大久保・小林，1961，p.42）が重要視される。大久保・小林（1967）では，図Ⅰ 1を「討論の論理的構造」として示しながら，以下のように述べる。

> ある主張[1]は，そこにその主張を成立させる理由づけ[2]が，コトバによって言表されます。その主張と理由とは，すなわち，両者が同じように直面している社会での事実[5]そのもの（対象）から，それぞれのアタマ[4]（知的能力）によって認識し抽象して，そこからそれぞれが対象の事実を根拠[3]すなわち論証の材料としてヌキダして，それを1主張・2理由としてコトバで言表したものなのです。（p.16）

この図Ⅰ 1は，2つの立場の「主張の論理的構造」が並列されているだけであり，主張相互の関係性や考えの違いによりどのような議論が起こるのかといった動的な議論の全体構造は見えてこないという課題がある。しかし，この「主張の論理的構造」を明確にすることは，それぞれの主張についての議論が「理由づけ」の可否に焦点化されることとなる。すなわち，主張者は確かな根拠によって「理由づけ」することが求められ，逆に相手の立場からは「理由コワシ」（大久保・小林，1967，p.17）として反論されることを余儀な

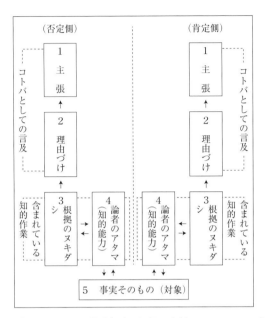

図 I 1 「討論の論理的構造」（大久保・小林，1967，p.16より引用）

くされるのである。また，聴き手も「理由づけ」と「理由コワシ」のどちらが勝るかを判断しながら聞き，「主張の成立，不成立」を判定することが求められる。ここで注目すべきは，「相手の考えを批判的に聞きとり反論する」（大久保・小林，1967，p.2）と述べるように，参加者が相互に意見を聞き合うことを大切にしている点である。同じ批判的に聞くということでも，「話し方」としての討論では固定的な聴衆としての聞き方であったことと比すれば，ここに大久保が討論における主体間の相互的なやりとりの重要性を認識していたことが確認される。

　このように，大久保は，論理的思考の学習指導の場として討論を位置づけ，論拠をめぐる議論の能力を高めることを目標としてきた。研究会として実践を重ねることで多くの知見を提出してきた大久保・話教研の討論指導については，これまでにもいくつかの先行研究がなされており，その充実した内容

への評価は高い（中村，1990：宇佐美，1998 等）。

　しかし，当時，大久保・話教研の討論指導は現場では広く普及しなかったとされる。その原因について，甲斐（1997）は，「論じ方や論破の仕方に比べて論じる対象への関心が希薄」（p.5）であったことを指摘している。また，高橋（2001）は，甲斐と同様に，話教研がディベートを教えることに終始したことを課題に挙げる一方で，「当時，それを受け入れる社会的・教育的状況がなかったこと」を考慮すべきだと述べている。その具体的な社会情勢として，「当時の文部省派・日教組派の対立状況が歯止めとなった」こと，「ディベートに限らず討論というコミュニケーション活動に，まだまだ社会全体としてはなじんでいなかった」こと，「その後の基礎・基本の徹底という教育思潮の変化」を挙げている（p.46）。

3.2　平成初期のディベート指導

　吉田（2002）は，1990年代前半を概観し，「小学校から高等学校まで，話すこと・聞くことの学習指導といえばディベートの授業というほどにその結びつきは緊密」（p.83）であったと述懐する。高等学校での導入から始まり，中学校へと広がり，小学校でも簡略化し，工夫すれば実践が可能であるとして，様々に試みられていった（安達，1994：佐久間，1994：石川，1995：池内，1996：瀬川，1998 等）。

　ディベートが注目を集めた理由として，第一に，「モノローグの話しことばからダイアローグの話しことばへの必要性が訴えられ」（吉田，2002，p.83）たことが挙げられる。その直接的な要因は，平成元年版学習指導要領が音声言語指導の重視を掲げたことである。スピーチ指導に留まらない音声言語の指導の拡張として，ディベートの有効性が注目されたのである。第二に，ディベートが討論ゲームであるとし，現実の問題解決を目指した討論とは区別されたことが挙げられる（岡本，1992：高橋，1993）。そして，ゲームであるがゆえに，本心とは無関係に機械的に立場が設定されるという「形式的立

場のルール」（岡本，1992，p.20）が成立する。この「形式的立場のルール」は，日本人の特徴である「論理よりも心理に関心が持たれる」（岡本，1992，p.20）ことから解放を保証し，「どちらが正しいかというよりも，どちらがより説得力ある議論をしたか」（岡本，1992，p.152）を競い合うことを可能とすることが主張されてきた。そもそも，ディベートの論題には明確な解は無いことから，教師も学習者相互も「手続き的合理性」（岡本，1992，p.175）のみを評価の対象とせざるを得ないとされる。

　小学生といった発達段階への対応も工夫されていった。石川（1995）は，生活感のある論題を扱うこと，資料を敢えて限定すること，相手がどのような意見をもっているかを事前に知らせておくこと，判定を子供にさせることが有効であると論じた（pp.146-147）。また，立論の書き方やディベートの形式や用語を具体的に指導することも小学校段階ではディベートを成立させるための要件であるとされた（佐久間，1994：池内，1996）。さらに，「作戦タイム」と呼ばれる思考を整理し，発言内容を検討する時間をディベートの流れの各所に設けることが有効であるとされた（石川，1995）。しかし，初期段階の人数設定については，肯定側・否定側・審判の各チームに3人ずつの9人でのディベートが有効とする考え（池内，1996）と，肯定側・否定側・審判を一人一役で行う3人でのマイクロディベートが有効だとする考え（佐久間，1994）とがあり，共通見解が得られていない。また，「立論」や「反駁」といったディベート用語を小学生に適したことばに置き換えるべき（石川，1995）か，そのまま用いるべき（佐久間，1994）かも意見が分かれるところである。さらに，論題についても，政策論題がよいとする提言と，価値論題がよいとする提言とがあり，共通していない。政策論題が効果的とする提言では，政策を比較する「メリット・デメリット比較方式」が「小学生にも手軽に本格的なディベートを楽しめ，指導時間も短くてすむ」と主張される（池内，1996，p.25）。小学校で扱う政策論題として例示されたものを挙げると，「○年○組は○月にお楽しみ会をするべし」「○年はドッジボール大会を開催

すべし」「○○学校は飲み物の自動販売機を設置すべし」（池内，1996，p.37）といった子供たちの身近な内容であった。一方，価値論題の効果を主張する立場からは，「政策論題は実現可能性がなければディベートを真剣に取り組めなくなる」（佐久間，1994，p.111）ことが指摘された。価値論題として用いられていたのは，「動物園の動物と野生の動物，どちらが幸せか」（安達，1994）「自動販売機は必要か」「人間と鳥どっちが得か」「小学生にシャープペンは必要か」（佐久間，1994）といった内容であった。政策論題と価値論題のいずれの主張にも共通するのは，身近な生活の中から題材を探していることと，子供たちにも論題を考えさせていることである。十分なリサーチが必要となる専門知識の問われる論題は小学生には適さないという点では共通しているといえる。

　そして，ディベートの実践が広まるとともに，ディベートは多様な思考力や言語能力を育成することが可能であるという認識がもたれていった。その内実は，主張者によって様々であるが，小学校段階を対象とした論述についてその一端を捉えると，瀬川（1998）は，ディベートの学習を通して論理的思考力を育成することの重要性を主張し，学習過程における論理的思考力の種類を整理している。表Ⅰ 2は，小学校高学年に位置づけられた「論理的思考力の行動指標」である。

　この「論理的思考力」には様々な認知的能力が含まれているように，ディベート指導では思考力の育成が中核とされながら，立論や尋問における表現力やフローシートを活用した聴解力を高めることが求められていった。教科書教材にも取り上げられ出したことで，こういったディベートを通じた認知的次元に対する指導方法は小学校段階でも充実していったといえる。

　しかし，「有効な教育方法として注目」を集め，「一大ブームの様相を呈した」（中村，2002，p.120）ディベート指導は，理論・実践の充実とともに課題も明らかになっていった。

　第一点が，指導可能な議論能力の幅や範囲についての課題である。ディ

32

表Ⅰ 2 「論理的思考力の行動指標」

拡散的思考〜 　　　収束的思考 （情報収集・立論）	分析的思考〜 　　　総合的思考 （質問・反論）	創造的思考〜 　　　批判的思考 （反論・最終弁論）	直観的思考〜 　　　概念的思考 （判定）
論理的に発想し，いくつかの意見に整理した後，具体的根拠を考えてまとめる	いくつかの質問を積み重ねて，相手に対する反論になるように質問を構成する	質問されたことにすぐ答え，その理由や根拠を明らかにする。質問に対する相手の答えをもとに，反論や最終弁論を構成する	どちらの意見の方がより説得力があったかを判断し，具体的な根拠をあげたり，論理構成や話し方等にふれたりして，判定の理由を言う

（瀬川，1998，p.10より抽出して引用）

ベートの二項対立が実際の問題解明においては非現実的で不自然であること
が多く指摘され，国語科における音声言語指導の対象としての適切性につい
て議論されるようになっていった（高橋，1993：宇佐美，1998：渋谷，1995）。
阿部（1995）は「いくつかの「はっきりとした枠組」ゆえにディベートはそ
の有効性を発揮できる」と論理的思考のトレーニングとしてのディベート指
導に理解を示した上で，「しかし，その枠組が，ある段階からは「足枷」に
もなりうる」と指摘した。すなわち，論理的思考のトレーニングから実際の
問題解決へと身に付けた議論能力を汎用させる際に，課題が浮き彫りになる
ことが主張されていったのである。このような状況を，吉田（2002）は端的
に，次のようにまとめている。

　　ディベートが話し合い・討論のように協同して何かを生み出していったり，よ
　り建設的な意見に高めていったりというのとは異なって，論理的思考の育成が優
　先されるゲーム的性格（反論のための反論，自らの本音でない発言など）から，
　話すこと・聞くことの学習指導の一形態としてカリキュラムに位置づけるものの，
　話すこと・聞くこと本来の力をつけるという点ではその限界面についても検討さ
　れていった。こうしてディベートは，論理的思考力の育成，話す・聞くことの表
　現力の育成の両面から，大きな期待が込められるとともに課題も見え始めてきた
　のである。(pp.83-84)

あらゆる学習方法において，利点もあれば育成できる能力の範囲の限定も
ある。わけても，ディベート指導は，論理的思考力を中核とした話表力・聴
解力の育成に特化した学習方法であるから，「話すこと・聞くこと本来の力」
としてのコミュニケーション能力や議論による問題解決能力の全てを対象範
囲とすることには無理がある。ディベート指導による論理的な思考力や言語
力のトレーニングの実践自体は充実してきたものの，教育界全体としては，
さらに幅の広い議論の能力を求めるようになっていったため，新たな指導方
法の模索が課題となったのだといえよう。

　第二点は，参加者間の関係づくりについての課題である。佐久間（1994）
は，教室ディベートに取り組むことによって「我を通すのではなく，お互い
の考えを尊重する雰囲気が生まれてくる」（p.13）ことを主張する。一方で，
甲斐（1997）は「討論すればするほど人間関係が悪くなる」という教室現場
での問題を取り上げ，長田（1999）は「論理的思考力や説得力育成の強調に
よる人間関係の崩壊などが問題点として浮かび上がってきた」（p.49）こと
を指摘している。このように，ディベートは人間関係づくりに有効であると
する主張と，人間関係を崩壊させることを危惧する主張といった真逆の指摘
がなされた。その要因として，佐久間のような教室ディベートをよく理解し
た優れた実践者の指導においては，子供たちはディベートの目的や形式的立
場をとる意図について理解し，意欲的・肯定的に取り組んでいたものの，教
室ディベートの理解が浅くフォーマットだけを取り入れた亜流の実践におい
ては，対立が敵対を生み，人間関係への負の影響を与えていたことが考えら
れる。ディベートは，論理的な思考力と言語能力を高めるゲーム的トレーニ
ングであることは間違いないのだが，それはディベートの趣旨や特徴を適切
に把握した上で成立する言語活動なのである。そういった認識が教師も子供
たちも十分では無いまま，表面的に活発な議論を求めて取り入れられたこと
が人間関係への負の影響といった課題を招いたと考えられる。しかし，小学
生に教室ディベートの目的や趣旨を的確に理解させることは，高い指導技術

を要することも指摘すべきであろう。小学校段階で教室ディベートを認知的次元でも情意的・社会的次元でも有効化するためには，論題やフォーマットの工夫・開発に加えて，どのようにディベートの目的を子供たちに認知させるかについての手立てを充実させていく必要があったと考える。

とはいえ，討論指導史の大きな流れからすれば，平成初期のディベート指導は，論理的な思考力・言語力をトレーニングするための指導法を充実させたと共に，結果的に討論を対人コミュニケーションの本質に立ち戻らせる起点となったと評価することができよう。

第4節　探究的な議論としての討論指導

4.1　真理の追究をめざす討論：倉沢栄吉

倉沢栄吉は「国語教育の全体構造とその実践のあり方をまさに実践的に究明」（田近，1991，p.290）し，「昭和20年代から平成時代の今日まで長期間にわたって，国語教育界の理論面での主流をなしてきた」（増田，1994，p.185）人物である。また，NHK「ラジオ国語教室」の推進役を果たし，「話しことばの会」の設立と発展に寄与するなど，「音声言語の面についても大きな足跡を残した」（増田，1994，p.185）とされる。

では，倉沢における討論の位置づけはどのようであったのであろうか。倉沢（1987：原典1948）には，図Ⅰ 2が掲載されており，演劇が「美をめざしたもの」であるのに対し，討論は「真理をめざしたことばの社会」（pp.28-29）であるという考えが示されている。では，倉沢は，討論をどのような言語活動として捉えていたのであろうか。倉沢（1987）では，討論について以下のように論じている（下線は引用者による）。

　　会話的時間—独話と対話の複合したものである。話し手とその話材が，多くの

第1章 討論指導の目標の変遷 35

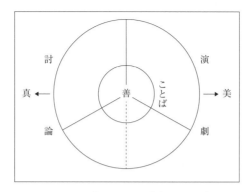

図I−2 倉沢による討論の位置づけ

聞き手によって指示されるために，主導力が聞く者にある。そして，多くの聞き手が正しいと信じ，それに共感するためには，話材が決定権を持つから，これはむしろ，聞き手と話材とに主導権があるというべきだろう。
　それらを通じて，話す力と聞く力が養われるのであって，その<u>いちばん複雑に混合した姿が，いわゆる討論の時間である。この中には，独話的時間も対話も会話もはいっている。</u>そして，自律と共同，自己を主張することと相手を尊重すること─話し合い・聞き合い─があるのである。(p.51)

　下線部から，倉沢が討論を独話・対話・会話が「複雑に混合」していると捉えていることが分かる。「聞き手と話材に主導権がある」と論じるように，自分の考えを論理的かつ明確に論じること以上に，主張が聞き手にどう受け取られるかを重視している。ここで重要なのは，倉沢が「会話」や「対話」を討論に含んで捉えていることである。討論の「独話」的要素を認めつつも，「会話」や「対話」の要素が混合しているからこそ，議論を進める上で「聞き手と話材に主導権がある」ことが認められるのである。倉沢（1989a；原典1967）では，この討論の対話性について，以下のように具体的に論じている。

　　　討論となると，Aの発言の内容とBの発言の立場の差がわかっていなければならない。ディベートは，Aの立場の人がひとり言うと，次は，Bの立場の人が

言うという形で進行をする。Aの言ったことを，A′が，BにB′がさらにつけ加えて，高まっていく。Aの発言にBが反対をする。この二人の話し合いをもとにして，B′とA′が言いあうのが基本的な形なのです。これは，小学校の高学年でも成功している例はたくさんあり，そう難しく考えないでいい。非常に効果のある学習だと思います。(p.95)

　倉沢は「つけ加え」や「反対」のように，他の参加者の主張に応じることを重視していることが分かる。このように応じるためには，聞くという行為が重要な役割を担う。そのため，倉沢は討論において，「相手の意見をよく聞き，確かめること」を重視し，「言い直し，念押し，補いなどの技術」（倉沢，1989b，p.369：原典1957）の必要性を提言する。

　以上のように，倉沢は，討論の学習を通した真理の探究を志向し，聞くことを重視しながら，具体的なスキルとして「つけ加え」「反対」「言い直し」「念押し」「補い」等を身に付けさせる必要性を提言した。討論には「独話」の要素も含まれていることを指摘していることから，自分の考えを明確に主張することも討論を成立させるための要件となるが，それと同等に「相手の意見をよく聞き，確かめること」を重視したところに，それまでの討論指導には無い倉沢の討論指導に対する目標論があるといえよう。そして，そこには倉澤の「対話」教育の志向や「人間形成」「人間尊重」の重視といった思想が反映されていると考えられる。

　しかし，1948年（昭和23年）から1967年（昭和42年）にかけて，これだけの提言がなされながらも，教育現場に十分に普及し定着しなかった要因としては，①倉沢は，討議ほどには討論について言及しておらず，具体的な指導法については明らかにされていないこと，②昭和43年版学習指導要領で音声言語教育が軽視され，国語科教育全体が「音声言語教育の冬の時代」（増田，1994，p.202）に陥ったこと，が挙げられよう。

4.2 ディベートから「対話的コミュニケーション」としての討論へ：藤森裕治

　藤森裕治は，教室ディベートの実践経験と理論をもとに，形式重視の教室ディベートを止揚し，「対話的コミュニケーション」としての新たな討論指導を模索し提言した（藤森，1995）。藤森が主として対象にしたのは高等学校での指導であるため，小学校段階での討論指導とは大きな隔たりがあると考える。しかしながら，藤森は教室ディベートの普及を推進した人物の一人であるため[7]，新たな討論指導への提言をしたことは小学校段階での討論指導にも少なからず影響を与えたと考えられる。そのことから，藤森の討論指導の目標論を捉えることは，小学校段階での討論指導の目標論の変遷を捉える上でも重要であると判断し，調査の対象に加えることとした。

　藤森（1995）は，日本における教室ディベートが「討議的色彩を濃厚に呈している」ことを指摘し，「いわば比較考察によって理想的解決策を得ようとする，ある意味でのんびりとした議論」が展開していると述べる（pp.161-162）。この点について藤森は，欧米から輸入されたディベートが国民性とのせめぎ合いの中で変形しながら定着し「批判力に支えられた創造的思考」力を育成するといった独自の目的を有した活動となっていったと論じる（p.177）。このようなディベートの変形を藤森は肯定的に受け止め，以下のように論じる。

　　　それぞれの適性やねらいは定義されたとしても，それらを規準にして指導体系を策定するのは必ずしも適切ではない。つまり，「話し合い」の形式分類自体は意味のあることだが，指導の実際に当たっては形式の枠にとらわれず，むしろほとんどの単元はそれを変形・複合させたケースであって当然だと思うのである。「この学習活動はディベートではない」という指摘が正しいからといって，ディベートという名の下に行われたディベートらしからぬ「話し合い」学習そのものが不適切というわけでは断じてない。

　　　レトリックの指導がそうであるように，「ことばの学習」が分類・体系化され

た技法や形式の習得作業に終始するとき，学習活動は硬直したものとなりやすい。ディベートは，初めて体験する学習者には強烈な印象を与えるが，これを長く取り入れていると必ず飽きる時期がくる。そのとき，この学習のねらいがディベートの技術取得に重点を置いたままであると，せっかくの刺激的な体験学習が二度と振り向かれなくなる。(pp.177-178)

　これは，形式重視の教室ディベート実践が，ともすると「ディベートの技術習得に重点を置いたまま」の状態となっており，学習者の意欲の減退を招いていることへの問題提起であるといえる。また裏返して捉えるならば，型にはまった教室ディベートから抜け出すことで，真に探究的な言語活動へと発展させたいという前向きな宣言であるとも受け止めることができる。そして，藤森は討論によって探究する力を育てるために「メタ議論としての「話し合い」指導」(p.175) が必要であることを主張し，「ディベートが終了したら，そこに参加した全員が，いまここで展開された議論を振り返って，ともに話し合う時間を持つべき」(p.175) であると提言する。

　さらに，藤森 (1995) は，教室ディベートを「対話的コミュニケーション」として捉え直し，「感性のレトリック」(p.132) を育むことを指導内容として取り入れるべきであると提言している。藤森 (1995) において，「感性のレトリック」は以下のように定義される。

　　理想的な言語コミュニケーションを実現するために，適切で効果的な自己主張及び他者理解の態度や方法などを直観，発見しようとする全人格的ないとなみ (p.190)

　藤森が「感性」といった非認知的要素を取り入れる必要性を主張するのには，学習場面における話し合い・討論を「学習者の言語生活」(p.131) に結び付いたものとするべきだという考えに基づいている。藤森は高校生たちの現状を「たった一言で崩壊するほど脆い人間関係が目立つ」(p.128) と捉え，「調和を乱さないために自己評価を抑圧する傾向や，自分の意見に対する批判を敵意・反感の表れとして受け止めてしまう学習者は実に多い」(p.128) と認識する。そのため，討論を「学習者が全人格的なコミュニケーションを

展開する「場」としてとらえ，その「場」を生命力として豊かな感性に満ちた人間交流の「場」とすべく働きかける」（p.226）指導の必要性を主張するのである。

　以上のことから，藤森は，討論指導の目標において，議論によって探究する能力を向上させることに加えて，「人と人との人格的なコミュニケーション」（p.232）を通した信頼に基づく「人間関係づくり」（p.194）を重要視したと捉えることができる。

　これを小学校段階の討論指導に対応させるならば，相手の感じ方に配慮しながら互いの考えを論じ合うことを通して，協同探究を進める人間関係を築くことが目標として掲げられると考える。討論というと，意見の論理性や論拠の妥当性といった認知的次元にばかり焦点が当てられがちである。しかし，藤森のように討論を「対話的コミュニケーション」として捉え直すならば，自ずと参加者間の関係性や心情を無視することはできなくなる。そう考えると，討論だからといって攻撃的な主張を当然視することは，たとえそれが合理的な理由に基づくものであったとしても，我々が本来求めるコミュニケーションの姿からはかけ離れたふるまいであるといえる。特に小学校段階では，それが原因となって言い合いに陥ったり，あるいは，批判されることを恐れて沈黙に徹したりする状況が生じやすいと考えられる。自分たちのコミュニケーション形態に馴染まない言語行為は，たとえ強力なツールとなるとしても，言語生活で生かされることはない。意見の内容だけでなく，伝え方にも意識を向けさせ，討論を通して協同で探究し合う関係をつくっていくことが，討論を子供たちの生活に根付いた探究的な言語行為とする上で重要である。藤森が討論を「対話的コミュニケーション」として捉え直した真意もそこにあるのではなかろうか。相手への配慮を大切にした議論を志向することは，和を尊ぶ国民性がさらに生かされた討論を実現させていくことにつながる。そういったことから，「対話的コミュニケーション」としての討論を志向することは，討論指導の目標を検討する上で重要な提言であるということがで

きよう。

4.3 「共同の問題探究者」の育成をめざす討論指導：甲斐雄一郎

　甲斐（1997）は，「討論は口先だけの子どもを育てる」「討論すればするほど人間関係が悪くなる」という危惧が指摘されていることを踏まえ，島崎（1988）を援用しながら「対立的主張」から「共同の問題探究者」へと向かう過程としての討論の単元モデルを提案している。「共同の問題探究者」という文言自体は島崎のものであるが，甲斐はそれを討論指導に援用することによって「人間関係をきりひらく」といった課題の解決に向かったといえる。教室ディベートにおいては，ゲームであり形式的立場であるとして，人間関係への影響が出ないように考慮されていた。それに比べ，甲斐は討論を通した「共同の問題探究者」としての新たな関係の構築を積極的に志向したという点で特徴的であり，コミュニケーションの本質に迫ろうとしたということができる。

　また，甲斐（1997）は，討論指導は「討論で教える」のではなく，「討論を教える」学習指導であることを明示する。そして，「討論を教える」場合には，「討論のテーマが担っているはずの「要旨」そのもの」と「「要旨・構造に即し」た児童の言語活動，またそうした活動の結果期待される「ことばの効率」に関わる能力」との2つの教育内容があるとし，「共同の問題探究者」の実現のためには，この2つの教育内容を達成する必要があると論じる（pp.6-7）。すなわち，論題についての「要旨」が捉えられればよいというだけではなく，「要旨」に迫るためにはどういった点について論じ合うべきかといった「ことばの効率」が吟味され，参加者間に共有されることを通して「共同の問題探究者」としての関係構築に近づくことができるのだと考えられる。

　さらに，甲斐（1997）は「共同の問題探究者」としての関係構築を目標とする討論で求められるのは，最終的な結論の一致としての「こたえに関する

合致」ではなく，「判断のもとになる枠組みの発見・構築とその共有」としての「問題設定に関する合致」であることを主張する（pp.7-8）。大村はまの中学生への指導の事例を引いていることから，甲斐は中等教育以降を対象としていることが考えられるが，小学校高学年段階であればそれぞれの主張の利点や問題点を共有し，互いに何を重視して意見を述べているのかを認識するというレベルでの「問題設定に関する合致」の形成がめざされることが適当であると考えられる。

　以上のように，甲斐は討論を通じた「共同の問題探究者」としての関係構築を目標に定め，「討論を教える」場合の教育すべき内容を整理した。その上で，「問題設定に関する合致」に至るための「ことばの効率」を高めることこそが討論における指導事項であることを提言したといえる。「問題設定に関する合致」の意義を明らかにすることで，立場が対立関係にある参加者同士がいかに「共同の問題探究者」としての関係を構築していくことにつながるのかといった討論指導による社会的次元の変容を新たな目標として示したことは示唆に富んでいる。具体的に，「ことばの効率」を高めるためにどのようなスキルや意識を育成する必要があるのか，子供たちが「問題設定に関する合致」をどのように受け止め「共同の問題探究者」としての関係構築へと進んでいくのか，といったことについては，今後さらに実証的な検討が必要であると考えられる。

4.4　現実的な問題解決のための議論能力を育成する討論指導：高橋俊三

　「声とことばの会」の代表を務め，1990年代から2000年代を中心に音声言語教育の再興を理論的にも実践的にもリードしたのが高橋俊三である。高橋は，会のメンバーと共に，小・中学校におけるディベートやパネル・ディスカッションについて数多くの理論と実践例を提案・報告している。その中で討論についても数多く言及しており，高橋（1993）では討論を「互いに意見

42

を述べ合って真理をたずねること」(p.93) とし，高橋 (2001) では討論指導の目的として，①内容に対して認識を深めること，②音声言語能力を高めること，③他者の存在に気づき人間尊重の精神を育てること，の3つがあることを主張している (p.190)。

また，高橋 (2001) はディベートの価値を認めながらも，「ディベートの限界」(p.157) として「①二つの視点からしか考えさせない」「②解決策を消去法で求める」の2つを提示している (pp.157-159)。そして，「現実的な社会の問題解決では，（中間の視点を含めて）多くの視点から考え，話し合いを進めていったほうが効果的であり，実際的であることが多い」(p.158) と述べ，パネル・ディスカッションを用いた「多値的反応」の有効性を提言する。さらに，ディベートに対するパネル・ディスカッションの利点として，「討論の途中でも意見を変えることができる」ことを指摘し，「他者の意見を聞き，自己を変容させていくということは，大切なことであり，特に子どもたちの場合にあっては，必要なことである」(p.169) と論じる。

加えて，高橋 (1998) は，パネル・ディスカッションでは論題によって，「累加的な思考」と「選択的な思考」といった異なったタイプの思考がはたらくことを指摘する (pp.39-40)。

以上から，高橋は教室ディベートから新たな討論方法としてのパネル・ディスカッションを導入することにより，教室ディベートでは難しいとされる現実社会の問題を解決するための討論を志向したということができる。それは，具体的には「二値的反応」から「多値的反応」へということであり，思考に柔軟性をもたせるということである。思考方法としても，ディベートでは「選択的な思考」の中でも消去法に限定されるのに対し，実際の問題解決では重要になる「累加的な思考」や創造的な思考をも取り入れながら，中間項や程度・範囲といった条件の検討の必要性が論じられた。ディベートは「論理を鍛えていく上で，強い教育力を持つ」(高橋，2001，p.114) と利点を十分に理解した上で，ディベートのフォーマットがもたらす課題に対応し，

現実社会の問題解決のための協同探究を志向したといえよう[8]。

4.5　対話能力の育成をめざす討論指導：村松賢一

　村松賢一は，「国語教室で展開される音声言語活動は，すべて対話的性格を備えていなければならない」（村松，2001，p.45）とし，対話教育としての「話すこと・聞くこと」の改革を行ってきた[9]。村松（2001）では，対話教育における討論の位置づけについて，「「話すこと・聞くこと」の教育の旗を掲げるとして，そこに一つだけ書くことをゆるされるなら，迷わず「討論能力」を選ぶべきだというのが筆者の考えである。」（p.46）と述べ，最終的には討論が有効に行えることを目指して取り組むべきであるという姿勢を示している。そして，討論の意義について，村松（2001）は，次のように論じる。

> 　討論は何のためにするのであったか。高学年では，事柄を深く理解し，問題の本質を明らかにすることがねらいであった。異なる考えと交流すると，視野が広がり，物の見方が深まる。その知的ワクワク感を味わうことであった。（p.150）

　村松が「問題の本質を明らかにする」「物の見方が深まる」といった協同探究を志向しているのが分かる。また，村松（2001）はコミュニケーション・リテラシーの側面から，「市民的公共性」（p.187）を学ぶ契機としての意義も主張する。そのため，討論においては，「論じ合う技能（主張する・批判的に聞く）に加えて，異なる意見の，どこが同じでどこが違うのかを抽象する，皆が共生できる条件を理論的に措定する，などの思考力」（p.179）を最終的に身に付けられるように指導する必要性を論じている。さらに，村松（2001）は，討論においては，「高められた合意を形成する」（p.180）ことが重要であると主張し，以下のように述べる。

> 　つまり，討論はただ異なる意見をぶつけ合えばよいというわけではなく，対象の本質に根ざした対立的論点をめぐってなされるとき，一段上の合意，発見，解決に向かう可能性が開けるのである。しかし，これだけでは十分ではない。いく

ら本質的な討論でも，A，Bが相手の意見を打破することのみに腐心していたのでは階段を上ることはできない。両者が，相手の立場を理解しようと努力し，相手の論破ではなく，問題の解決に立ち向かうようになってはじめて，高められた合意は現実のものとなる。このとき，実は，A，Bは共に〔A←→B〕の葛藤を内部に抱えこんでいるという点で同じ立場に立っているといってよい。(p.180 下線は引用者による)

　下線部から分かるように，村松は，「相手の意見を打破することのみに腐心」しているという討論指導の現状を批判し，「両者が，相手の立場を理解しようと努力し，相手の論破ではなく，問題の解決に立ち向かう」討論へと向上させるべきだという目指すべき方向性を示している。この考えは，村松（2009b）においては「私たちが教育の対象とする討論は，相手の意見の納得できない点は質しつつ，言葉を尽くして自分の立場を説明し，大きな文脈の共有をめざす協同的探求活動であってほしいと思う。」(p.10) と述べられるに至る。村松は，自己主張を第一義としていては協同的・探究的に議論することは難しいことを指摘しており，「高められた合意」や「大きな文脈の共有」へと向かうことこそが討論の第一義であることを主張しているといえよう。

　では，村松は討論を通して具体的にどのような言語能力を育成する必要があると考えているのであろうか。村松（2009a）は「討論を通して育てる言語力」(p.6) について，以下のように具体的に示している。

　　　その力は，大別して，①情意的要素②認知的要素③技能的要素からなる。③はさらに，a.話す b.聞く c.交流する d.はこぶ（目的に向けて活動を適切に進める）に分けられる。討論を例にとれば，「異なる意見を尊重する」（①），「決定基準について合意を図ってから始める」（②③d），「〈結論―理由―根拠〉を明確にして話す」（②③a），「ナンバリング・ラベリングを活用する」（②③a），「聞きやすい声の大きさや速さで話す」（③a），「彼我の考えの異同を聞き分ける」（②③b），「相手の意見を引きながら反論する」（②③c）など，外言・内言に及ぶ多様な言語力が身についてはじめて実りあるものになる。(p.6)

これらの叙述から，村松は，思考力である認知的要素や討論に関する技能的要素を育てることのみならず，「異なる意見を尊重する」といった情意的要素も重視していることが分かる。村松は技能的要素の中でも，特に「「聴いて・訊く」力」の指導を重視する（村松，2009b：村松，2010）。「「聴いて・訊く」力」とは，受け止めることを中心とした「聴く」と「質問」及び「反論」のことである（村松，2009b，p.11）。わけても「質問」の価値について繰り返し提言し，「討論のような対立的な構図の中では，相手の主張をきちんと受け止めようとする「質問」は指導しなければ決して発揮されるものではない」（村松，2009b，p.12）と論じる。そこには，「討論とは共に考え合うこと」（村松，2009b，p.10）とする村松の討論観が表れているといえよう。

以上のように，村松は対話教育の中に討論指導を位置づけ，協同での探究を通して「市民的公共性」を育てるといった大きな目標を志向し，その過程で多様な言語力を身に付けさせることをねらっているということができる。そして，討論を対話として位置づけるからこそ，参加者間の情意的つながりや互いに受け止め理解しようとする態度が重視されるのである。異質な考えを排除したり，自説を押し付けたりすることは対話とはいえない。そういったことから，村松は対話概念を導入することにより，討論の目標を他説の論破におくのではなく，異質な考えを尊重しながら互いに尋ね合うことで協同での探究を志向したといえよう。

4.6 討論による協同探究が志向された過程

第4節では，討論による協同探究が志向された過程を調査してきた。まとめると以下のようである。

まず，討論が対話的な活動であり，協同での探究を目的とすることは，1950年前後から既に倉沢によって提言されていた。しかし，討論指導についての具体的な方法論は示されておらず，実践も積み上げられなかった。そのため，討論を協同探究と捉える芽はあったものの，実質的にそれが目指され

るようになるまでには至っていなかったといえよう。

　国語科教育において討論による協同探究が目指されるようになったのは，中村（2005）が整理する昭和30年代と平成期の2つのディベート指導の「ピーク」を経てのことである。特に平成期の「ピーク」においては，ディベートの利点についての理解が深まるとともに，論理的思考や言語力のトレーニングではない実際問題の討論を対象にする際に求められる議論能力に目を向けられ始めた。このことが，協同探究を志向する討論指導の新たな目標論の模索につながったということができよう。まさに，中村（2005）が「日本に定着し得る方向性での「咀嚼」への取り組みが始まった」（p.30）という状態である。

　そういった模索において，討論指導が目標とする姿を大きく変容させる契機となったのが，藤森（1995）や村松（2001）のように討論に対話概念を導入し，相手の考えを受け止め理解しようとする態度や相手の感じ方に配慮した表現といった技能や態度をも育成すべき議論能力の対象とし始めたことである。また，甲斐（1997）は「共同の問題探究者」としての関係構築といった社会的次元を討論指導の目標に位置づける必要性を論じ，個人の認知力の向上に焦点化しがちであった討論指導の目標を拡張する起点となった。さらに，高橋（2001）のように，論理を鍛えるためのトレーニングとしてのディベートと区別し，現実的な社会の問題を解決するための討論では，どのような思考力や議論に向かう構えを育成する必要があるかを整理し，明示したことも起点となったと考えられる。

　しかしながら，これらの指摘が提言され始めてから20年以上が経過した現在においても，実践レベルにおいては，討論とディベートを混同してしまっていたり，二項対立を起爆剤として反論につぐ反論の論争的状況を討論学習であると誤解してしまっていたりする実践も少ないとはいえない。そういった状況では，「共同の問題探究者」としての関係構築は望めず，むしろ他者との議論を忌避する心情を抱くことに陥りかねない。このような問題状況を

打破するためにも，本研究において，小学校で育成すべき議論能力を明らかにし，その指導法の効果を実証的に検討していくことは，意義のあることであると考える。次章以降で，詳細に論じていきたい。

第5節　今後の討論指導の目標の考察—協同探究型討論の志向—

5.1　本章での調査の整理

　第1章では，討論指導の目標がどのように推移していったかについて，文献調査を基に明らかにすることが目的であった。調査の結果，発表形式から相互的な議論，対話を重視した探究的な議論へといっためざす言語行為の変遷と，認知的次元（思考）に焦点化した言語活動から情意的・社会的次元も含めた言語活動へといった指導対象の変容という大きな動向を捉えることができた。その動向の一番の契機となったのが，ディベート指導が普及したことによって明らかになってきた課題とその止揚に向けた取り組みであった。そして，止揚の足掛かりとなったのが，概念としての対話の導入であった。概念としての対話は，全人的なかかわり合いを求め，主体間の異質性を前提とする。それゆえ，ディベートに必要とされる合理的判断やそれらを明瞭に論じる力だけでは十分とはいえず，差異を尊重し合おうとする態度や共に新たな知をめざそうとする姿勢といった情意的・社会的次元をも視野に含んだコミュニケーションの学習が必要とされるようになったのである。また，対話では互いの差異に対して優劣をつけることは目的とされないし，自説が優れていることを強調することは対話の目指すところではない。むしろ，自分とは異なる相手（他者）が，なぜそう考えるのかといった背景をも理解しようと努めることが重要になる。そして，異なる意見を足場に自説をも対象化し，多角的な思考・判断や新たな発見・創造が志向される。言語活動としての討論は，概念としての対話を受容することによって，協同での探究のため

48

の全人的なコミュニケーションとなることが求められるようになったのである。

5.2　協同探究型討論の志向

　以上のことから，今後の討論指導で求められるのは，互いの考えを深めることを目的とした探究的な言語活動であり，問題の解決に向けた協同的で建設的な議論であるといえる。また，ディベートでは捨象されてきた情意的側面を大切に扱い，議論を通じた共同探究者としての人間関係づくりをも指導の対象とした討論であるといえる。そのような討論を，自己主張を重視した排他的な討論と区別するために，本研究では協同探究型討論と呼ぶこととする。序章でも提示したが，改めて協同探究型討論の定義を以下に示す。

> 協同探究型討論とは，共有した多元論理の問いに対して，立場や考え方の違いを前提としながら，参加者全員が協同して議論を展開し，多角的な検討による対話的思考を通じて探究することを目的とする討論である。

　もちろん，ディベートでも協同探究がなされないわけではない。このことについて，岡田（1998）は「他者への視座転換による「自己の自明の規則」の対象化，批判」（p.235）が討論の意義であるとする立場から，「討論における変容とディベートにおける変容とは，それに要する時間の長さの違いにすぎない」（p.142）と述べる。すなわち，活動内で立場や考えの変容があるのが討論で，活動内は主張を保ちつつも活動後に立場や考えの変容があるのがディベートであるというのであり，その意味では討論もディベートも協同による探究であるとするのである。しかし，討論を含む音声言語コミュニケーションの指導が協同性を育むことをも目的に含むとする視座からすれば，この2つの差は大きいと考える。討論では相互尊重の理念から相手への配慮や共感的理解といった協同的な態度が求められるのに対し，ディベートでは

協同的な議論であるという枠組みの合意があるものとして前提され，やりとりの中では討論で求められるような協調的な態度はむしろ否定される。しかも，実際には，ディベートが協同的な議論だという枠組みを実感レベルで理解するのは，言うほどに簡単ではない。本研究の対象としている小学生段階では，なおのことである。だからこそ，（ディベート的な）討論は口喧嘩ではないと教師が力説して臨ませたにも関わらず，相手を打ち負かそうとする子供たちによって結果として「論争的会話」に陥ってしまうケースが散見されるのだといえよう。そう考えると，本研究がめざす協同探究型討論とディベートは切り分けて考えるべきであろう。

　異文化共生を持ち出すまでもなく，これからの社会においては，より一層，異質な者同士がコミュニケーションを通じて新たな知を産出し，よりよい人間関係を築いていくことが求められる。そういった関係の中では，前提とする枠組みの合意が得られているとは限らない。むしろ，ハーバーマスが公共圏での討論が人と人とをつなぐと主張したように（Habermas, 2002：原典1990），討論を通して協同的な関係を築いていくと考えることが必要であろう。そのためには，認知的次元のみならず，情意的・社会的次元についても，討論におけるよりよいコミュニケーションの在り方を模索していくことが重要だといえよう。

注

6）昭和前期の国民科「話シ方」について，野地（1980）は次のようにまとめる。
　　国民科「話シ方」の指導とはいっても，「話すこと」に重点をおくもの，音声言語の訓練に力点をおくもの，ことばのしつけ・修練に重きをおくもの，さまざまないきかたが認められた。「話すこと」に重点をおくとはいえ，形態・機能・方法・態度のことについては，しだいに自覚されてきたが，まだ不徹底な面もあった。音声言語訓練に力点をおくものについていえば，技術的にこだわりすぎた面もあった。ことばのしつけ・修練に重きをおくもの，これは戦局の進展とともに，非常時下の体制にあって，この面が強調され，敬語の問題もさらに重視された（pp.1003-

1004）。

7）川本は，「ディベートは民間企業のレベルでは非常に前から取り入れらえていた
んですけれども，学校教育の中ではごくごく先見的な方がおやりになっていただけ
でした。」と，藤森らが所属していた東京都教育委員会主催の「教育開発委員会の
国語の部会」の提案が，国語科において教室ディベートが普及していった要因と
なったと述べる（川本・藤森・中島，1991，p.16）。

8）しかし，実際の問題解決に資する討論として，「多値的反応」の重要性や，論理
的思考のみならず「累加的な思考」や創造的思考の必要性は首肯できるものの，そ
れはパネル・ディスカッションという形態でなければできないというものではない
と筆者は考える。特に小学生の場合，パネリストとして登壇して議論を活性化させ
られるのは一部の子供たちとなり，多くの子供たちはいつもフロアとしての参加に
なってしまいかねない。フロアとして的確な質問が出せればよいが，よほど的確な
指導をしない限り単なる聴衆に留まってしまう子供たちも少なくないであろう。そ
ういった子供たちに，議論能力の育成を保障できるのかといったことが危惧される。

9）村松の論じる対話とは「機能としての対話」のことである。村松は，形態として
の「一対一の狭義の対話」を「ペアトーク」と称し，「機能としての対話」と区別
する（村松，2001，p.60）。

第2章　小学校段階における協同探究型討論の
必要性の再検討

第1節　問題の所在と研究の目的

1.1　認知的葛藤と形態の異なる二種のコミュニケーション

　第2章では，小学校段階で討論の指導がなぜ必要であるのか，その意義や目的について改めて検討する。わけても，討論が子供たちの学びにどのような影響があるのか，討論だからこそ学び得ることとは何なのか，について吟味していくこととする。

　討論が子供たちの学びを高めるという主張の背景には，討論が認知的葛藤を促す契機となり，思考力・判断力を鍛えるための有効な方法だと考えられていることが挙げられる（村松，2006 等）。滝沢（1984）は，この認知的葛藤が対人コミュニケーションの中で発生することの価値を強調し，「混乱を整理して矛盾のない意見をつくるために，相手の意見と自分の意見とを関係づけ，調整しようとする。この時，子どもの思考の構造化が生じて，質的に高次の思考が到来する」（p.59）ことを主張する。また，岡田（1998）は，討論型の学習において，「視座転換の能力」を獲得することを重視する。「他者の視座」から「自己の自明な規則」を対象化し，変容させることこそ討論が目指すべき「精神の成長」（p.234）だと考えるのである。そして，討論における「傾聴」こそが「視座転換能力」を獲得する契機となると主張している（p.99）。

　こういった討論が思考の高まりにつながるとする主張は，国語科教育にお

いても見受けられる。早くは大久保・小林（1967）が「討論は，ある命題についての肯定・否定という意見の対立を前提としておこなう，言表⇄聴取という外内言（⇄思考）過程をもっておこなう集団的思考の一形式であり，最も精神の真の緊張を要求する思考行動なのです。討論指導は，生徒たちをこの実さい的な環境に入れつつおこなう言語⇄思考指導そのものなのです」（p.12）と述べ，討論を通して認識・思考を指導するべきだと主張した。また，香西（1995）は，「異なる意見の対立によって問題を深めていくということが，われわれの思考の働きそのものだ」（p.37）とする立場から，「目の前には，自分が意識的に作り出したのではない，本物の反対者がいる」ことこそが，「討論という活動の有利な点」（p.38）であると論じ，討論の有用性を主張している。これらは，ヴィゴツキー（2001：原典，1934）が，言語の「精神間」から「精神内」への移行，いわゆる「内化」のメカニズムを主張することと重なる。

　以上のように，先行研究においては，自分とは異なる立場や考え方からの主張や批判が認知的葛藤を引き起こし，調整過程の中で「思考の構造化」や「視座転換」がなされることが，思考力・判断力の向上につながるとしている。しかし，認知的葛藤は他者からの異論を聞いたり読んだりするだけでも引き起こされるし，そこから個人内で合理的な調節をしていく中でも「思考の構造化」や「視座転換」が必要となるといえる。すなわち，他者からの異論を聞くのみの場合（以降，〈異論受信型〉と呼ぶ）と，他者と討論などのやりとりをする場合（以降，〈討論型〉と呼ぶ）とで子供たちの学びやコミュニケーションに向かう意識にどのような差異が生じるのかということについては，改めて検討する余地がある。

　また，本研究が対象とする小学生という発達段階を鑑みた時には，「意見の対立」が言い合いに陥りやすいことが指摘される（Mercer, 1995：甲斐, 1997：村松, 2010など）。一方で，高学年になると協調を優先し意見を対立させることを忌避するケースも多くなるという（間瀬・守田, 2014）。そのため，

討論の重要性は認めながらも，感情や関係性に左右されやすい小学生には難しいとして敬遠されることが多い言語活動とされる（村松，2009b）。このように討論における情意的・社会的次元への影響が指摘されていながらも，〈異論受信型〉と〈討論型〉とで情意的・社会的次元にどのような違いが出るのかについて実証的に論究した先行研究は，管見ながら見当たらない。

1.2　第2章の目的

　そこで，第2章では，小学校高学年を対象とし，〈異論受信型〉と，〈討論型〉とを認知的次元及び情意的・社会的次元から比較してその差異を明らかにした上で，小学校段階での協同探究型討論の学習の必要性と指導すべき要点を再検討することを目的とする。なお，協同探究型討論では，どちらかが正答とはいえない多元論理の問いを扱うため，討論を通して合理的に判断すること自体に価値がある。そこで，本章の研究では，討論が子供たちに与える影響に焦点を当て，討論による学習方法の価値や必要性を再検討することとする。

第2節　実践の概要

　本章では，〈異論受信型〉と〈討論型〉との差異を明らかにすることを目的として，対立軸を明確にして自分の判断を論じる活動を取り入れた3つの実践を比較分析する（実践A・B・C）。いずれも筆者が担当する都内小学校の同一学級（児童数35人）において実施した。

　実践Aは，自分の考えを書いた後，自分と反対の意見を一方的に受信するだけの〈異論受信型〉の学習である。実践Bは，自分の考えを書いた後，教師が司会をする学級全体での討論をする〈討論型〉の学習である。実践Cは，自分の考えを書いた後，グループでの討論をする〈討論型〉の学習である。自分の考えを書いた後の活動が変数となっている。

3つの実践で共通するのは，どの実践も立場や考え方の違いによって意見が分かれるような問題場面を含んだストーリーを読んだり，動画で視聴したりしてから，論題を設定している点である。論題は，教師と共にストーリーをふり返り，問題場面や意見のズレを整理することを通して，設定した。ストーリー内の問題について論題にすることは，文脈となる情報を共有することにつながる。公立小学校の高学年においては個々がもっている情報量の差が大きく，議論する能力の差ではなく関連する情報の所有量によって議論への参加の程度が決まってしまうことがある。また，ある事柄について調べてから討論するとなると（例えば，自然遺産について調べた後，自然遺産への立ち入りを禁止すべきかを討論する等），理解が断片的であったり，自分の考えをもつだけで精一杯だったりで，そこから議論するには認知的な負荷が大きいといった事態が想定される。そういった点で，ストーリーに基づく議論は，小学生段階で討論を取り入れるための1つの有効な方法であると考える。さらに，論題を教師が関わりながら学級全体で設定することで，論題についての意味理解や指し示す範囲についての共有がなされやすくしている。論題の何が争点となっているのかをきちんと理解しないままでは，議論に参加することは難しい。そういった意味で，全員が討論に参加することを促すための大切な手立てであると考える。

2.1 実践A〈異論受信型〉の概要

実践Aでは，〈異論受信型〉における子供たちの反応を調査することを目的とした。学習の展開は以下の通りである。

実施時期：2016年11月
①「図書館員のなやみ」[10]を読み，学級全体で内容を整理する。
②論題を「雑誌をカウンター内に置くべきか」とし，立場を明確にして個人の考えを書く。

賛成（カウンター内に置くべき）：13人

反対（カウンター内に置くべきではない）：21人

③賛成の立場の子供は，教師が書いた反対の立場からの意見文を読む。反対の立場の子供は，教師が書いた賛成の立場からの意見文を読む。子供たちには，教師が書いたことは知らせず，AさんとBさんといった仮の人物の意見であるという設定にした。

Aさん

わたしは雑誌をカウンター内に置くことに賛成です。図書館の本や雑誌は，みんなの財産です。だから，みんなが読めるようにするだけでなく，それらを守っていく必要があると考えます。この話の状況では，利用者の中には，そういった財産を守ろうとする意識が低い人が残念ながら多くいるようです。たしかに，ぱっと手に取れないことには，不便さを感じるかもしれません。ですが，その雑誌自体が無くなってしまったり，切り抜きで読めない状態になってしまったりしたら，それ以上に利用者から不満が出るのではないでしょうか。だから，わたしは雑誌をカウンター内に置くべきだと思います。

Bさん

わたしは，雑誌をカウンター内に置くことに反対です。雑誌は，気軽に読めてこそ，そのよさが生かされると考えます。カウンター内において手続きをすることになると，人によっては気兼ねして手に取れなくなってしまう可能性があります。わたし自身も，図書館員の方に，どんな雑誌を読むかを知らせることには，少し抵抗があります。たしかに，雑誌が切り抜かれたり，無くなったりすることは大きな問題です。ですが，それはポスターなどで注意をうながせばよいのではないでしょうか。だから，わたしは雑誌をカウンター内に置くことに反対です。

④最終的な自分の考えを「学習のまとめ」に書く。

賛成→賛成：13人，賛成→反対：0人

反対→反対：18人，反対→賛成：3人

（賛成の主な理由）

公共の本や雑誌を守っていくべきだから／次の人が読めなくなるから／ポスター等では防げないから

（反対の主な理由）

不便だから／気軽に手に取ることができなくなるから／借りる人が恥ずかしい思い
をするから／警備や防犯カメラを増やせば防げるから
⑤質問紙調査を行う。

　子供たちは，教師が書いた逆の立場からの文章を読み，要点を捉えていた。
最終的な自分の考えをまとめる際には，教師によって「相手は…と言っているが」と相手の考えを踏まえる表現を示されたことや，教師が配布した意見文もそのような書かれ方がされていたこともあり，34人中21人が相手の考えを取り入れながら自分の考えを書いていた。

2.2　実践 B〈討論型〉の概要

　実践 B では，教師が司会を務める学級全体での〈討論型〉における子供たちの反応を調査することを目的とした。学習展開は以下の通りである。

実施時期：2016年11月
①「銀のしょく台」[11]を読み，学級全体で内容を整理する。
　・ジャンは飢えた子供たちのためにパンを盗み，19年間投獄された。
　・ジャンには泊まる所すら無かった。
②論題を「銀の食器を盗んだジャンを司教は許すべきだったか」と設定し，立場を明確にして個人の考えを書く。
　賛成（許して良かった）：19人
　反対（許すべきでなかった）：16人
　（賛成の主な理由）
　生きるためには仕方がなかったから／貧しい人に渡すのかもしれないから／司教は，銀の燭台は貧しい人のためにあると考えていて，ジャンは貧しいから
　（反対の主な理由）
　自分のために盗んでいるから／別の場所でも盗むかもしれないから／優しさに甘えてしまうかもしれないから

③賛成・反対の２つの立場に分かれ，教師が司会と板書を務めて約10分間の学級討論を行う。教室の座席をコの字型にし，賛成・反対が向き合うようにする。

④最終的な自分の考えを「学習のまとめ」に書く。

⑤質問紙調査を行う。

　学級討論の様子（③）について，特徴的な場面をトランスクリプトⅡ 1[12]に示す。教師が司会を務め，それぞれの発言にあいづちをうったり，共感を示したり，内容を学級全体が共有できるようにはたらきかけたりしながら，議論を展開している。対立的な立場を設定し，互いに反論しているのだが，全体的に和やかな雰囲気となっている。まさに，長田（2009）が「教室討議では，教師が情緒領域のコントロールをしてしまうため，学習者は課題領域について考え，発言するのみである」（p.55）といった様相を呈しているといえる。

トランスクリプトⅡ 1

71	タケオ	９行目のところで，「あの銀の食器，あれはいくらで売れるだろう。ジャンバルジャンの心は大きく揺れ動いていた」と書いてあるから，人のためじゃなくて，自分のために売って，それをお金に換えて自分のために使おうとしていると思います。
72	T	ほう。これが怪しいと。ここの部分（（貧しい人に））がね。こっち（（自分のため））に近いんじゃないかって。さっきヨシノさんが触れていたけど，こっちに近いんじゃないか，ということですが，どうでしょうか。(4)ヨウイチさんはどう？
73	ヨウイチ	なんか盗んだのは，自分が生きるためで＝
74	T	＝うん。
75	ヨウイチ	遊びに使うとかじゃなくて，しょうがなく盗んだというか，生きるためには仕方がないみたいな。

2.3 実践 C 〈討論型〉の概要

　実践 C では，グループでの〈討論型〉における子供たちの反応を調査することを目的とした。展開は以下の通りである。

実施時期：2016年12月
①「海を渡るざるそば」[13] を視聴し，学級全体で内容を整理する。
　・そばの魅力を世界に広げることが目的。
　・現地の人は，麺の長さとつゆが苦手だった。
　・麺を短くして，つゆにエスニック調味料「ペニョッパ」を入れたら好評
　　であった。
　・カリフォルニアロール等の事例もある。
②論題「伝統のそばを，その国の人の好みに合わせて変えるべきか」を設定
　し，賛成か反対かの立場を明確にして個人の考えを書く。
　賛成（変えるべき）：13人
　反対（変えないべき）：18人，迷う：4 人
　（賛成の主な理由）
　変えないと食べてもらえないから／寿司だって伝統が変わっていないから変えてい
　い
　（反対の主な理由）
　間違ったそばを教えてしまうことになるから／そばの魅力が伝わらないから／ココ
　ロン共和国にこだわらなければよいから
　（中間の主な理由）
　アレンジし過ぎなければ，日本の方も許すだろうし，相手の国もおいしく食べてく
　れるから
③賛成・反対の人数がほぼ均等になるよう学級を 6 つに分け，約10分間のグ
　ループ討論をする。
④最終的な自分の考えを「学習のまとめ」に書く。

第2章　小学校段階における協同探究型討論の必要性の再検討　59

賛成→賛成：10人，賛成→反対：3人，反対→反対：17人

反対→賛成：0人，反対→中間：1人，迷う→反対：2人，迷う→中間：2人

⑤質問紙調査を行う。

　グループ討論の様子（③）について，特徴的な場面をトランスクリプトⅡ 2に示す。タケオとユウコは賛成派（○），ミカとアサコは反対派（●）で，互いの意見の理由を聴き合った後，相手国のエスニック調味料である「ペニョッパ」を入れたそばを出すことが，そばの魅力を伝えるという目的につながるかについて話し合っている場面である。ミカを中心に進めながらも，タケオが納得を表明したり，別の視点からの意見を述べたりして，協同

トランスクリプトⅡ 2

60	●ミカ	でも，あの時点でまずいって言ってるから，ココロンペニョッパを先に出して，その後でそばを出してもまたまずいって言われるだけだから::全く味が違うから::それにつながらない。
61	○タケオ	そしたらちょっとずつペニョッパさぁ，減らしていけばいいじゃん。お店で。
62	●アサコ	でも，そしたら，また味が違う，味が違うってなって。
63	○タケオ	あぁ。
64	●ミカ	(5)なんでココロン国にこだわるのかな。
65	○ユウコ	(3)// ココロン国に友達がいるから。
66	○タケオ	// そっかぁ。
67	●ミカ	ただ友達がいるってだけで =
68	●アサコ	= 違う国に
69	○タケオ	世界だからさ。
70	●ミカ	寿司を始めた人は，たぶん友達がいるから始めたわけじゃなくて，ここの国でやりたいからとか =
71	●アサコ	= そう，広めるためにね。

的に議論を展開している。和やかな雰囲気で，互いの考え方の違いを出発点によりよい考えや解決策を求めて検討しているという様相が見られる。

2.4　各実践で扱った論題の特徴

　論題の違いは，子供たちの思考や議論でのやりとりに影響を与える。そこで，本章の3つの実践で扱った論題について整理しておく。

　論題は，いずれもストーリーを理解した後，学級全体で整理し，意見の分かれ目を基に論題として設定した。すなわち，論題はストーリー内の具体的な問題状況に対する異なる判断を基に設定されており，全員がほぼ同程度の文脈情報を共有しているといえる。具体的な場面を設定することで小学生にとっても考えやすくするとともに，所有する情報量をそろえることで，できるだけ参加者同士が同じ条件で議論に参加できるように配慮した。また，論題は全て「多元論理の問い」(Paul, 1987) を扱い，正答を発見することを目指すのではなく，複数の準拠枠から議論し多角的に検討すること自体が意味をもつような論題とした。討論の開始段階では，議論を分かりやすくするため賛成・反対の二項対立の立場（中間も認める）をとらせているが，どのような考えのもと賛成・反対としているかといった準拠枠は異なっている。討論の途中で立場を変更したり，新たな立場を設定したりすることも認めることとした。なお，論題による思考の違いをできるだけ最小限にするため，全ての論題がモラルや倫理についての判断で考えが分かれるような内容とした。

　一方，それぞれの論題独自の特徴は以下の通りである。

▼実践A〈異論受信型〉「雑誌をカウンター内に置くべきか」

　　被害に悩む雑誌を守るためにカウンター内に置くか，利用者が手に取りやすいようにカウンター外に置くかが意見の分かれ目となる。利便性や公共性が理由づけの観点となると考えられる。一定数の子は，具体的な解決方法に思考が進むことが考えられる。

▼実践 B〈討論型〉「銀の食器を盗んだジャンを司教は許すべきだったか」

　ジャンがどのような状態であれ「盗む」という行為をどう判断するかが争点となると考えられる。許すべきだと考える子供たちは，ジャンの置かれた状況や司教の真の願いについて考えるであろう。一方，許すべきではないとする子供たちは，盗むという行為の犯罪性や後のジャンへの影響について理由に挙げることが考えられる。

▼実践 C〈討論型〉「伝統のそばを，その国の人の好みに合わせて変えるべきか」

　世界にそばの魅力を伝えるという夢のもと，伝統の味や形を守るか，アレンジを加えるかが意見の分かれ目となる。変えるか，変えないかといった二元論からスタートとするが，それにとどまらず，程度の問題が出されたり，伝統とは何かが議論されたりすることが考えられる。

第 3 節　各次元への影響の分析

3.1　認知的次元への影響の比較分析

(1)　質問紙調査を基にした分析

　各実践後，図Ⅱ 1 に示す質問紙を用いて，子供たちの立場の変化について調査をした。設問①「あなたは，授業の途中と，最後とで賛成・反対の立場が変わりましたか」についての結果を整理したのが，表Ⅱ 1 である。なお，実践 C の後には，子供たちの中から自分の考えに影響は無かったという声があったことから，「⑤迷ったり考えが深まったりもせず，立場も変わらなかった」を必要に応じて各自で書き加えさせた。

　「③立場は変わらなかったが，考えが深まった」は，実践 A・B・C のいずれにおいても最高値となっている。立場に変化は無かったが，自分とは異なる考えを理解することを肯定的に捉え「考えが深まった」とする子供が多

表Ⅱ 1 子供たちの立場の変化（単位：人）

選択肢	異論受信型		討論型
	実践A	実践B	実践C
①立場が変わった	1	1	5
②とても迷った結果，立場を変えた	2	0	1
③立場は変わらなかったが，考えが深まった	25	17	20
④立場は変わらなかったが，とても迷った	6	17	7
⑤迷ったり考えが深まったりもせず，立場も変わらなかった	—	—	2

学習後のアンケート

　　　　　　　　　　　　　　　　　　番　氏名

①あなたは，授業の途中と，最初とで賛成・反対の立場が変わりましたか。□の中にAからDのいずれかの記号を書き入れましょう。

A　立場が変わった。
B　立場が変わらなかったが，考えが深まった。
C　立場が変わらなかったが，とても迷った。
D　とても迷った結果，立場を変えた。

②あなたは，グループの人と話し合った時，どのようなことを感じましたか。あなたの感じたことに近いものを選んで，○を付けましょう。（いくつでもよい）
　また，選択肢に無い場合は，その他に自分が感じたことを書きましょう。

うれしい　　悲しい　　おもしろい　　くだらない　　イライラする

たしかにそうだ（納得）　　相手の考えはおかしい

意見がぶつかるのを避けたい　　真逆の意見と考えを深めたい

どちらにするか悩む　　自分の考えをつらぬきたい　　相手を言い負かしたい

自分の考えはまちがっているかもしれない　　相手の考えに合わせよう

自分の考えが正しいか不安だ　　反対の立場の人に攻撃されないか心配だ

その他

質問は以上です。ありがとうございました。

図Ⅱ 1　各実践後に用いた質問紙[14]

かったことが推察される。わけても実践Aでは，25名が③を選んでおり，
３つの実践の中でも③の割合が特に高くなっている。これにはいくつかの理
由が考えられるが，その１つに実践Aの〈異論受信型〉は立場の変化への
影響が小さかったことが挙げられる。〈異論受信型〉は自分とは相反する意
見を読むだけであるので，立場が変化するというよりは，自分の考えを貫こ
うとする意識がはたらいた可能性がある。もう１つが，〈異論受信型〉で示
された自分とは相反する意見の質による影響である。示された意見は子供た
ちが日常的に書いている意見文よりもレベルが高く，批判的な意見を取り入
れたり別のアイデアを示したりしていた。これらを読んだ子供たちは，扱わ
れていた内容や述べ方に対応させながら（換言すれば手本としながら）自分の
最終意見をブラッシュアップさせることができたため，子供たちは「考えが
深まった」と評価したと推察される。子供たちの日常的なレベルよりも少し
高度な相反する意見を与えることは，「考えが深まった」という実感をもた
せる上で有効であると考えられるが，教師が反対意見を書いて渡すという特
殊さゆえ，日常的な学習指導には馴染みにくいと判断する。

　「④立場は変わらなかったが，とても迷った」は，実践Bの学級全体での
討論が最も高い値になっている（A: 6, B: 17, C: 7）。これは学級全体での討論
では，教師が司会を務めていることの影響が大きいと考えられる。トランス
クリプトⅡ３は，実践Bの学級全体での討論において，教師（T）がダイチ
の発言を全体の議論へと広げている場面である。

　この場面で，教師がダイチの59「子供たちのためにやったことならば，罪
じゃなくてもいいんじゃないか」という発言を受け，ダイチに「子供たちや
貧しい人たちのためな・の・な・ら・ば，同じ罪を犯したとは言えないので
はないか。そもそもこれが罪ではないってこと？」と確かめたことで，フロ
アがざわついている。このフロアのざわつきは，教師の意図的なはたらきか
けによって引き起こされたものである。すなわち，教師は「子供たちや貧し
い人たちのためな・の・な・ら・ば」とダイチの発言を強調することで，反

トランスクリプトⅡ 3

57	ダイチ	ミカさんの，罪を償ったことにならないのところなんですけど＝
58	T	＝ここですね。はい。
59	ダイチ	これは子供たちのためにやったことならば，罪じゃなくてもいいんじゃないかって思うんですけど。
60	フロア	（ざわつく）
61	T	子供たちや貧しい人たちのためな・の・な・ら・ば，同じ罪を犯したとは言えないのではないか。そもそもこれが罪ではないってこと？
62	ダイチ	はい。
63	フロア	（ざわつく）
64	T	⑫ここでまず一つさ，「盗む」って行為自体は罪だよね。だけど，人のために盗むのは罪ではないかどうか。
65	フロア	（ざわつく）

対の立場の子供たちに揺さぶりをかけているのである。さらに教師は，12秒間ざわつきを保った後，全体に向けて「ここでまず一つさ，「盗む」って行為自体は罪だよね。だけど，人のために盗むのは罪ではないかどうか。」とダイチの発言を踏まえて，その是非を他の参加者に問いかけることで，さらにフロアのざわつきを高めている。ざわつきのような発言に至らない層での「声」の重要性について，秋田（2012）は以下のように論じている。

> 教室談話は，会話フロアを形成して進行するが，実際は一つのフロアだけが形成されるのではなく，席が近くの友人と小声でつぶやきが生じることも多く，教室の中で多層的に形成されることが多い。このつぶやきこそ，一人ひとりが学びに関わろうとして，声を出している場面である。さまざまな「声」が交錯する場として教室の談話は成立していることに目を向けていきたい。(p.76)

すなわち，この場面で二度にわたって引き起こされたざわつきは，発言には至らないものの子供たちの主体的な思考が活性化された証だということができる。このように，実践Bの学級全体での討論では，教師は多くの場面

で，意見のズレを明らかにしたり，それぞれの立場に対し揺さぶりをかけたりしていた。小学生の場合，このような教師によるはたらきかけが子供たちの認知的葛藤を高める上で重要な役割を担う。また，「内化」理論からすれば，このような教師とのやりとりが子供たちのグループ討論の力を高めることにつながると考えられる。

　一方，個人の内面で完結させる〈異論受信型〉では，自分とテクストの間の対話で思考を活性化させていかなくてはならない。上述した実践Ｂの教室全体での討論に比べると，教師がはたらきかけることができる余地は限定的である。

　また，表Ⅱ－１の①②は立場を変更した人数を表しているが，実践Ｃのグループ討論が立場を変更した人数が最も多くなっている（A: 3, B: 1, C: 6）。これは，グループ討論という直接対面的なやりとりが同調意識をはたらかせたということも一因としてあろうが，実践Ｃの討論では，先行する発話を批判・反論する発話が多かった（抽出グループでは全164回の発話うち批判・反論する発話は24回であった）。このことから，安易な同調というよりは「集団で評価することを通して，集団の参加者による多様な考え方の交流を図り，集団による知識・信念の再構築」（酒井，2013）が行われたことで，最終的に立場を変更する子供が他実践よりも多く現れることにつながったと考えられる。

(2)「学習のまとめ」への記述を基にした分析

　〈異論受信型〉と〈討論型〉の差異は，記述の際の他者の意見の取り入れ方にも表れた。以下は〈異論受信型〉で書いた「学習のまとめ」の一部である。

　　　・私はカウンター内に置くことに反対です。カウンター内に置いてしまうと，パッと手に取れなくなってしまうからです。それにＡさんは「雑誌自体が無くなったり，切り抜きで読めなくなってしまったらそれ以上に不満が出るのではないか」といっているけど，もし，その一冊が読めなくなって，それが読み

たかった人は不満かもしれないけど，カウンター内に置くと置かれてしまった本を読みたかった人全員から不満がくるので，カウンター内に置くことに反対です。

・私はカウンター内に置くことに反対です。なぜならカウンター内にあると中の内容が分からないし，一度読んだことのある本があるかもしれないからです。でも，Ａさんの「図書館の本や雑誌はみんなの財産です。だからみんなが読めるようにするだけでなくそれらを守っていく必要があると考えます」のところは納得しました。

〈異論受信型〉では下線部のように相手の意見に対し「反論」あるいは「納得」という言葉を用いながら批判的・評価的に自分の文章に取り入れている。自分の考えを明確に書けているというよさがある反面，これらの文章は〈討論型〉での発話と違って，他者からの評価を受けることも他者に反論する自分を内省することも無い。そのため，〈異論受信型〉のみであると，ややもすれば自己中心的な視点から脱却する契機が得られない可能性がある。

　一方で，〈討論型〉で書いた「学習のまとめ」には，以下の二点の特徴が見られた。以下は〈討論型〉の際に書いた文章である。

・私はやっぱり変えない方がいいと思いました。変えた方がいいという意見で，カリフォルニアロールのことが出てきたけど，カリフォルニアロールはもう名前も変えているから，もし変えるのだったら，名前もいっしょに変えた方がいいと思います。それに，わざわざココロン共和国にこだわらなくていいと思う。ダメだったら次の国，またダメだったら次の国と「伝統のあるそば」でチャレンジすればいいと思いました。ココロン共和国に合わせたなら，他の国にも合わせないといけなくなるから。

・200年間も守り続けたそばをいきなり変えたら伝統もかわってしまうし，ココロン共和国の人だけのために変えても他の国の人の口に合うわけでもない。長さやつゆなどを変えたら名前も変えなければいけないし本当のそばとは言えないと思うから変えないべきだ。

　上記の文章のうち，実線下線部はトランスクリプトⅡ　4の箇所で話し合われた内容である。

第2章　小学校段階における協同探究型討論の必要性の再検討　67

トランスクリプトⅡ 4

28	●ミカ	さっきカズミさんが出したカリフォルニアロールの例を私たちも考えたら，カリフォルニアロールはすしがダメだから，// もう名前を変えてるから，もうあきらめてる。
29	●アサコ	// もう名前が変わってるから
30	●ミカ	すしじゃなくてもうカリフォルニアロールとして出してるから＝
31	●アサコ	＝基本的なことを変えるんだったら，名前も変えた方がいいと思うから
32	○タケオ	あぁ
33	●ミカ	だからペニョッパ入りのそばをそばっていう名前で出すのはちょっとどうかなって思いました。(中略)
39	●アサコ	((麺の)) 長さも違うから ((そばは)) 香りを楽しむものなのになんか ((ペニョッパソースを)) 全部かけて，味も香りも楽しめない，向こうの人は楽しめるかもしれないけど，それだったら名前を変えて違うもので出して楽しんでもらった方がいいと思う。
40	○タケオ	あぁそうか。

　トランスクリプトⅡ 4では，カズミが伝統は変化するという趣旨で出した「カリフォルニアロール」の事例を，ミカとアサコは別名を付けた事例として異なる解釈をした上で，類推的に「基本的なことを変えるんだったら，名前も変えた方がいい」と判断し，「ペニョッパ入りのそばをそばっていう名前で出す」ことに反対する主張をしている。ミカとアサコは互いに情報を付け加えたり，繰り返しで強調したりしながら，他の参加者を巻き込んだ共同思考を展開し，意見の合理性を高めているといえる。それに対し，立場が異なるタケオも「あぁそうか」と賛同し，この部分については合意が得られている。このように，集団で互いの意見を吟味し合い，参加者からの賛同が得られた内容が子供たち個人の考えに取り入れられていくといえる。実際，このグループでは実線下線部の内容を6人中5人が「学習のまとめ」で取り上げていた。このことから，特徴の第一点として，討論の中で賛同を得られ

た意見が「学習のまとめ」に取り入れられていることが挙げられる。

特徴の第二点は，討論の中で共創された意見が「学習のまとめ」に取り入れられているということである。「学習のまとめ」に示した二重下線部の内容は，トランスクリプトⅡ 2でミカの「なんでココロン国にこだわるのかな」という問いかけが起点となって共創された意見である。ミカは討論前に自分の考えを書く場面では，この内容について記述していないことから，ミカ自身も話し合う中でこの考えを生み出したと考えられる。

このように，集団の吟味・評価によって合理性が高められた意見を取り入れたり，自分にも相手にも無かった考えを共創して取り入れたりすることは〈異論受信型〉では困難であることから，〈討論型〉の認知的次元の特徴であるといえよう。

3.2　情意的・社会的次元[15]への影響の分析

各実践後，質問紙（図Ⅱ 1）を配布し，設問②「あなたは，グループの人と話し合った時，どのようなことを感じましたか」について，活動中に感じたことを選ばせた（選択肢は，16個。複数回答可。質問紙では，選択肢はランダムに示した）。

集計の際，選択肢を分類し，表Ⅱ 2に示す7観点を設定した。集計後，各選択肢の回答数と観点ごとの割合を整理した。

観点「葛藤」は，〈異論受信型〉は26.5％で〈討論型〉は27.6％と同程度であり，葛藤が引き起こされるか否かについての差は無いといえる。また，観点「納得」も同程度となっている。質問等のやりとりを通さずとも，自分と異なる考えをもつ相手の意見から納得のいく部分を見出すことは自然と起こると考えられる。

一方，〈異論受信型〉と〈討論型〉とで差異が生じた観点として「攻撃的」「心配」「肯定的」の3つが挙げられる。興味深いのは直面する相手との相互批判が行われる〈討論型〉よりも，正反対の考えの意見文を読む〈異論受信

第2章　小学校段階における協同探究型討論の必要性の再検討　69

表Ⅱ 2　質問紙調査の結果（単位：回）

観点	選択肢	〈異論受信型〉		〈討論型〉			
		A		B	C		平均
葛藤	どちらにするか悩む	12	26.5%	18	14	16	27.6%
	自分の考えは間違っているかもしれない	5		7	5	6	
	自分の考えが正しいか不安だ	10		10	4	7	
肯定的	うれしい	0	13.7%	3	1	2	31.4%
	おもしろい	6		18	14	16	
	真逆の意見と考えを深めたい	8		16	14	15	
否定的	くだらない	0	1.0%	1	1	1	2.4%
	悲しい	0		0	0	0	
	イライラする	1		1	2	2	
攻撃的	相手を言い負かしたい	5	19.6%	2	3	3	7.6%
	自分の考えをつらぬきたい	10		5	5	5	
	相手の考えはおかしい	5		1	1	1	
回避的	意見がぶつかるのを避けたい	2	4.4%	1	1	1	2.1%
	相手の考えに合わせよう	1		0	1	1	
納得	たしかにそうだ	25	73.5%	28	27	28	78.6%
心配	反対の立場の人に攻撃されないか心配だ	6	17.6%	2	1	2	4.3%

葛藤：迷いや悩みが中心となっている項目群／肯定的：反対の立場との議論を楽しんだり価値を実感したりしている項目群／否定的：反対の立場との議論に否定的な感情を抱いたり，価値を否定したりしている項目群／攻撃的：自説を強く主張し，相手を論破しようとしている項目群／回避的：議論を避けようとしている項目群／納得：他の参加者の意見に納得している項目群／心配：反対の立場からの攻撃を心配している項目群

型〉の方が相手への「攻撃的」な感情や，「攻撃されないか心配だ」といった「心配」な感情が高かったということである。〈異論受信型〉の場合，相手への配慮が不必要であることに加えて，言いきられることにより断定的な印象を受けることや，反論する余地が与えられないことが，むしろ「攻撃的」な感情を高めた可能性がある。また，一方的かつ明確に反対意見を論じられたことから，反論を書いたものの，反撃されないか「心配」に感じたと推察される。このことから，反対意見を提示されるだけであると，小学生の場合，相手との間に情意的・社会的な壁を築いてしまう可能性があることが指摘できる。

　さらに，観点「肯定的」は〈討論型〉の方が高い結果となった。対象学級がこれまでに話し合いを学習の中心に据えてきたという学びの履歴の影響も考えられるが，小学生段階であると，各自の内面だけで整合性を図ることよりも，級友との質問や批判を通して考えを深めていく方が面白さを感じることが推察される。討論における肯定的な感情が高まることは，異質な立場同士の社会的関係構築においても重要な役割を担う。特に，コミュニケーションの基盤をつくる小学校段階において，互いの差異を認め合い，議論を楽しむ態度を養うことは極めて重要である。

　以上のことから，情意的・社会的次元においても〈異論受信型〉と〈討論型〉とで異なる影響が生じることが確かめられた。わけても差異の見られた観点は，いずれも主体的にコミュニケーションに参加しようとする協同的な態度に関係するものであった。ゆえに，〈異論受信型〉か〈討論型〉かによる情意的・社会的次元への影響は，小学校段階での指導を考える際に看過できない要素であると考えられる。

3.3 〈討論型〉が学びの深まりにつながる条件

　これまで〈討論型〉を用いた場合の特徴について論じてきた。しかしながら，学級全体での討論では教師によるはたらきかけによって学びが深まって

いったものの，グループ討論では全てのグループが議論の中での他者の意見を取り入れながら考えを深められたわけでなかった。そこで，他者の意見の取り入れがあまり見られなかった2つのグループ（「影響なし組」とする）のうち，1つのグループを対象にし，〈討論型〉によって考えの形成につながったグループ（「影響あり組」とする）と比較しながらその要因を検討し，〈討論型〉が学びの深まりにつながる条件を導出する。

　トランスクリプトⅡ5は実践Cにおける「影響なし組」の討論の一部である。リョウは賛成派（○），ヨシノとハヤトは反対派（●）で，変えるべきのデメリットを検討している場面である。

　「影響あり組」のトランスクリプトⅡ2に比べて，協同的な印象はない。トランスクリプトⅡ5以前の場面では「論争的会話」（Mercer, 1995）の様相を呈しており，相手を頭ごなしに否定する姿も見られた。

　その要因として，2つのことが挙げられる。第一は，討論に向かう構えの問題である。トランスクリプトⅡ5からは自分の言いたいことだけを言い合う排他的な態度が見受けられる。例えば，ハヤトは，自分とは対する意見をもつリョウの発言に対し，「だから，こっちの店ではそれがやだって言っ

トランスクリプトⅡ5

●ヨシノ	変えるべきだとさ，なんか変えちゃったらさぁ伝統的なそばというものがさ：：	
○リョウ	そのお店の事情だからさ，他のお店ではどうにもならないじゃない。	
●ハヤト	だから，こっちの店ではそれがやだって言ってんだよ。それを無理やりやらせると。	
○リョウ	は？	
●ハヤト	お前が言ってんのはそういうことじゃないの？	
●ヨシノ	だから：：変えるべきで	
●ヨシノ	⑽変えるべきのデメリットは，伝統的なそばじゃない。伝え方が。	
●ハヤト	そうだ，そうだ。そうだ，そうだ。	

てんだよ。」と相手を苛立たせるような物言いで反論し，自説側のヨシノの意見には「そうだ，そうだ」とまくしたてている。また，ヨシノやリョウも自分の考えを一方的に主張するのみで，トランスクリプトⅡ2のアサコやタケオのように相手の考えの納得できる部分を示しつつ，共に考えを深めようとするはたらきかけは見られない。「影響なし組」では，このような互いの意見の尊重や協同性といった討論への構えが十分ではない状況が散見された。

　第二に，討論を展開することへの意識の低さの問題である。トランスクリプトⅡ5でデメリットを話し合っているのは，直前の場面で教師からそれぞれのメリットとデメリットを整理するように指導されたことによるものであり，自分たちで展開したわけではない。このように，「影響なし組」の討論では，自分の意見を主張することに留まったり，発言をなすりつけることに終始したりする様子が多く見られた。一方，「影響あり組」であるトランスクリプトⅡ2の討論では，ミカの「なんでココロン国にこだわるのかな」のように，論題を具体化したり掘り下げたりして考えるための足場となる問いを互いに提示しながら議論を進めていた。これは特定の参加者に向けた質問ではなく，半ば自分の内言を音声化したものであり，半ば全体に向けた展開へのはたらきかけである。予め用意されたものでも，意図的なものでもなかったが，このような発話が「探究的会話」（Mercer, 1995）を引き起こし，討論の内容を自分の考えに取り入れ深めていくために重要なはたらきをしていた。より意図的なはたらきかけとするならば，討論の事前に論点や進め方の計画を立てることも有効だと考えられる（村松，2001）。

　これらのことから，グループでの〈討論型〉が「探究的会話」として学びを深めることに資する条件としては，①メンバー間に互いの意見を尊重し，協同的に取り組もうとする討論への構えがあること，②討論の展開を意識し，協力して推進しようとする態度と技能を身に付けていること，の2つが挙げられる。①の討論への協同的な構えは，グループでの学習の成立条件でもあ

るのだが，放っておいて養われるものではない。問題の所在でも論じた通り，多くは言い合いになったり議論を忌避したりして，協同的とは言えない状況に陥りがちである。自己と他者は別なのだということを認識することから始めて，互いの異なる意見や立場を認め合いながら，多角的に検討することの大切さを実感できるよう意図的で計画的な指導が不可欠である。そのためには，小学校中学年段階での話し合い指導において，協同性を育んでおくことや自分の意見も議論の中では対象化する態度を養っていくことも重要だと考える。また，②の展開を意識し，協力して推進しようとする態度と技能に関しては，教師が事前に議論のフォーマットを決め過ぎると，子供たちはそれに従って機械的に進めるようになってしまう。学習場面を含めた実際生活における多くの討論では，フォーマットは存在せず，自分たちで議論を展開していく必要がある。自律的な協同探究型討論ができるようにするためには，議論の展開の仕方をも学習の対象として指導していくことの重要性が示唆される。そして，どのグループの討論も探究的なものにするためには，「集団構成員が話し合いの過程をモニターし，協同的に話し合いの流れを制御・整理しようとする意識」（山元，2014）を意図的に育てる必要があるといえる。このような議論展開を俯瞰して捉え，はたらきかける能力，いわば〈議論展開能力〉を育成することは，自律的な討論によって学びを深める上で重要であると考えられる。このことについては，第3章で詳しく検討していくこととする。

第4節　協同探究型討論の必要性

4.1　協同探究型討論の必要性と指導の要点の整理

　前節までの検討を踏まえ，小学校段階での協同探究型討論の学習指導の必要性と，そこから導出される討論学習で指導すべき要点を考察する。

必要性の第一点として，討論の学習を通すことで，議論された意見を「ア
プロプリエーション」（ワーチ，2002：原典，1998）しながら自分の考えを発展
させられることが挙げられる。しかも，ここでいう議論された意見とは，集
団での吟味・評価によって合理性が高められた意見であり，議論の中で共創
された意見であった。当然，単に自分の意見に付け加えればよいというので
はなく，自分の考えていた意見と議論された意見との関係を調整しながら
「思考の構造化」が行われる必要がある。そうすることで，議論を通して合
意は得られなくとも，討論がめざすべき一段高められた思考を互いに得るこ
とができるのである。そのため，指導の要点としては，討論において，互い
の意見の合理性に注目し尋ね合う，異なる立場や考え方の意見であっても納
得できる部分については賛同する，準備していた意見を述べるだけでなく議
論の中で新たな視点や考えを発見し提案する，ということの大切さを子供た
ちが体得できるよう指導していくことが挙げられる。加えて，自分の考えに
固執するのではなく，他者の意見の合理性に納得する場合には自分の考えに
取り入れていくといった思考の柔軟性をもたせることも重要であるといえる。

必要性の第二点としては，討論の学習が思考をどのように進めるかを学ぶ
場となることが挙げられる。学級全体の討論では，教師のはたらきかけが子
供たちにとっての模範として「内化」される。学校教育が自律的な学習者を
育てることを目標とするという認識に立つならば，教師の役割は当該の議論
を的確に展開させるだけでなく，そのことを通して子供たちがどのように思
考を深めていけばよいかを学ぶための教材である必要がある。トランスクリ
プトⅡ 3で見たような，教師がダイチの思考を捉え，全体の議論に広げて
いく姿は，まさに「視座転換の能力」がはたらいているといえる。学級討論
では，教師によるこういったはたらきかけが議論を通して協同探究していく
起点となることを，子供たちが体験的に学ぶ契機となる。また，グループで
の討論では，論題に迫るために集団で考えるべき問いを発見したり，論点を
討論の事前に計画したりすることで思考の進め方を学ぶことができる。しか

し，発見された問いも計画された論点も，実際に討論を進めることを通して有効性を確かめるといった反省的な思考を通してこそ，自覚的に思考の進め方を学ぶことにつながるといえる。換言すれば，「精神間」から「精神内」への移行は，意識的な反省的思考によってこそ可能となると考えられる。そのため，指導の要点として，討論をふり返る場面を重視し，どのように議論を進めていったか，どういった発話が思考を深める上で有効であったかを省察することの重要性を指摘することができる。学級全体での討論のふり返りでは，教師が自分のふるまいの意図や思いを語ることも，子供たちにとって有益な学びとなるであろう。

　必要性の第三点として，討論の学習では，互いの意見や立場を尊重することや協同的な態度の大切さを体験的・実感的に学べることが挙げられる。グループ討論では，こういった態度が成立条件ともなるのだが，今後の社会において「多様性を生かして，問題を解き，新しい考えを創造できる力」（国立教育政策研究所，2016）が求められている現状を鑑みると，これらの態度は重要な資質であるといえる。一方で，討論としながらも，立論の指導に偏重してしまうと，その後の議論がうまく進められず，結果として〈異論受信型〉の状態となることが考えられる。そうすると，小学生の場合，相手との間に情意的・社会的な壁を築いてしまい，「攻撃的」や「心配」といった感情を高めることにつながる可能性がある。そういった状況では，多様性を生かすことは難しい。特に小学校段階では，「他者の考え方を共に吟味していくことによって，教室という公共空間で知識が構築されていき，そのやりとりを通して，共に探究する談話コミュニティが形成されていく」（秋田，2012，p.70）ような学びの積み重ねが重要とされる。そういった経験を通して，立場や考え方の異なる他者との議論は，排他的な行為ではなく，むしろ新たな探究的な関係を築いていくためのプロセスであることを実感させていくことが肝要だと考えられる。そのため，指導の要点として，討論の目的や取り組み方についての共通了解を図り「問題解決に向けた協同性を意図的に指導す

る」（北川，2016）ことの必要性が示唆される。その上で，どちらの考えが正しいかではなく，なぜそう考えるのかを粘り強く尋ね合い，互いの意見の合理性を集団で吟味・評価していこうとする姿勢を育てていくことが重要であるといえよう。

4.2 残された課題

　本章では，〈異論受信型〉と〈討論型〉の違いによる子供たちの学びの差異や意識への影響を実証的に捉え，討論学習の必要性と討論で指導すべき要点を導出することができた。しかし，どのような影響が生じるかについては，対象学級の実態や発達段階，題材等によって異なってくることが考えられる。今回の調査は，〈異論受信型〉と〈討論型〉とで複数の次元に差異が生じるという事実を提示したものであると認識し，さらに変数を変えながら生じる影響の異なりを分析していく必要があると考える。

　また，誤解のないように述べておくと，本章の結果は，〈討論型〉が重要であって〈異論受信型〉は否定されるべきだということを示しているわけではない。あくまで認知的次元にも，情意的・社会的次元にも異なる影響が生じることから，〈討論型〉の学習指導も必要だということを論じてきたのである。単に異なる解釈や考えに触れるだけの〈異論受信型〉の学習があってもよい。ただ，〈討論型〉のつもりが〈異論受信型〉となっている場合があるならば，ねらいとは異なる影響が生じている可能性があるため注意が必要だという指摘をすることはできよう。例えば，教師としては〈討論型〉の学習場面を設定したつもりが，実際のところ子供たちは用意してきた意見を一人ずつ発表していくことに終始し，結果として〈異論受信型〉に留まってしまったという状況が考えられる。一方，〈異論受信型〉が有効となる場合も考えられる。例えば，自分の主張をより強度の高いものにするために，自分とは異なる考えのスピーチを聞く（対面に限らず，他児童の保存データやインターネット上の専門家による動画ということもあろう）こと等が挙げられよう。

学習のねらいや効果を鑑み，〈討論型〉〈異論受信型〉のいずれを設定するのが適切かを判断するための基準について検討することを今後の課題としたい。

注

10) 文溪堂『6年生の道徳』（平成27年度版）に収録されている。図書館の利用者のマナーの悪さに対し，図書館員が閲覧方法の規制を強めるべきか検討する話である。

11) 文溪堂『6年生の道徳』に収録されている。ジャンが教会の銀の食器を盗んで警察に捕まったが，司教は自分があげたと言って赦す話である。

12) 【記述の方法】

　・発話者は全て仮名とする。Tは教師を表す。フロアは不特定多数による発話を表す。

　【記号】

　//　　発話の重なり　　　　＝　　　途切れのない発話のつながり

　(n)　　n秒の沈黙　　　　　(.)　　「，」で表記できないごく短い沈黙。

　?　　　語尾の上昇　　　　::　　直前の音が伸びている。（（　　））　注記

13) NHK for school として配信されている動画を活用した。200年の伝統をもつ料理店「ワタベ」がそばの魅力を世界に広げるためには相手国に合わせてそばをアレンジして提供するか否かで悩むというストーリーである。(http://www.nhk.or.jp/doutoku/kokorobu/　2017年3月27日現在)

14) 図Ⅱ1の設問②は，実践Cで用いたものである。「あなたは，グループの人と話し合った時，どのようなことを感じましたか。」の部分が各実践に合わせて異なる。
実践A「あなたは，自分と真逆の意見文を読んだ時，どのようなことを感じましたか。」
実践B「あなたは，自分と真逆の意見の人と話し合った時，どのようなことを感じましたか。」

15) 情意的次元は感情やモチベーションに関する次元であり，社会的次元は参加者相互の関係性に関する次元である。そのため，本来ならば別々に分析すべきであろうが，実際には情意的次元と社会的次元の関連性は強く，切り分けて分析することは難しいケースが多いといえる（例：相手に配慮した主張ができるようになることで，人間関係へもよい影響が出る等）。そのため，分析する際には，情意的・社会的次元としてまとめて扱うこととした。

第3章　協同探究型討論で育成すべき能力の検討
―〈議論展開能力〉を中心に―

第1節　討論を協同探究とするために必要な能力

　現在，立場や考えが異なる者同士が多角的に検討し合い，新たな知や共同体を構築していくための言語コミュニケーション能力として，討論を通して議論する力の育成が求められている（村松，2010：佐藤，2013 等）。ここでいう討論とは，自説が相手よりも優れていることを論証するためのものでも，相手を言い負かすことによって正当性を訴えるものでもない。むしろ，立場や考えの違いを理解し合い，共通のテーマについての思考を深め合いつつ，「共同の問題探究者」としての関係を築いていくことをめざす，協同探究型討論である。では，本研究が対象とする小学生段階において，子供たちの自律的な討論による協同探究を可能にするためには，どのような能力が必要であろうか[16]。まずは，先行研究を手掛かりに，必要な能力について整理していきたい。

　なお，ここでいう能力には，認知的要素だけでなく，討論に対する構え・態度といった非認知的要素も含めて検討している。松下（2010）は，能力観の変遷についての世界的な動向を整理し，現在求められている能力について以下のように論じている。

　　能力の中に，可視化しやすい認知的要素（知識やスキル）だけでなく，より人格の深部にあると考えられる非認知的要素（動機，特性，自己概念，態度，価値観など）をも含むという意味でとらえた場合，そうした垂直軸（深さ）の組み込みは，本章で取り上げたほとんどすべての概念に共通してみられた。つまり，垂

直（深さ）については，どの能力概念も，表層的な部分だけでなく深層的な部分も含んでいるということである。(p.28)

「垂直（深さ）」とは，能力としてどこまで含みこむかということであり，現在多くの先進国で求められている能力の全てに非認知的要素が含まれていることを松下は指摘している。このことから，討論を協同探究とするために必要な能力の中に，討論に対する構え・態度を含むことは妥当であると判断する。

1.1　先行研究に基づく育成すべき能力の整理

(1)　論理的な話表力と批判的な聴解力

日本国語教育学会編の『国語教育辞典』において，討論は「何らかの問題について対立した立場の人びとが，めいめい自分の説の正しさを主張し，相手側や第三者を説得しようとして意見をたたかわせること」（中島，2001，p.285）と解説される。ここにある「自分の説の正しさを主張」「相手側や第三者を説得しようとして意見をたたかわせる」という文言に表れるように，討論では自説の妥当性や優位性を説得的に主張することに重きが置かれることが多い。そういった説得的な主張のために，論理的な思考・表現の育成が求められることが多いが，その最たる先行研究が大久保忠利を中心とする話教研による討論指導である。第1章でも論じたように，大久保・小林(1967)は「討論の論理的構造」を示した上で，「対象の事実を根拠すなわち論証の材料としてヌキダして，それを主張・理由としてコトバで言表」するといった論理的な話表力の重要性を提言している。また，「理由コワシ」(p.17)として批判的な聴解力を育成することの必要性も併せて論じている。このような論理的な話表力や批判的な聴解力は，議論を通じて認識を深めるための基盤となる能力であるといえる。しかしながら，論理的な話表力や批判的な聴解力を重視する指導法は，えてして認知的次元に偏る傾向にある。

実際に，大久保ら話教研の指導法も，甲斐（1997）が「論じ方や論破の仕方に比べて論じる対象への関心が希薄」（p.5）であったことが普及しなかった要因であると指摘するように，情意的・社会的次元へのはたらきかけは対象とされていなかった。また，特に本研究が対象とする小学生の場合，論理的な話表力に指導が偏ってしまうことで発表のし合いに終始してしまったり，あるいは批判的な聴解力の指導に偏重したことで討論にしり込みをしてしまう子供たちが現れたりすることが懸念される。

(2) 協同的態度

　山元（2016）は，「言語コミュニケーション能力」を「立場や欲求の異なる者が，論理的に考えを進めることによってお互いに納得のいく形で何かを協同構築していく」（p.16）ための能力と捉える。そして，子供たちが議論を深められるようにするためには，「組織型の話し合い」（p.116）の成立が重要であることを指摘し，「言語コミュニケーション能力の発達モデル」（図Ⅲ 1 ）を提示する。

　この図の中で，山元は「協同的態度」を「コミュニケーション能力の根幹」（p.11）として位置づけ，「他者への共感的理解」「傾聴的態度」「尋ね合う関係の形成」を含むと論じる。ここで示される「他者への共感的理解」は，「情意的資質」（p.11）であり，論理的に考究していく土台としての「情意的つながり」（p.16）をつくりだすものだとされる。また，「尋ね合う関係の形成」が示されていることからも明らかなように，「協同的態度」は Dewey のいう「協働探究者」（co-inquirer）としての人間関係づくりにも寄与する資質であると考えられていることが分かる。これらのことから，山元（2016）が示す「協同的態度」は，情意的次元と社会的次元の 2 つの次元にはたらきかける資質であると判断する。この協同的態度の重要性について，山元（2016）は以下のように論じる。

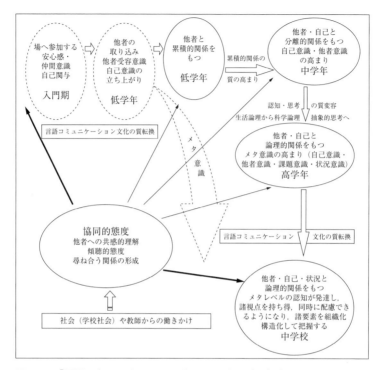

図Ⅲ 1 「言語コミュニケーション能力の発達モデル」(山元, 2016, p.338)

　話し合いの能力の伸長は，個体内の認知能力の伸長をベースに，協同的関係が形成される中で発達していくものであるため，その能力の発達は，他者や世界との関係が広がり，質的に変化していく様相でとらえられる。(中略：引用者)児童生徒のコミュニケーション能力の育成はコミュニケーションスキルの学習のみで行えるものではない。児童生徒の認知・思考能力の実態を配慮し，教室コミュニケーション文化の醸成を伴いながら，他者とよりよい関係を作ろうとする協同的な資質の形成をベースにして，他者と関係を結ぶ力が育っていくと考える。(p.112)

　このように，山元 (2016) は，話し合いや討論の能力を育てるためには，個人の認知能力や話し合いのスキルを向上させるだけでは不十分であること

を指摘している。実際，話し合いのスキルについてはきちんと理解している
し，話題に対して意見ももてているのだけれど，話し合いに主体的に参加し
て考えを深めたり新たなアイデアを創発したりすることができない子供を見
かけることは少なくない。ややもすれば，やる気がない，不真面目だという
評価に留まりがちであるが，山元（2016）のいうように協同的態度を1つの
資質・能力として捉えるならば，それをどう培っていくかといった議論が可
能になる。「教室コミュニケーション文化の醸成」を伴うとされるように短
期間で育てられる資質・能力ではないが，討論を協同探究とするためには欠
かすことのできない資質・能力であると考える。なお，ここで述べる協同的
態度には，粘り強く取り組む態度も含んで考えている。討論においては，意
見が分かれることが前提とされるため，集団としての意見をまとめることは
容易ではない。最終的に，意見が異なったまま議論を終えることもあるだろ
う。そういった異質性の中でも協力しながら納得し合える部分を見つけてい
くためには，互いに粘り強く議論を進めていこうとする構えが不可欠である。
討論における協同的態度は，単に協力して取り組むことに留まらないもので
あると認識すべきであろう。

(3) クリティカルな態度・思考

岡田（1998）は，討論とディベートとの比較を通して，討論では「誠実
さ」や「自分が信じられる，納得できる考えに向かって変わっていくしなや
かさ」が求められることを指摘する（p.141）。そして「他者への視座転換」
「自己への批判的なまなざし」の獲得を通して，「自己の精神的存在をなす自
明な規則の変容，成長」へと向かうことが討論の教育的価値であると論じる
（p.235）。すなわち，討論は自説を他者に説得することを主眼とした営みで
はなく，立場や考えの異なる他者を積極的に理解しようと努め，その結果，
自らをも対象化しつつ，問題を多角的に吟味・検討することを目的とした言
語行為であるとするのである。

また，村松は，討論の本質は「論拠をめぐる尋ね合い」（村松，2006，p.7）にあるとする立場から，「受けとめて，質問すること」こそ，討論でまずもって指導すべきであると提言する（村松，2010，p.13）。その上で，反論について村松は以下のように論じる。

> 反論というと何かぎすぎすした感じを受けるが，その本質は，こうした観点から自他の意見の妥当性を吟味し合うことに他ならない。だから大事なことは，他の意見から学ぼうとする謙虚さと，納得したらいつでも考えを変える柔軟性である。（村松，2009b，p.12）

村松も岡田と同様に，自他を対象化し吟味することや，「謙虚さ」「柔軟性」といった異なる意見との討論に向かう構えの重要性を指摘している。これら岡田と村松に共通する指摘は，クリティカル・シンキングの考え方と重なるところが大きいと判断する。

クリティカル・シンキングの大家の一人である Paul, R は，現実世界における重要な問題は，異なる複数の準拠枠によって議論される「多元論理（multi logic）」の問いであることを強調する（Paul, 1987, p.128）。この「多元論理」を統合するためには，自己中心的な思考を脱却し，自他の準拠枠をクリティカルに評価することが求められる。そのため，「対話的思考（dialogical thinking）」（Paul, 1987, p.137）や「ソクラティック討論（Socratic Discussion）」（Paul・Binker・Jensen・Kreklau, 1990, p.45）といった級友や教師との討論過程が重視される。「多元論理」の統合について酒井（2017）が的確に整理しているので，以下に引用する。

> 多元論理の統合とは，どの観点・準拠枠の考えが最も優れていると決定することに重きを置くのではなく，合理性を評価するプロセスによって，自他の論理的弱さを認識し，自他の考えの優れた点を発見して，過去の自分の考えにはない新しい考えを創造することであると捉えられる。（pp.49-50）

このような Paul の「多元論理」のクリティカル・シンキングにおいては，

まずもって「公平さ」が重要な役割を果たす。Paul・Elder（2002）は,「公平さ」を「その状況に妥当なすべての視点を偏見や先入観なしに取扱う努力をするということ」(p.26) と定義した上で,「論理的に考えて謙虚な態度をとり, 勇気を持ち, 共感し, 正直になり, 信念と自信を持ち, 自らの意思で行動しなければならない」(p.26) とその難しさと重要性を強調する。

　また, Paul は, 共感などの情意的次元を含んだ「強い自覚のクリティカル・シンキング（strong-sense critical thinking）」を育成することが重要であると主張し（Paul, 1987, p.140）, 論理スキルのみのクリティカル・シンキングと明確に区別する。こういったクリティカル・シンキングの情意的次元を重視する考え方は現在, 広がりを見せているが（道田, 2002：Lipman, 2003：平山, 2004：抱井, 2004 等）, 特に道田（2002）の「soft heart」では, クリティカル・シンキングにおいても「共感的理解」がまずもって重要であることを主張しており, 言い合いやあげ足とりに陥りやすい小学校段階の討論を改善する上で重要な示唆となると考える。道田（2002）は「論理主義的な立場に立つ批判的思考」を批判しつつ,「共感的理解」を足場としたクリティカル・シンキングについて, 以下のように論じる。

　　　相手に対する共感的, 好意的理解を足場にして, 自分自身の理解の枠組みや前提を疑う。あるいは, 自分自身の理解や前提や常識を足場にして, 相手の意見や, 理解の枠組みを疑うことも可能である。この両方の作業を偏りなく行うことが, 一定方向からの見方を「踏まえつつ, 自分の立っているそこを絶対視しない」ことにつながる。(p.167)

　道田は相手に同調することを求めているわけではない。まずは自分が偏った捉え方をしているのではないかと, 相手を理解するために自分の理解を疑う姿勢からスタートすべきであることを提起しているのである。そういった姿勢は, まだ理解しきれていない相手の主張に対し論拠を尋ねるという行為を引き起こすであろうし, それらを通して互いが準拠する枠組みを捉えることが可能になる。そういった理解し合おうとする努力の先に,「批判や吟味

という作業」(p.166) が必要になるのである。小学校において，相手の話を
しっかり聞くということは，よく指導される。しかし，相手が何を言ってい
るかといった表面的な聞き方や，単に根拠の妥当性を評価するといった論理
主義的な聞き方に留まっていることが少なくない。クリティカルに議論を進
めるためには，さらに相手の意見を積極的・共感的に理解する努力を前提と
するという道田の主張は，「論争的会話」(Mercer, 1995) から脱却するための
手がかりとして示唆に富んでいるといえよう。

　このことから，協同探究型討論に求められる能力として，「公平さ」「共感
的理解」を中心としたクリティカルな思考・態度を位置づけることは重要で
あると考える。

(4) 討論を展開する能力

　これまで論理的な話表力と批判的な聴解力，協同的態度，クリティカルな
態度・思考の必要性について論じてきたが，それらだけでは教師が司会を務
める学級討論は成立しても，子供たちによる自律的なグループ討論を進める
ことはできない。なぜならば，教師が司会を務める討論では，教師の進行力
や発言の調整によって議論が円滑に進んでいくからである。言い換えれば，
子供たちがグループ討論での協同探究を可能にするためには，こういった討
論を展開する力を身に付ける必要があるといえる[17]。

　まず，学級全体での討論では，教師が認知的次元に大きな影響を与えてい
るといえる。すなわち，発言者を指名するだけでなく，発言内容を関連付け
たり，議論を次の展開へと進めたりする等の舵取りを行っているのである。
例えば，Palincsar (2003) は，読後の話し合いにおける教師の発話行為とし
て「目立たせる (Marking)」「戻す (Turn Back)」「リヴォイシング (Revoic-
ing)」「モデリング (Modeling)」「付け加える (Annotating)」「まとめる (Re-
capping)」(p.109) を示し，これらによって話し合いを支援し前進させられ
ることを提言している。また，松尾・丸野 (2007) は，話し合いによる学習

では，教師の「文脈や状況に応じた即興的な働きかけ」（p.103）が重要であり，教師は「子どもたちを半ば誘導しながら話し合いへと参加させ，そのやりとりの文脈に即興的に応じながら働きかけを行う」（p.103）ことで議論を進めると同時に話し合いのグラウンドルールを生成・共有していることを指摘する。

　また，討論の特殊形態であるディベートのようにフォーマットが予め厳密に決まっている場合には，子供たちは自分の主張を明瞭に論証することや，相手の主張を批判的に聞いて有効な反駁を返すことにだけ集中していればよいのであり，討論をどのように展開するかといったことを考える必要が無い。しかし，協同探究型討論のように，形式がゆるやかな場合には，話す力・聞く力だけではなく，討論を俯瞰して捉え，展開していく力が求められる。そのような力が不十分である場合，討論としながらも，自説を主張し合った後に議論が続かないという状況や，どう進めていいか分からないことが原因で発言を強要し合ったり，言葉じりを捕らえて言い合いに陥ったりする状況が見られる。

　さらに，子供たちによる自律的な討論では，教師が司会を務める学級討論と異なり，対面する異質な相手とも感情的な亀裂が生じないように配慮しながら議論を進めるためのコミュニケーション能力が求められる。長田（2009）は「教室討議では，教師が情緒領域のコントロールをしてしまうため，学習者は課題領域について考え，発言するのみである」（p.55）と論じ，情意的・社会的次元についてのコミュニケーション能力を学ぶ機会としてグループ討論の必要性を主張している。

　このように教師が学級討論で認知的・情意的・社会的次元への重要なはたらきかけをしていることは，熟練教師と学生の教室談話の違いを分析した水津・足立・水谷（2013）の研究からも明らかである。表Ⅲ－1は，学生と熟練教師の発話特徴の違いを示している。

　熟練教師A・Kは共に，認知的次元の「明確化要求」だけでなく，社会

表Ⅲ 1　学生と熟練教師の発話特徴の違い

	学生 S	学生 M	熟練教師 A	熟練教師 K
特徴	反復 待ち要求 拾い逃し 評価要求 直接的注意 否定的注意 解答要求	反復 待ち要求 拾い逃し 復唱 指示語 謝り 言い忘れ 要求の多さ	グラウンドルール 明確化要求 学習環境への配慮 フォロー 中途止め（続き要求） 実況中継的注意 理由説明要求 間接的間違い訂正 あいづち 司会的実況 ゆさぶり（聞き直し）	グラウンドルール 明確化要求 学習環境への配慮 フォロー 共感的示唆 引用 抽出 復唱 多種の意見要求 受容 感想

（水津・足立・水谷，2013，p.237より引用）

的次元に関わる話し合いの「グラウンドルール」を確認したり，子供たちの発言に共感し説明を加える「フォロー」をしたりしている。学生にはこのような発話は無いことから，教師は話し合いを効果的に展開させるための技術として経験を通して習得していることが考えられる。すなわち，教師が経験的に高めた技術によって学級討論は円滑に運ばれているのであるから，それを手放しに子供たちに取り組ませても，自分たちで討論を展開させていくことは難しいといえよう。（教師も半ば無自覚な）討論の展開について，子供たちに意識化させるための手立てが必要であると考える。

　これらのことから，子供たちが自律的に討論を進め，協同で探究していけるようにするためには，論理的な話表力と批判的な聴解力，協同的態度，クリティカルな態度・思考の育成に加えて，議論を俯瞰して捉え展開していく力を育てていく必要があるといえる。ここでいう議論を俯瞰して捉えるとは，どのような意見が出されたかということや，集団での思考がどのように進んでいったかといった認知的次元の状況を捉えることだけではない。自由度の高い形式で自律的に討論を進めていくためには，Baker, Andrissen &

Järvelä（2013）が論じるように自らのコミュニケーション状況を認知的・情意的・社会的次元の３つの次元から捉えることが必要になる。そうでなければ，立場や考えの違いによる葛藤を議論の起点とするといった討論の特徴は，香西（1995）の論じるような「異なる意見の対立によって問題を深めていく」（p.38）ための契機とはなりえず，むしろ，「相手に対する不満や不信を強め，時には暴力や関係の崩壊といった深刻な事態を招」く危険があり，「建設的解決」が求められる事態（大渕，2015，p.27）に陥る要因となりかねない。そのため，相互の異質性を生かして討論するためには，発言内容や話し合いの流れといった認知的次元の状況を捉えることに加えて，参加者間の情意的・社会的次元の状況を捉えながら議論を展開していくことが重要だといえる。

　しかしながら，これまでの討論指導の多くは，第１章で論じたように，認知的次元のみが指導の対象となる傾向にあった。これらは，「個人の人格と意見を切り離す」（大塚・森本，2011，pp.15-17）べきだとするコミュニケーション観が影響していると考えられる。ここでいう「個人の人格」と「意見」が同一ではないことは間違いないのだが，だからといって，どんな「意見」を主張しても「個人の人格」に影響を及ぼさないということが真であるとは考えられない。特に日本語は，「情緒的・交話的な機能を中心に発達をとげた」（山中，1998，p.218）言語であり，「相手を聞き手として設定し，その相手と自分との関係を常に意識しながら言葉選びをしていく，はなはだ人間的な言語」（森田，2006，p.2）であるとされる。そのため，徳井（2008）は日本人の議論について以下のような特徴があると指摘する。

　　日本人の小集団討論場面の特徴として，（一）人間関係重視の発話が多い。（二）意見として資格を与えるメタ発話が多い。（三）場を盛り上げ笑いを引き出すメタ発話が多い。（四）脱線を指摘しずれを戻すメタ発話が共同でなされる場面が多い（p.1）

すなわち，日本語を母語とする日本人のコミュニケーションは，「個人の人格と意見を切り離す」というよりは，むしろ情意的・社会的次元の調整をベースとしつつ，それらが崩れないように配慮しながら認知的次元での議論を進めていくという傾向があるといえる。

これらのことから，討論が言い合いに陥りやすいという指摘（Mercer, 1995：甲斐，1997：村松，2010 等）や，「自説の補いや付けたしをするなどで，意図的に相互の討論を回避してしまう」（高橋，1994, p.210）という指摘がなされる実際の教室における討論の状況を打開するためには，子供たちがコミュニケーションとしての討論を複数の次元から捉えつつ，議論の展開にはたらきかけていく能力（以降，〈議論展開能力〉と呼ぶ）を育成する必要があると考える。

1.2　育成すべき能力の整理

以上，討論を協同探究とするために必要な能力について検討してきた。相手を論破することを目的とした討論では，論理的な話表力と批判的な聴解力だけを育成することが求められていたのに比べると，協同探究のためには以下に示すような多様な能力が求められるといえる。

①論理的な話表力と批判的な聴解力
②協同的態度
③クリティカルな態度・思考
④討論を展開する能力＝〈議論展開能力〉

小学校段階の討論指導を対象とする本研究においては，④の〈議論展開能力〉といった，対面的な議論の際中に議論を進行し参加者相互を調整する上で求められる資質・能力の育成を重視する。なぜなら，〈議論展開能力〉は常に変化する議論状況を捉え，はたらきかける能力であるため，実際の討論を通してしか育成することはできないからである。また，小学生の討論が言い合いや議論を避けた沈黙に陥ってしまうケースが散見されるという指摘

（Mercer, 1995：甲斐，1997：村松，2010：間瀬・守田，2014 等）を鑑みると，複数の次元を意識してはたらきかける〈議論展開能力〉は意図的に指導しなければ身に付けることは難しいと考えられるためである[18]。

しかしながら，議論を複数の次元から捉え，展開にはたらきかける力に焦点を当てて検討した先行研究は管見の限り見当たらない。これまでの実践の中にも暗黙的に指導されてきたケースもあると考えられるが，具体的にどのようなはたらきかけが求められるのかについては，明らかになっているとはいえない。そのため，次節では，〈議論展開能力〉に焦点を当て，具体的な能力や〈議論展開能力〉を育成する意義を検討することとする。

第2節 〈議論展開能力〉の定義と具体化

前節で必要性を提起した〈議論展開能力〉とは具体的にどのような能力であろうか。わけても，本研究が対象とする小学生段階では，どの程度の能力を育成することが望ましいといえるか。第2節では，これらの問いについて先行研究を整理しつつ，〈議論展開能力〉を具体化することを目的とする。

2.1 〈議論展開能力〉の定義

第1節1においては，議論を俯瞰して捉えて展開する能力を〈議論展開能力〉と呼んだが，その内実を明らかにするためにも，〈議論展開能力〉をさらに精緻化して定義していきたい。

〈議論展開能力〉は討論展開における3つの次元（認知的・情意的・社会的次元）へのはたらきかけであることから，まず，認知的次元において協同で思考を深めるためのはたらきかけとして，議論を進展させたり，整理したり，ズレを修正したりするといった議論の推進機能に関わる展開能力が考えられる。また一方で，探究共同体としての人間関係を維持・発展させるためのはたらきかけとして，全員の参加を促したり，情意的な共感を示したりすると

92

いった情意的・社会的次元の調整機能に関わる展開能力がある。これらは，いずれも討論展開を俯瞰して捉えるといったメタレベルでの意識が重要なはたらきを担うと考えられる。さらに，この推進機能と調整機能は，両輪のような関係であり，議論を展開していく上で不可欠な能力であるといえる。このことから，〈議論展開能力〉を以下のように定義する。

〈議論展開能力〉とは，異なる立場や考えをもった主体同士が，討論を通して主題についての思考を深め，探究共同体としての人間関係を築けるよう，議論の展開を俯瞰して捉え，推進したり調整したりする能力である。

2.2　〈議論展開能力〉の構成要素

　〈議論展開能力〉が上述したはたらきかけをする能力であるとするならば，どのような要素によって構成されていると考えられるであろうか。

　まず，議論展開へのはたらきかけであるから，技能的な要素が含まれているといえる。この技能的な要素を，本研究では議論展開スキルと呼ぶこととする。議論展開スキルは，スキルであるため具体的なふるまいとして明示化することが可能であることから，授業場面で子供たちへの直接的な指導の対象となることが考えられる。

　しかし，そういったスキルを習得しただけでは，議論を展開させていくことは難しい。どういった状況で，そのスキルを用いるかの判断が不可欠だからである。そこで，もう1つの重要な要素として，メタ認知を挙げる。上述した〈議論展開能力〉の定義に，「議論の展開を俯瞰して捉え」とあるように，論題の内容について考え，他の意見を理解するといった認知のはたらきかけに加えて，議論を展開させていくためには，議論全体がどのように進んでいるか，参加者間のかかわりはどうか，といったコミュニケーションに対するメタ認知が不可欠である。メタのレベルで議論の状況を把握することで，

必要なはたらきかけを選び出すことができると考える。ここで強調しておきたいのは，コミュニケーションにおけるメタ認知は，情意的・社会的次元も対象とする必要があるということである。討論のような集団思考においては，思考を進める要因にも，停滞させる要因にも，参加者間のかかわりの状況が挙げれられるケースが散見されるためである。

さらに，議論プロセスに関する知識も建設的な議論を展開する上で重要な役割を果たすと考えられる。討論を含めた話し合いといった相互コミュニケーションは，はじめから全ての計画を立てることは難しい。しかし，展開を大まかに想定して計画することは建設的な展開のために有効であり，議論プロセスそのものを一般化・抽象化することで知識として獲得し得ると考えられる（堀，2015：長谷・村松，2015：長谷・重内，2018）。こういった議論プロセスに関する知識が参加者間で共有されていれば，より一層円滑に議論を進めやすくなるであろう。とはいえ，一般化した知識を適応できるのは，あくまで議論の骨子の計画についてであり，それぞれの局面においては即応的な対応が求められるものと考える。したがって，議論プロセスに関する知識は〈議論展開能力〉の重要な要素ではあるものの，それだけで議論の推進や調整が充分に行えるわけではない。

これらのことから，〈議論展開能力〉の構成要素は，議論展開スキル，メタ認知，議論プロセスに関する知識の3つであると考える[19]。これらは上述したように，関わり合って議論展開のために機能するものであると捉えられる。以上を整理すると，図Ⅲ 2のようになる。

中でも，議論展開スキルは，討論の局所で議論を展開させていくための重要なはたらきかけだと判断する。しかしながら，その具体や有効性については，管見の限りでは未だ明示化されていない。そこで，以降では，小学校段階の討論において重要なはたらきかけとなる議論展開スキルを導出していく。

図Ⅲ 2 必要な能力と〈議論展開能力〉の構成要素

討論を協同探究とするために必要な能力
①論理的な話表力と批判的な聴解力
②協同的態度
③クリティカルな態度・思考
④討論を展開する能力 =〈議論展開能力〉 〔構成要素〕
議論展開スキル
メタ認知力
議論プロセスに関する知識

2.3 議論展開スキルの具体化

(1) 議論展開スキルの設定方法

議論展開スキルを設定するにあたっては，大きく分けて2つの抽出方法を用いた。その1つは，先行研究からの抽出である。村松（2001）と山元（2016）を対象とし，提示された技能や態度の中から，議論を展開することに関わるものを選び，妥当性を検討した。

もう1つは，実際の討論の記録からの抽出である。学級討論で議論を展開している教師の発話を分析対象とし，展開にはたらきかける発話と指導者としての評価や指示とを分けた後，小学生の議論展開スキルとして適切なレベルの技能を抽出した。教師の用い方とのズレが考えられるものや妥当性の判断が難しいものについては，子供たちの実際の討論の記録からその技能に関する場面を引用し，適切なレベルや妥当性を検討した。

2つの方法から抽出した議論展開スキルを重ね合わせ，分類・統合して議論展開スキルを整理した。その際，設定したそれぞれのスキルが，推進機能や調整機能としてどのような役割を果たすかを合わせて示すこととした。

(2) 先行研究における議論展開スキルの抽出—村松賢一・山元悦子を中心に—

本研究と同様に，コミュニケーションを複数の次元から捉えつつ，議論を展開していく能力の育成を志向した先行研究として，村松（2001）と山元

（2016）がある。まずはこれらの先行研究で示されている議論展開に関する能力を抽出し，照らし合わせて整理することで議論展開スキルを導出していくこととする。

①村松賢一の「対話能力」からの抽出

　まず，村松賢一による先行研究を対象に検討する。村松（2001）は，「対話能力とは，最終的には，討論・討議能力に帰結」（p.46）すると述べ，議論能力の育成を志向している。その上で，「異なる意見をかみ合わせて高次の理解を共有できるようにする」（p.46）ための能力を整理し，３つの柱となる要素と四種の対話技能を提示している（pp.46-51を基に，筆者が整理）。

　　　⑴情意的要素
　　　⑵技能的要素
　　　　①聞く技能　②応じる技能　③話す技能　④はこぶ技能
　　　⑶認知的要素
　　　　①思考力　　②コミュニケーションリテラシー

　ここでは議論展開スキルを導出するため，「技能的要素」に焦点を当てる。村松は「技能的要素」の１つとして「はこぶ技能」を示しており，「１つの話題を深める発話連鎖」と「筋を意識して話し合うこと」とに関する技能であると説明する。具体的な技能として，高学年には①「計画的に話し合い，目的から外れた時は途中で軌道修正する」，②「論点がずれないように話そうとする」，③「話の内容を深めるように話そうとする」，④「途中で，それまでの話をまとめながら話し合いをすすめる」の４つが設定されている。②③は「話そうとする」という個人内の発話に対する意識であるため，対象から外す。①④について検討すると，①は展開の修正であり，④は展開の整理であるといえる。そのため，【論題からの逸脱を修正する】【途中で意見を整理したりまとめたりする】を議論展開スキルとして位置づける。次に，高学年の「応じる技能」として，①「相手の発言内容を一般化する」，②「相手

の発言内容を詳しく述べなおす」，③「相手の発言のあいまいな点を明確にする」，④「相手の発言に自分の経験などをつけ加えて拡張する」，⑤「話を転換し，違った視点を打ち出す」が位置づけられている。①③は，互いの考えを理解しながら議論を進めるためのはたらきかけであることから，【言いたいことを確認する】として議論展開スキルに加える。②の「詳しく述べなおす」や④の「自分の経験などをつけ加えて拡張する」は全員が理解しているかを捉えてはたらきかけるといった議論の推進に関わる展開能力であるため，【他の参加者の理解状況を捉え，説明を加える】を議論展開スキルに加える。⑤「話を転換し，違った視点を打ち出す」も進行に関する議論展開スキルであると考える。討論で1つの論点についての議論が過熱した際に敢えて話題を転換し，他の角度から見つめ直してみるということは自己中心的な見方から社会的な見方へと高められる契機ともなる。また，言い争いになりそうな状況で話題を意図的に転換することは，主体間の調整としての役割も果たす。このことから，【話を転換し，違った視点を打ち出す】を議論展開スキルに加えることは妥当であると判断する。さらに，「聴く力」として，中学年に「相手が話しやすいよう，共感的な表情で聞く」といった共感的な反応に関するはたらきかけが載せられている。共感的な反応を返すことは，討論がぎすぎすした雰囲気になることを防ぎ，参加しやすくなるよう調整する上で効果的なはたらきかけであることから，【共感的な反応を返す】を，主体間の調整に関わる議論展開スキルに位置づける。

　以上，村松（2001）からは，議論展開スキルとして【共感的な反応を返す】【言いたいことを確認する】【他の参加者の理解状況を捉え，説明を加える】【話を転換し，違った視点を打ち出す】【論題からの逸脱を修正する】【話し合いの途中で意見を整理したりまとめたりする】の6つのスキルを抽出した。しかしながら，村松（2001）では，議論展開を積極的に推し進めていくためのはたらきかけについては論じられていなかった[20]。推進するはたらきかけが十分でない場合，討論のつもりが自説を発表し合ってその後の議

論が展開しなかったり，発言を押し付け合ったり言い合いになったりする状況に陥りやすいと考える。議論を推進していくための資質・能力の育成については課題として指摘することができよう。

②山元悦子の「言語コミュニケーション能力」からの抽出

　次に，山元悦子による先行研究を対象に検討する[21]。山元（2016）では議論内容そのものだけでなく，話し合いを俯瞰して捉える「メタ意識」を育成する重要性を主張している。図Ⅲ 1 で示した「言語コミュニケーション能力の発達モデル」においては，「協同的態度」が「コミュニケーション能力の根幹」（p.11）とした上で，「メタ意識」を「発達的変容を推進する要因」（p.337）であると述べ，「メタ意識の確かさと意識の向けられる方向の広がりを保障することが発達を推進する」（p.337）と，その重要性を強調する。そこで，山元（2016）が論じる 4 つの「メタ意識」を整理すると以下のようである（pp.242-244を基に筆者が整理）。

> 他者意識：　　他者を自己の内面に取りこんでいく意識。
> 自己意識：　　自分について対象化していく意識。他者を意識することと連動している意識であるが，話し合いにおいて自分の役割を意識して臨んだり，内省を働かせながらメタ認知していく意識である。
> 課題追究意識：話し合いの時の話題や学習課題についての意識。
> 状況意識：　　話し合いの方向性や，参加者の参加状況など，話し合いの進行をモニターするメタ意識。

　ここでいう「課題追究意識」は，「話し合い時の話題や学習課題について，どのように捉え，考えを進め」（p.243）るかに関する意識であり，発話として表出する前段階の根拠を明らかにするなどの個人の論理的思考に関する意識である場合もあるし，話し合い場面における「課題について検討したり確かめたりする発言ができる」（p.394）ことに関する意識でもあるとされる。後者の意識が議論展開に関わる意識であるといえよう。

また，「状況意識」は「話し合いの方向性や，参加者の参加状況など，話し合いの進行をモニターするメタ意識」と定義されており，まさに議論展開スキルを促すための意識を示しているといえる。

すなわち，山元（2016）の示す「メタ意識」のうち，「課題追究意識」の一部と「状況意識」とが議論展開に関する意識であると判断することができる。この「課題追究意識」と「状況意識」の具体としては，①「課題について検討したり，確かめたりする発言をしている」，②「途中で意見を整理したりまとめたりすることができる」，③「話し合いが逸れたら軌道修正することができる」，④「全員が参加できているか判断しながら進めることができる」の4つが示されている（p.195）。①における「課題」は，討論では論題にあたる。そのため，①は論題の示す文言の定義や範囲を明らかにし，共有するといった協同で探究するための共通の足場をつくることである。討論で陥りがちな，論題や概念の捉えがずれたまま議論が交わらない状況を防ぐはたらきをすると考えられる。このことから，【論題について検討したり，確かめたりする】を議論展開スキルに加えることは有効であると判断する。②は，村松から抽出した【途中で意見を整理したりまとめたりする】と重なる。また，③も村松から抽出した【論題からの逸脱を修正する】と重なる。一方，④はメンバーの参加状況を捉える意識である。このような参加状況を捉え，発言を促す等しながら全員で議論が進められるようにはたらきかけることは，参加者間の調整のための展開能力として重要であるため，【全員の参加を促す】を議論展開スキルとして位置づける。さらに，山元（2016）は小学校高学年で「組織型の話し合い」によって協同探究を可能にするためには，「論点を整理して話し合いを進めていくディスカッションスキル」（p.303）を身に付けさせる必要があると論じる。論点が明らかになることは議論を推進していく上で有効であることから，【論点を提示する】を議論展開スキルに加えることとする。

以上，山元（2016）からは，議論展開スキルとして【論題からの逸脱を修

正する】【話し合いの途中で意見を整理したりまとめたりする】【論題について検討したり，確かめたりする】【全員の参加を促す】【論点を提示する】の5つのスキルを抽出した。これらのスキルの重要な点は，山元（2016）が述べるように討論の状況や取り組む課題についてのメタレベルでの意識が伴っていることである。

③先行研究から抽出された議論展開スキルの整理

　以上，村松（2001）と山元（2016）を分析対象とし，議論展開スキルを抽出してきた。表Ⅲ 2は，それらを一覧に整理したものである。表Ⅲ 2の通り，村松（2001）からは6つ，山元（2016）からは5つの議論展開スキルを抽出した。そのうち，重なりがあったのは，5【論題からの逸脱を修正する】6【話し合いの途中で意見を整理したりまとめたりする】の2つであった。

　表Ⅲ 2では，それぞれの議論展開スキルに，どのような推進機能と調整機能があるかを合わせて示した。棒線を引いている箇所は，該当する機能が無いと判断したところであるが，3つの箇所が該当なしとなっており，常に推進機能と調整機能があるとは限らないことが分かる。また，この2つの機能についてであるが，発話者が片方の機能を意識していて用いても，結果としてもう片方の機能も副次的にはたらくということが考えられる。例えば，6「話し合いの途中で意見を整理したりまとめたりする」の議論が堂々巡りになったり何を議論しているのかが分からなくなったりするのを防ぐという推進機能を意識して用いたとしても，他の参加者が「自分の考えもきちんと取り上げてもらえた」という思いを高めたならば，情意的・社会的次元によい影響を与え，結果として調整機能もはたらかせたということになろう。いずれにしても，議論展開スキルが効果的に機能するためには，自分たちの討論状況を俯瞰して捉え，仲間と共に探究しよう，よりよい議論へと高めようとする意識を参加者全員がもっていることが重要である。

表Ⅲ 2 村松（2001）と山元（2016）から抽出された議論展開スキル

	議論展開スキル	出典		推進機能	調整機能
1	【共感的な反応を返す】	村松	—	————	討論がぎすぎすした雰囲気になることを防ぎ，参加しやすくする
2	【言いたいことを確認する】	村松	—	きちんと互いの考えを理解しながら議論を進められる	共感的に理解しようとする姿が話し手に伝わることで，協同的な雰囲気が生まれる
3	【他の参加者の理解状況を捉え，説明を加える】	村松	—	きちんと互いの考えを理解しながら議論を進められる	全員が理解を共有しながら進めることで，参加を維持する
4	【話を転換し，違った視点を打ち出す】	村松	—	敢えて話題を転換し，他の角度からの検討を進める	言い争いになりそうな状況を回避する
5	【論題からの逸脱を修正する】	村松	山元	論題に沿って計画的に話し合える	————
6	【話し合いの途中で意見を整理したりまとめたりする】	村松	山元	議論が堂々巡りになったり何を議論しているのかが分からなくなったりするのを防ぐ	自分の意見も取り入れられているという認識をもつ全員が理解を共有しながら進めることで，参加を維持する
7	【論題について検討したり，確かめたりする】	—	山元	論題の示す文言の定義や範囲を明らかにし，共有するといった協同で探究するための共通の足場をつくる	参加者全員で議論を進めていくために論題を検討し共有する
8	【全員の参加を促す】	—	山元	————	メンバーの参加状況を捉え，発言を促すことで全員で議論が進められる
9	【論点を提示する】	—	山元	論点を明らかにすることで，議論の方向性が定まる	参加者全員で議論を進めていこうとする姿勢を示す

(3) 教師発話を対象とした議論展開スキルの抽出

　第1節において，学級討論では教師の進行力や発言の調整によって議論が円滑に進むことを指摘した。すなわち，教師も授業技術として議論展開スキルを生かしてはたらきかけているといえる。このことから，実際の学級討論場面での教師発話を分析対象とし，議論展開スキルを抽出することができると考えた。とはいえ，教師と小学生とでは発達段階が異なるだけでなく，教師は指導者としての立場から意図的に（時に権威的に）はたらきかける存在であり，全てを本研究が対象とする議論展開スキルに取り入れることは適当ではない。そのため，教師の指導者としてのはたらきかけや認知レベルの高いものは，分析の際に外すこととする。

①分析の対象

　3つの実践の学級討論場面を分析の対象とする。実践の概要は，以下の通りである。

実践①：2013年に4年生を対象に実施した。文学的文章『夕鶴』の読みの単元の第6時である。論題は「帰っていくつうは，よひょうに対してどんなことを思っていたのか」である。

実践②：2014年に5年生を対象に実施した。夏休みに行われる臨海学校をみんなで楽しむためには，どんなことを心がければよいかを全員で考える授業である。論題は「岩井臨海学校をみんなで楽しむためにはどうしたらよいか」である。

実践③：2016年に6年生を対象に実施した。モラルジレンマ教材である『銀のしょく台』を読み，内容を整理した後，論題「銀の食器を盗んだジャンを司教は許すべきだったか」について自分の考えを書き，学級討論をした。第2章では実践Bとして示した。

　3つの実践ともに，教師である筆者が司会を務めている。筆者が司会を担当した実践を取り扱った理由は，発話の意図を正確に捉えるためである。分

析対象の妥当性を担保するため，教師発話を分析している水津・足立・水谷（2013）と照らし合わせ，特異なところが無いことを確認した。

②分析と抽出の方法

　3つの実践での学級討論の録音データを全て文字に起こした。そこから教師の発話を抽出し，カテゴリー分けした。なお，カテゴリーを作成する上では，表Ⅲ 2に含まれている技能はそのままカテゴリーに採用した。

③結果と考察

　表Ⅲ 3は作成したカテゴリーとその説明を一覧に整理したものである。1〜6は先行研究から導出した議論展開スキルと重なる。7〜13は，表1と対応が無かったカテゴリーである。7「説明を要求する」は，不明な点について根拠や具体例を追求したり，付け加えを求めたりする発話である。教師はこういった発話を用いて，子供たちの理解が精緻化するように意図的にはたらきかけていた。議論の基盤となる共通理解を構築する上で重要なはたらきであることから，【説明を要求する】を議論展開スキルに加える。

　8「全体に問いかける」は，論題を基に考えた問いや議論を進めていく中で浮かび上がってきた問いを全体に問いかけることで，議論を深めるための起点とするはたらきかけである。「全体に問いかける」が，質問と異なるのは，特定の参加者に向けたはたらきかけではないということである。参加者が相互に考えを寄せ合い協同で探究するためには，敢えて宛名をつけず，誰でも主体的な参加が可能となる「全体に問いかける」ことが有効であると考える。トランスクリプトⅢ 1は，実際の学級討論において教師が全体に問いかけた場面である（Tは教師をフロアは不特定な参加者全体を示す）。

　このように，教師は意図的に全体に問いかけることで，思考を精緻化したり，主体的な参加を高めたりしている。しかし，教師はやや高度な用い方をしていたため，小学生の議論展開スキルとして取り入れることが妥当である

第3章 協同探究型討論で育成すべき能力の検討　103

表Ⅲ-3　教師発話のカテゴリー

	種類	説明	教師の発話例
1	全員の参加を促す	発言を求めたり，意欲的な参加を呼び掛けたりする	・まず，B許してよかったと思うっていう人？　意見を教えてください。
2	言いたいことを確認する	発話を復唱したり，短くまとめたりして確認する。	・これは，ミリエル司教のことね。 ・この特にどこ？
3	共感的な反応を返す	うなずく等して，受け止めたことを発話者に伝える	・なるほど。あぁ，確かに。 ・わかってあげられた？
4	話を転換し，違った視点を打ち出す	敢えて話題を変え，別の観点について考えるよう促す	・最後，こっちに行こうかなと思います。 ・次は，反対意見行きましょうか。
5	話し合いの途中で意見を整理したりまとめたりする	出された意見を整理したりまとめたりして共有する	・無視されてもけんかをうっているわけじゃないんだなっていうのは，これで共有されたね。
6	論点を提示する	意見の分かれ目を論点として強調する	・今このことが論点になってるんだよ。無視がよいかどうかっていうことが論点になっています。
7	説明を要求する	発話者や参加者に意味や理由の説明を求める	・どうしてそう考えたの？ ・誰か付け足してくれますか。
8	全体に問いかける	はっきりしていないことや考えを深めたい部分について，疑問形で投げかける	・人のために盗むのは罪ではないかどうか。 ・この方法は十分なのかっていう質問と，この方法はいつやるのかっていう質問が出ました。
9	グラウンドルールを確認する	討論という言語活動の目的やふるまい方について確認する	・よく聞くこと。この時間は，聞くことが大事だよ。 ・マルミさんの方，向くよ。
10	前の発言と関連付ける	先行する発話を引用し，つながりや差異を明らかにして示す	・さっきヨシノさんが触れていたけど，こっちに近いんじゃないかということですが，どうでしょうか。
11	進め方を提示する	議論をどのように進めていくかを知らせたり，途中で議論を止めたり進めたりすることをアナウンスする	・流れはまず全員の代表が発表して，そのあと質問をたくさんします。（…）質問をいろいろ出し合った後で，共通点をみんなで話し合っていきます。
12	評価する	指導者として子供を褒める	・ヨウイチさん，いい指摘してくれた。
13	考え方や発言の仕方を指導する	何に注目すればよいかや，どのように表現すればよいかを指導する	・けど，どうですか？　って聞いてみたらいいんじゃない。

トランスクリプトⅢ 1

73	ヨウイチ	なんか盗んだのは，自分が生きるためで
74	T	うん。
75	ヨウイチ	遊びに使うとかじゃなくて，しょうがなく盗んだというか，生きるためには仕方がないみたいな。
76	T	だから許すってこと？
77	フロア	（少しざわつく）
78	T	え，みんな確認ね。ヨウイチさん，いい指摘してくれた。子供のためなら許せるけど，自分が死ぬか生きるかだったら許せない？
79	フロア	（ざわつく）
80	T	どっちも許せるの？どっちも許せないの？
81	フロア	どっちも許せないでしょ。

かを検討する必要が生じる。トランスクリプトⅢ 2は，「キャプテンとして親友のケガを監督に伝えるべきか」を論題として，子供たちがグループごとに協同探究型討論に取り組んだ際のやりとりである。

　下線部251ケンジが参加者全員へ問いかけることにより，論点が明確化され，議論が推進している様子がうかがえる。この発話が特定の参加者への質問と異なるのは，反応する主体が限定されないため，返答するか否かは参加者の自由意志に拠るという点である。この場面では，251ケンジによる返答の強制を伴わない問いかけが，むしろ個々の参加者の自由な思いや考えの発話（252マサエ，256ヨウスケ，259ミカ）につながり，論題へと迫るための足がかりとなっているといえる。トランスクリプトⅢ 1で見た教師の問いかけが直前の発話内容をさらに吟味・精緻化していくためのはたらきかけであったのに対し，トランスクリプトⅢ 2でのケンジの問いかけは新たな話題を提示することで議論の起点となるように用いられている。このように，教師と子供たちとでは「全体に問いかける」の用い方に違いが見られた。しかし，子供たちも「全体に問いかける」を使って意図的に議論の起点となるように

第3章 協同探究型討論で育成すべき能力の検討　105

トランスクリプトⅢ 2

249	ケンジ	ねぇ，問いかけしていい？
250	ソウタ	はい，どうぞ。
251	ケンジ	<u>もしタクヤが親友じゃなかった場合は，どうしてたか？</u>
252	マサエ	あぁ，また変わってくるよね。ちょっと。
253	ケンジ	親友じゃなかったら。
254	ヨウスケ	あぁ：：
255	ケンジ	ただ一緒に走ってるメンバーだったら
256	ヨウスケ	一緒に走ってたメンバーだと考えた場合，さすがにシュンじゃない？　そしたら。親友だから：：
257	マサエ	うん。
258	ヨウスケ	入れたいわけで，だけどベストメンバーではないから。
259	ミカ	親友だからっていって，他のメンバーの意見を // 無視して入れることは＝
260	ヨウイチ	// そうなんか。
261	ヨウスケ	＝キャプテンとしてありえない行為だな。

はたらきかけていることから，推進に関する議論展開スキルとして機能していると判断することができる。また，「全体に問いかける」は，進行にはたらきかけるとともに，参加者全員が協同で探究することを促す調整機能としてもはたらくといえる。このことから，【全体に問いかける】を議論展開スキルに加えることは妥当であると判断する。とはいえ，この【全体に問いかける】ことを意図的に討論・話し合いの指導事項として取り入れた研究・実践は，管見ながら見当たらない。そのため，第4章の実践開発と検証において，実際の子供たちの姿を基に【全体に問いかける】を指導事項とすることの適切性や指導方法についてさらに検討していく。

　9「グラウンドルールを確認する」は，ルールを明示し共有するはたらきかけである。対象とした学級討論の最中に，教師は事前に確認した討論での傾聴のルールについて，「よく聞くこと。この時間は，聞くことが大事だ

よ。」と意識を喚起していた。討論のように，ややもすれば「論争的会話」に陥りかねない言語活動の場合，必要に応じてグラウンドルールを途中で確認し合うことは，自律的な討論による協同探究の上でも，討論を通じて探究し合う関係づくりの上でも重要である。そのため，【グラウンドルールを確認する】も議論展開スキルに含むこととする。10「前の発言と関連付ける」は，先行した発話との積極的に関連付け，議論の一貫性を明らかにする発話である。実際の討論では，「ジャンもこのままだったら死ぬっていうことが分かってるから，ここ（貧しい人に分け与える）につながるんだってことか。」「どっちに近いの？」と教師が関連付けるはたらきかけをしていた。議論につながりをもたせることは協同探究において重要なことであるから，【前の発言と関連付ける】を議論展開スキルに加える。11「進め方を指示する」は指導者として授業の舵取りをする行為であるが，展開への意見や質問という形であれば子供同士でも行われる重要なはたらきかけであると判断し，【展開への意見や質問をする】として加えた。12と13は指導者としてのはたらきかけであるため省いた。

　以上の教師発話分析の結果，【説明を要求する】【全体に問いかける】【グラウンドルールを確認する】【前の発言と関連付ける】【展開への意見や質問をする】の5つを議論展開スキルに加えることとした。

(4) 議論展開スキルの一覧

　村松と山元による先行研究と，教師発話の分析から導出された議論展開スキルを一覧にまとめたのが表Ⅲ-4である。さらにスキル相互を関係づけ，分類し，5つのカテゴリーを設定して整理した（表Ⅲ-5）。

第3章　協同探究型討論で育成すべき能力の検討　　107

表Ⅲ‑4　導出された議論展開スキルの一覧

	議論展開スキル	出典	推進機能	調整機能
1	【共感的な反応を返す】	村松 教師発話	———	討論がぎすぎすした雰囲気になることを防ぎ，参加しやすくする
2	【言いたいことを確認する】	村松 教師発話	きちんと互いの考えを理解しながら議論を進められる	共感的に理解しようとする姿が話し手に伝わることで，協同的な雰囲気が生まれる
3	【他の参加者の理解状況を捉え，説明を加える】	村松	きちんと互いの考えを理解しながら議論を進められる	全員が理解を共有しながら進めることで，参加を維持する
4	【話を転換し，違った視点を打ち出す】	村松 教師発話	敢えて話題を転換し，他の角度からの検討を進める	言い争いになりそうな状況を回避する
5	【論題からの逸脱を修正する】	村松 山元	論題に沿って計画的に話し合える	———
6	【話し合いの途中で意見を整理したりまとめたりする】	村松 山元 教師発話	議論が堂々巡りになったり何を議論しているのかが分からなくなったりするのを防ぐ	自分の意見も取り入れられているという認識をもつ 全員が理解を共有しながら進めることで，参加を維持する
7	【論題について検討したり，確かめたりする】	山元	論題の示す文言の定義や範囲を明らかにし，共有するといった協同で探究するための共通の足場をつくる	参加者全員で議論を進めていくために論題を検討し共有する
8	【全員の参加を促す】	山元 教師発話	———	メンバーの参加状況を捉え，発言を促すことで全員で議論が進められる
9	【論点を提示する】	山元 教師発話	論点を明らかにすることで，議論の方向性が定まる	参加者全員で議論を進めていこうとする姿勢を示す
10	【前の発言と関連付ける】	教師発話	発話間が関連付けられ，議論が一貫したものとなる	発話された内容を価値あるものとして認めていることを示す
11	【展開への意見や質問をする】	教師発話	どのように議論を進めていくか確認・決定する	参加者全員で議論を進めていことする姿勢を示す
12	【説明を要求する】	教師発話	きちんと互いの考えを理解しながら議論を進められる	（好意的な場合のみ）相手の意見を尊重し，互いに理解しようとする態度を示す
13	【グラウンドルールを確認する】	教師発話	議論が目的に向かって進められる	議論のルールや討論の目的に沿ったやりとりとなる
14	【全体に問いかける】	教師発話	全員で考えていくための足掛かりとなる	参加者全員で議論を進めていこうとする姿勢を示す

表Ⅲ5 カテゴリー別の議論展開スキル

	カテゴリー	議論展開スキル	技能の説明
1	共通の理解を深めるはたらきかけ	【言いたいことを確認する】	前の発言内容を要約したり言い換えたりして理解を確かめる。
		【他の参加者の理解状況を捉え，説明を加える】	自他の発言内容について，参加者間の理解の共有ができるように，事例や理由などの説明を加える。
		【説明を要求する】	質問する等して，先行する発話について，さらに説明を追加するよう求める。
2	議論の道筋をつくるはたらきかけ	【全体に問いかける】 ・論題について検討したり，確かめたりする ・論点を提示する	参加者全員に向けて，論題についての疑問点を提示したり，互いの考えのズレなどについてどう考えるかを問いかけたりして，議論の足掛かりをつくる。
		【展開への意見や質問をする】	討論の進め方やまとめ方について意見を述べたり，質問して確認したりする。
3	進行状況をコントロールするはたらきかけ	【論題からの逸脱を修正する】	論題から逸れた場合に，指摘して議論を戻す。
		【話を転換し，違った視点を打ち出す】	話が行き詰ったり，言い合いになりかけたりした際に，あえて話を転換することで，別の角度から検討する。
		【グラウンドルールを確認する】	討論という言語活動の目的や，共通確認している討論でのふるまい方を指摘し，協同探究ができるようにする。
4	議論内容を整理するはたらきかけ	【話し合いの途中で意見を整理したりまとめたりする】	どのような意見（理由）が出ているかを整理したり，考えのズレを見出したりする。
		【前の発言と関連付ける】	発話された内容について先行した発話との関連を積極的に明らかにしていく。
5	協同性を高めるはたらきかけ	【共感的な反応を返す】	頷いたり納得したことを伝えたりして，共感的に理解しようとしていることを反応として示す。
		【全員の参加を促す】	全員の参加状況を捉え，好意的に発言を促す。

2.4 〈議論展開能力〉を育成する意義

　本章では，議論を俯瞰して捉えて展開する能力としての〈議論展開能力〉を具体的に検討し，5つの側面にはたらきかける技能として整理した。これらの力は，いずれも討論状況を俯瞰して捉えるといったメタレベルでの意識がはたらく必要がある。そのため，単にいくつかの話型を覚えたり，あらかじめ用意した台本に従って発話したりすればよいというものではなく，状況に応じて判断し用いることが必要な力であるといえる。これは，上山（2015b）が話し合いでの意識的なふるまいを「方法知」として捉え，実際の話し合いにおいては「刻々と変化する〈状況〉に応じて「適切」な方法知を選択することが求められる」（p.13）と論じることと重なる。このことから，議論展開スキルを具体的なふるまいとして明示し，実際の討論で活用を促すことに加えて，子供たちが選択的に活用できる知識として獲得させる必要があるといえる。とはいえ，これらは教師が一方的に提示して学ばせるというものではなく，子供たちが実際の討論で用いる中で意味付けていくことが大切であろう。そのような学びのプロセスを経ることで，どのような議論展開スキルがどのような状況で有効であるのかといった方略的な意識が生まれ，状況を捉えはたらきかける力として発揮されると考える。

　ここで改めて，これまでの検討を踏まえた〈議論展開能力〉を育成する意義を考察したい。第1節の問題の所在では，グループ討論では教師の調整能力に頼ることができないこと，フォーマットがゆるやかな場合には自分たちで展開させていく必要があることを指摘した。ここではさらに考えを進めて，〈議論展開能力〉を育成する意義として以下の三点を挙げる。

　第一点は，多様性を生かした議論を通じた探究を実現する上で不可欠な資質・能力であるということである。河野（2014）は「現代社会でこどもが学ぶべきことは，文化的価値を共有していない人びととでもコミュニケーションをして，共生できる社会を協働して構築していく力」（p.53）であるとし，

「差異こそが新しい経験の源であり，思考を触発する」(p.96) と「異なる視点」を生かすことの重要性を論じる。その上で，現代社会で求められるコミュニケーション能力について以下のように論じる。

> 人びとと議論して何かを検討していく能力，創造的に問題を解決していく能力，そして誰もが自分は社会の一員だと感じられるような人間関係を作り出す能力が，現代社会で「必要とされるコミュニケーション能力」と呼ばれているものなのではないでしょうか。(p.45)

　河野は異質性や多様性を生かした議論の重要性と，それを支えるコミュニケーション能力の育成の必要性を主張していることが分かる。そういったコミュニケーションの中核的な役割を担うのが，本章で検討してきた議論を俯瞰して捉えはたらきかける力である〈議論展開能力〉だといえよう。これまでにも，国語科教育の中で議論において多様性を生かすことの価値は提言されてきたが，その多くは異質な考えを傾聴することに留まってきた可能性がある。傾聴することは協同探究のための重要な態度であることは間違いないのだが，〈議論展開能力〉はさらに主体的・能動的に多様性を生かした協同探究に向けてはたらきかけるための包括的な資質・能力であるといえよう。

　第二点は，市民的共同体の形成に寄与するということである。換言すれば，議論を通した共同体の形成に向けた資質・能力の育成となるということである。Delanty (2007：原典, 2003) はハーバーマスの主張するディスクルースを通したコミュニティ形成を「コミュニケーション・コミュニティ」と定位し，「「コミュニケーション・コミュニティ」という考え方は，近代社会の社会関係が，権威，地位，儀式などその他の媒介物によってではなく，コミュニケーションをめぐって組織されていることを意味している」(p.159) とし，「コミュニティは決して完全なものではなく，常に現れ出るものなのである」(p.160) と説明している。他方で，佐藤 (1999) は「いま，他者と声を掛け合い，対話することだけで「関係」が作られていくような幻想や，それを生

み出している携帯電話や電子メールによる交信が蔓延しており，このコミュニケーションの道具は逆にますます人間どうしの関係を「乾燥」させてしまっているように思えてならない」（p.195）と述べ，コミュニケーションの量以上にその質こそが重要であることを提起している。すなわち，対人関係を気にするあまりに，簡単に同調したり，当たり障りの無い会話をしたりするのでは，「コミュニケーション・コミュニティ」を築くことはできないのである。参加者相互の関係性や感情に配慮しつつも，意見の違いを起点に議論を進めるようなコミュニケーションの能力が不可欠なのであり，〈議論展開能力〉はその根幹となると考えられる。そのため，〈議論展開能力〉を育成することは，市民的共同体の形成に寄与すると言っても過言ではない。

　第三点は，日本人の心性や国民性を生かした議論展開を可能にするということである。現在，コミュニケーション能力研究において「西洋的バイアス」（灘光，2011，p.163）が問題視されるようになり，欧米人のコミュニケーション観を絶対的なものと考えるのではなく，それぞれの文化圏の視点を取り入れる必要性が論じられている（Martin, 1993：Kim, 2002：中西，2011 等）。欧米の文化圏においても，Lipman（2002）が議論における思考について，「批判的思考（critical thinking）」と「創造的思考（creative thinking）」に加えて，「ケア的思考（caring thinking）」が不可欠であると主張していることからも，情意的・社会的次元への配慮やはたらきかけを含んだコミュニケーション能力の育成が教育のレベルで取り組まれ始めているといえる。鈴木（2011）は，日本人のコミュニケーション観を肯定的に捉え，「日本人の話し手と同様に聞き手に重点を置いたり，説得よりも共感を重要視したりするコミュニケーション・スタイルはもっと注目されてよい」（p.146）と論じる。このことからも，認知的・情意的・社会的といった３つの次元を対象とし，議論にはたらきかける力としての〈議論展開能力〉は，明確な主張と相互批判といった「西洋的バイアス」のコミュニケーション観でなく，主体間の関係性を基盤に議論を進めるといった日本文化におけるコミュニケーション観

112

を生かした議論展開の在り方を考究する上でも重要であるといえよう。

2.5　課題

　第2節では〈議論展開能力〉の必要性とその具体について検討してきた。しかしながら，小学生といった発達段階に照らしながらそれらの内容や程度は適切であるかについては，さらに実証的に検討を進める必要がある。次の第4章では，小学校6年生を対象とした討論実践を分析することを通して，子供たちが議論展開スキルを獲得し討論内で活用したかを評価する。その際，討論の状況を詳細に記述することによって「その状態が目標となる望ましさを持ち得ているか否かを評価」（藤原，2014，p.93）することとする。

注

16）ここでいう子供たちの自律的な討論とは，子供たちが進行を考えながら小グループで行う討論のことである。ディベートのようにフォーマットが厳密に決まっているわけではなく，それぞれの考えを述べ合った後，どのように進めるかは参加者によって決められる。

17）そのため，Lipman（2003）は哲学的討論を学級全体で教師が司会を務めて行う形式だけに限定している。一方，Paul はグループ討論も含めているが，その進め方については「ソクラティックな質問」を用いること以外には具体的に論じていない。筆者も質問し合うことは大切だと考えるが，的確な質問を考えることはなかなか難しく，質問だけでは討論を展開することはできないと考える。

18）認知力が高まり，議論展開にはたらきかける能力が身に付いてきた中学生段階では，クリティカルな思考・態度に重点が移されていくことが考えられる。そういった意味で，これらの重点の推移は，小学校と中学校での討論指導の接続を考える際の視点の1つとなるかもしれない。しかしながら，中学生であっても，議論展開にはたらきかける能力が十分ではない場合には，クリティカルな思考・態度に重点化することは難しい。だからこそ，小学校段階で議論を通した協同探究を支えるための〈議論展開能力〉をいかに育成すべきかを明らかにしていくことは重要な課題であると考える。

19）北川（2018b）では議論展開スキルを〈議論展開能力〉としていた。しかし，〈議

論展開能力〉の活用を検討する中で，スキルだけでなくメタ認知力や議論プロセスに関する知識も伴って機能するという理解に至った。

20) 村松としては，高学年はこぶ力①「計画的に話し合い」や中学年はこぶ力②「展開の型（パターン）を予想して話し合う」ということが推し進めるはたらきかけだと考えている可能性もある。しかし本研究が対象とする討論は，ディベートのようにテンプレートに沿って進めればよいというものではなく，意見を出し合った後にどう議論を進めていくかは，その場で判断しながら進めていくことが求められる。事前に「計画」することや「型」を予想することが難しい部分であると言える。

21) 山元の研究には，「展開力」として対話や話し合いの進め方に関する能力を対象として整理したものもある（山元，1996：山元，1997：山元，2004）。特に，山元（1997）では「対話の進行に関する発言」を取り上げ，「話の切り出し」「プランニング（だんどり）」「逸脱の修正」「集約」といった具体的な発言の種類を明示しており（pp.40-41），本研究とのつながりが強いようにも思われる。しかし，山元が「メタ意識」の高まりを重視した研究へとスライドしていること，また，それに伴い，山元自身が「展開力」のような対話能力を捉える観点を用いなくなっており用語の対象や範囲にずれが生じることから，整合性をとるために山元（2016）のみを分析対象とし，議論展開スキルを抽出していくこととする。

第4章 小学6年生を対象とした〈議論展開能力〉の育成

第1節 問題の所在と目的

　第3章では，協同探究型討論で育成すべき能力として，討論を展開する上で求められる〈議論展開能力〉の必要性について論じた。〈議論展開能力〉とは，討論展開を俯瞰して捉えるといったメタレベルでの意識が求められる能力であり，3つの次元（認知的・情意的・社会的次元）へのはたらきかけである。そのため，第3章では，〈議論展開能力〉を以下のように定義した。

> 〈議論展開能力〉とは，異なる立場や考えをもった主体同士が，討論を通して主題についての思考を深め，探究共同体としての人間関係を築けるよう，議論の展開を俯瞰して捉え，推進したり調整したりする能力である。

　そして，〈議論展開能力〉は，議論展開スキル，メタ認知，議論プロセスに関する知識といった構成要素からなると考えた。さらに，第3章では，先行研究や実際の学級討論での発話から具体的な議論展開スキルを抽出し，分類・整理した（表Ⅲ 5）。

　しかし，第3章では，討論の学習を通して議論展開スキルが子供たちにどのように受容・活用され，〈議論展開能力〉が高められていったかについては示されていない。そのため，第4章では，小学校6年生を対象に実施した討論実践を取り上げ，小学生に〈議論展開能力〉を育成することは可能なのかについて実証的方法で明らかにすることを目的とする。

第2節　分析の対象とした学習者と実践の概要

2.1　分析の対象とした学習者

　都内公立Ａ小学校の6年生35名（男子18名，女子17名）を対象に実践を行った。授業者は筆者自身である。筆者が4年生からの3年間を指導しており，その間にグループでの話し合いについての学習を繰り返してきた。そのため，この時点ではすでに，アイデアを出し合う話し合いや合意形成に向けた話し合いにおいては，協同的態度が育ってきている。また，自分たちで話し合いの進め方や目標を立てて話し合いに臨み，途中で達成状況をふり返ったり，抽出グループの話し合いのデータを用いてよりよい話し合いについて検討したりといったメタ認知的活動も繰り返してきている。グループでの討論の経験は，ここで示す実践の約1か月前（2016年12月）に行った討論（以降，プレ実践と呼ぶ）が初めてである。そのため，討論の目的や進め方に焦点を当てて学習に取り組んだのは，これが初回となる。

2.2　実践開発における工夫

　実践を開発するに当たっては，討論が状況依存的な性質をもっている[22]ことから，一度の実践で全てを身に付けさせようとするのではなく，学びの積み重ねの中で子供たちが必要性を実感できるようにした。そのため，本実践では，実践Ⅰ，実践Ⅱ，実践Ⅲと3つの実践を連続して行った。各実践の時数は，4時間，3時間，3時間といずれも短時間の単元を組んでいる。

　また，各実践の冒頭で，以前に自分たちが取り組んだ討論を文字に起こした資料や音声データを用いて，省察する場面を設定した。先行研究に示された子供たちの気付きや発見を引き出していくことの重要性（山元，2004：谷口，2010：長田，2013：上山，2015a 等）を考慮し，教師の導きに支えられたふり

返り場面や子供たち相互でのふり返り場面において，どのようなふるまいが議論を通して関係を作ったり考えを深めたりする上で効果的であったか（実践内では討論のコツと呼ぶこととした）を発見できるようにした。加えて，ふり返り場面を単元の冒頭に位置づけることで，発見された有効なふるまいやうまくいかなかった点についての解決方法を直後の活動で生かしやすくした。

なお，グルーピングは単元ごとに，①各自が選んだ賛成・反対・迷うの立場を基に，それぞれができる限り同程度になるようにする，②話し合う能力のグループ間の差が均等になるようにするといった2つの基準をもって編成した。

2.3　3つの実践の概要

(1) 実践Ⅰの概要　「雑誌をカウンター内に置くべきか」

実施時期：2017年1月（全4時間）

第1時　プレ実践での話し合いを分析し，討論のコツを話し合う。

第2時　自分たちの討論の音声データを聞き，討論のコツが使えているかを確かめる。

第3時　【全体に問いかける】をシミュレーションを通して理解する。

第4時　教材を読み，論題を決めてグループで討論をする。

【第1時】

プレ実践での抽出グループの話し合いの文字化資料を役割読みし，よいところを個人で書き出した。扱ったのは，無自覚ながら全体に問いかけて議論を進めている様子が見られた場面である。見つけたよいところを学級全体で交流したところ，①事例を挙げて説明している，②受け止める発話が出されている，③全体に向けた問いかけが出されている，ことが指摘された。

【第2時】

前時の学習を踏まえ，「話しやすく，深まる話し合いにするためにはどうしたらよいか」を探ることを討論学習の目的として設定した。その後，自分

たちの討論の音声データを聴き，気付きを書き出した。その際，前時に指摘された「全体に向けた問いかけが出されている」「受け止める発話が出されている」を【全体に問いかける】【共感的な反応を返す】として討論のコツとして扱い，さらに，これまでの話し合い指導で大事にしてきた【全員の参加を促す】【言いたいことを確認する】の2つを加えて，それらの発話が出てきたかどうかを自己評価するように指示した。なお，子供たちには言葉を易しくするために，「全体への問いかけ」「受け止め」「発言できていない人への促し」「言いたいことを確かめる」として示した。その後，各自が書き出した気付きを持ち寄って，話し合いをしたグループのメンバーで，どうしたらさらに話しやすく，深まる話し合いになるか具体的な改善案を考えた。

【第3時】

　前時に各グループから出された改善案を共有し，分かりにくい提案については質問し合った。その後，子供たちが初めて自覚化するスキルである【全体に問いかける】の理解を深めるために，シミュレーションを用いた学習に取り組んだ。各自で考えた後，4・5人組のグループで話し合って1つにまとめ，学級全体に発表した。その後，全体への問いを作るためのポイントとして，①自分のアイデアを提案するのではなく，みんなに質問すること，②論題（テーマ）に戻って考えてみることの2つを設定した。

　子供たちの学習感想には，一部の子（5名）は「いい案ができた」「たくさん浮かんだ」等と肯定的に書いていたものの，12名の子供たちが「難しかった」「これでいいのかわかりません」等と困惑した心情を書いていた。

【第4時】

　モラルジレンマが含まれた教材である「図書館員のなやみ」[23]を読み，「雑誌をカウンター内に置くべきか」という論題に対して，賛成か反対かの立場を明確にし，自分が考える理由を付箋紙に書いた。記述後，討論における個人の目標を設定させた。

　その後，同じ立場の割合が同程度になるようにして6人グループを組み，

第4章　小学6年生を対象とした〈議論展開能力〉の育成　119

討論会を行なった。その際，全体への問いが出されたらメモしておくよう指
示した。

　どのグループも，全体的に和やかで協調的な雰囲気で討論を進めており，
言い争いの様相は見られなかった。わざとらしさもあったが，【共感的な反
応を返す】や【全員の参加を促す】といったはたらきかけを意識的に用いて，
話しやすい雰囲気を作ろうとする姿勢が感じられた。しかしながら，ふざけ
てしまったり，議論が深まらなかったりするグループがあった（2／6グルー
プ）。討論後に記述した学習感想では，討論のコツに沿って自分たちの討論
の様子をふり返っていたが，自己評価が高かったのは【共感的な反応を返
す】（15人），【全員の参加を促す】（7人）であった。逆に自己評価が低かっ
たのは【全体に問いかける】（9人）であった。意見が多く出された（7人）
という自己評価も出され，全体として自分たちの討論を肯定的にふり返って
いた。

(2) 実践Ⅱの概要　「人を傷つけないウソならついてよいと思うか」

実施時期：2017年2月（全3時間）
第1時　実践Ⅰを音声データを用いてふり返り，課題を明確にする。
第2時　論題を決め，立場や理由を明確にして自分の考えを書く。
第3時　グループで討論をする。

【第1時】

　実践Ⅰで学習した討論のコツをふり返り，自分たちのグループの討論を音
声データで聞き返した。聞きながら討論のコツに関して気付いたことを書き，
次回話し合う時に頑張りたいことを各自で記述した。

【第2時】

　「ウソ」をテーマに考えてみようという教師からの投げかけに応じ，様々
な意見が出される中でダイチから「いいウソと，悪いウソとがある」という
意見が出された。そこで，教師が「人を傷つけないウソならついてよいと思

120

うか」として整理し，論題として設定した。ワークシートに自分の立場（よいと思う，よくないと思う，迷う）を書き，その理由を付箋紙に記入した。

【第3時】

同じ立場の子供が同程度になるようにして4人グループを組み，「今回の話し合いで頑張りたいこと」として，討論における個人の目標を設定させた。

その後，約15分間の討論会を行なった。その際，全体への問いが出されたらメモしておくよう指示した。

討論後，各グループではどういった全体への問いが出され，どのようなことが話し合われたかを報告させた。各グループから報告された全体への問いを分類すると，「どのようなものがあるか？」と「〜とは何か？」とに分かれることを確認した。その後，改めて論題について自分はどう考えるかをワークシートに記述した。

(3) 実践Ⅲの概要 「キャプテンとして親友のケガを監督に伝えるべきか」

実施時期：2017年3月（全3時間）

第1時　ストーリー動画を視聴し，論題を決めて立場や理由を明確にして自分の考えを書く。

第2時　抽出グループの討論を基に，学級全体で討論のコツを新たに導出する。

第3時　グループで討論をする。

【第1時】

モラルジレンマが含まれた教材である「最後のリレー」[24]を視聴し，学級全体で内容を板書で整理した。その後，論題を「キャプテンとして親友のケガを監督に伝えるべきか」として設定し，討論の準備をした。ワークシートに自分の立場（伝えるべき，伝えなくてもよい，迷う）を書き，その理由を付箋紙に書いた。

【第2時】

　実践Ⅱでの抽出グループの討論（教師が設定した約5分間の箇所）を聞き，よいところを見つけて学級全体で交流した。子供たちからは，討論のコツの4つに加えて，事例を挙げて説明していること，「例えば？」と具体例を尋ねていること，が出された。そこで，討論のコツに，「事例を示す」を加えることとした。

　その後，抽出グループが上手に進めていたにも関わらず，途中で討論が停滞してしまったことを知り，それぞれの停滞した経験を述べ合った。議論が停滞した場合にはどうすればよいか検討し，討論のコツに，【話し合いの途中で意見を整理したりまとめたりする】を加えることとした（子供たちには短く表すために，「途中で出てきた意見を整理する」と示した）。

【第3時】

　同じ立場の子供が同程度になるようにして6人グループを組んだ。子供たちから全体への問いを考えるのが難しいという声が出ていたため，事前に今回の論題で考えられる全体への問いを各自でワークシートにメモをさせた。その後，討論のコツから個人の目標を設定させた。

　以上の事前準備の後，約15分間の討論会を行なった。その際，全体への問いが出されたらメモしておくよう指示した。討論の前半から【全体に問いかける】発言が出され，トランスクリプトⅣ　1のように自分たちで設定した論点について議論を深めていく様子が見られた。

　討論後，学習感想として，論題についての自分の考えと，自分たちの討論での話し合い方についてふり返りとを記述した。討論のコツを上手く使えたことや討論が深まったこと等，肯定的なふり返りが多く記述されていた。

トランスクリプトⅣ 1

46	ヨウイチ	じゃあ，全体への問いかけでタクヤは何のために今まで練習してきたのかだと思います。
47	ミカ	ほおう。
48	ヨウイチ	たぶん，優勝するために練習してきたんだと思います。たぶん。
49	ケンジ	なのに，その練習の成果を出せずに // 自分は出られませんでしたっていうこと。
50	ヨウスケ	// 出せないと，今までの練習が無駄になる。
51	ヨウイチ	どうせケガしてるから，走っても // 勝てない。
52	ケンジ	// でもタクヤが頑張って練習したのに出れないんだぞう。
53	マサエ	え，でもタクヤのせいで負けたら，タクヤが罪悪感感じて＝
54	ヨウスケ	＝逆にもっとタクヤが，追いつめられるよ。
55	マサエ	うん。
56	ケンジ	いや，タクヤが走りたいって言ってるんだから，それはタクヤの責任であるんじゃない？
57	マサエ	う：：ん。
58	ヨウイチ	タクヤが，自分が出たから負けたかもしれないと思って後悔しちゃう。

2.4 プレ実践の概要

実施時期：2016年12月

　3つの実践での指導の効果を捉えるために，実践Ⅰの1か月前に実施したグループ討論による学習をプレ実践[25]として位置づける。プレ実践は討論の仕方を学習した実践ではない。1時間の展開は以下の通りである。

　①対立する考えが含まれた教材「海を渡るざるそば」を視聴する。

　②学級全体で内容を整理する。

　③「伝統のそばを，その国の人の好みに合わせて変えるべきか」という論題を設定し，立場を明確にして個人の考えを書く。

　④賛成・反対の2つの立場の人数がほぼ均等になるよう学級を6つのグ

ループに分け，約10分間のグループ討論をする。各グループにホワイト
ボードを置き，考えの理由を書いた付箋紙を貼ったり，言葉などを書き
こんだりしながら話し合わせた。

⑤最終的な自分の考えを「学習のまとめ」に書く。

2.5　各実践で扱った論題の特徴

　論題の違いは，議論の展開の仕方や子供たちの考えの進め方に大きな影響
を与える。そのため，各実践で扱った論題の特徴を整理しておきたい。表
Ⅳ 1 は，論題と設定方法の一覧である。

　プレ実践から実践Ⅲまで，全ての論題がモラルや倫理についての判断で考
えが分かれるような内容になっている。これは，Paul (1987) が「多元論理
(multilogical)」の問いについて議論することの重要性を指摘していることに
基づいている。モラルや倫理についての判断では，そういった相互の価値基
準が顕わになり，議論を通した相互理解が深まると考えた。

　また，関連する知識によって討論への参加の仕方に差が出ないことへも配

表Ⅳ 1　各実践で扱った論題の一覧

	論題	設定方法
プレ実践	伝統のそばを，その国の人の好みに合わせて変えるべきか	モラルジレンマが含まれたストーリー「海を渡るざるそば」の動画を視聴し，内容を整理して論題を設定した。
実践Ⅰ	雑誌をカウンター内に置くべきか	モラルジレンマが含まれたストーリー『図書館員のなやみ』を読み，内容を整理して論題を設定した。
実践Ⅱ	人を傷つけないウソならついてよいと思うか	「ウソ」をテーマにして話し合い，意見が分かれた箇所を論題にした。
実践Ⅲ	キャプテンとして親友のケガを監督に伝えるべきか	モラルジレンマが含まれたストーリー「最後のリレー」の動画を視聴し，内容を整理して論題を設定した。

慮した。プレ実践・実践Ⅰ・実践Ⅲでは，論題設定の前にストーリーを読んだり視聴したりして，具体的な場面を共有している。教師と共に学級全体で登場人物や関係性，問題点などを整理し，どの子も同程度の情報量で参加できるようにした。

　加えて，論題の抽象度については，実践Ⅱを除いた3つはストーリー内の出来事についての問いとし，できるだけ具体的に考えられるようにした。実践Ⅱの論題は，ウソをついたりウソが原因でトラブルになったりした経験はどの子にもあることから，ストーリーが無くても具体的に考えられるであろうと判断した。小学生の場合，抽象度が高い論題であると，議論が空中戦となり深まらないことが多い。かといって，実生活に直結する論題は，利害関係が生じることから自分の考えを押し通そうとすることが想定されるため避けることにした。

　このような考えのもと，論題の違いによる子供たちの討論への影響を小さくするために，論題の種類や抽象度などのレベルをできるだけそろえて設定した。一方，論題それぞれの特徴は以下の通りである。

プレ実践　「伝統のそばを，その国の人の好みに合わせて変えるべきか」

　世界にそばの魅力を伝えるという夢のもと，伝統の味や形を守るか，アレンジを加えるかが意見の分かれ目となる。変えるか，変えないかといった二元論からスタートとするが，それにとどまらず，程度の問題が出されたり，伝統とは何かが議論されたりすることが考えられる。

実践Ⅰ　「雑誌をカウンター内に置くべきか」

　被害に悩む雑誌を守るためにカウンター内に置くか，利用者が手に取りやすいようにカウンター外に置くかが意見の分かれ目となる。それぞれのメリット・デメリットや，カウンター内に置く以外の解決方法が検討されることが考えられる。公共性にまで迫れるとよいが，文言として出てこないのでやや難しいと判断する。

実践Ⅱ　人を傷つけないウソならついてよいと思うか

　今回扱った論題の中では，唯一，ストーリーに基づいていない論題である。討論前の学級全体での整理場面で，ウソにも「いいウソと悪いウソがある」という意見が出された後で設定されているため，「いいウソ」であっても虚偽であることに対する判断が分かれ目となる。他の論題に比べて抽象度がやや高いため，「いいウソ」とは例えばどんなものか，どんなトラブルを経験したことがあるか，といった具体化するはたらきかけが議論を深めるカギとなると考える。

実践Ⅲ　キャプテンとして親友のケガを監督に伝えるべきか

　キャプテンである主人公は，これまで共に練習を重ねてきた親友から，ケガをしてしまったが最後のリレーに出たいので監督には言わないで欲しいとお願いされる。キャプテンとしての判断や，親友の扱い，プロセス重視か勝敗重視かといったいくつかの分かれ目が考えられる。具体的な解決に向けた議論を通して，キャプテンの役割やチームと個人の関係といった抽象的な概念にまで思考を深められると考える。

第3節　〈議論展開能力〉の育成過程の分析

　第2節で概要を示した討論実践を対象とし，第3節では子供たちがどのように議論展開スキルを受容・活用していき，〈議論展開能力〉を高めていったかを明らかにする。そのために，本節では以下の3点の分析に取り組むこととする。

【分析1】　最終討論である実践Ⅲでの議論は望ましい状態に至っていたのか

【分析2】　3つの実践を通して子供たちは〈議論展開能力〉をどのように高めていったか

【分析3】　個々の学びの内容や過程はどのようであったか

　【分析1】では，実践群の最終段階での議論の質や子供たちの討論に対す

る意識を対象とし，その妥当性を検討する。仮に〈議論展開能力〉が高められたとしても，議論の質や子供たちの意識が低いままであれば育成する価値を見出しにくい。そこで，まずは最終段階の状況を確認することとした。

　次に，【分析2】は，〈議論展開能力〉の変容を捉えるための分析である。議論展開スキルを中心に，それらが子供たちにどのように受容・活用されていったかを量的・質的の両面から検討する。

　さらに，【分析3】では，子供たち個々の学びに焦点を当てる。同一のカリキュラム・単元で〈議論展開能力〉を高める指導を受けてきた子供たちであるが，実際に学んだ内容や過程は同じではない可能性がある。なぜなら，当該単元までに取り組んできた話し合い活動等を通して，それぞれが身に付けてきた議論への構えや方法知は，自覚的なものも無自覚的なものも含め異なるからである。特に対面コミュニケーションでは，個人の特性や話し合い観が影響しやすいと考える。そこで，3名のタイプの異なる子供たちを抽出し，3つの実践を通して何をどのように学んだのかを分析したい。

3.1 【分析1】最終討論である実践Ⅲでの議論は望ましい状態に至っていたのか

　実践Ⅲの討論は，対象とした実践での最後の討論である。そこでの議論が望ましい状態ではなければ，〈議論展開能力〉の育成を志向した実践に価値があるとは言い難い。もちろん，討論の学習を始めたばかりの小学生の討論であるから，あまり高いレベルを目標とすることは適切ではないし，実践を通して新たな課題も出てくるであろう。そこで本実践群を通して，認知的次元では多角的な検討ができること，情意的・社会的次元では討論の活動に子供たちが価値を見出し，協同で探究しようとする構えが養われることを目標とした。

（1）認知的次元

　討論では，論題に示された問題状況について多角的に検討することが重要視される。そのため，実践Ⅲの討論ではどのような観点からどれくらいの意見が出されたのか分析し，多角的な検討ができていたかを評価することとした。そこで，実践Ⅲの6つのグループ討論で出された意見を内容別に分類したところ，タクヤの心情や状態に関する内容，優勝や勝敗に関する内容，メンバーの思いやシュンに関する内容，キャプテンとしての判断に関する内容，親友としての判断に関する内容の5つに分類された。表Ⅳ 2は，グループ別に各分類の意見がどの程度出されたかを整理したものである。項目数の合計は，G5が最も多く51項目，G1が最も少なく19項目であった。G6は0の分類が1つあるものの，どのグループも多角的に検討することができたといえる。

　しかし，表Ⅳ 2の結果だけでは，討論を通して認知的次元の学びが深まったかは不明である。なぜなら，討論冒頭の意見発表段階で出された内容が多くを占めているならば，議論を通して新たな意見が出されたとはいえないからである。そこで，発表段階の意見数をカウントし，各グループの総数から差し引いた。次に，発表段階で出された意見がその後に再度出された場合には，再出した意見を取り除き，新たに出された意見の数を算出した。新たに出された意見の数と，その割合を示したのが表Ⅳ 3である。

表Ⅳ 2　グループ別各分類の意見の種類数（単位：個）

内容別の分類	G1	G2	G3	G4	G5	G6
タクヤの心情や状態に関する内容	7	7	9	4	20	13
優勝や勝敗に関する内容	4	6	3	8	9	7
メンバーの思いやシュンに関する内容	4	5	3	5	16	3
キャプテンとしての判断に関する内容	3	8	4	1	3	0
親友としての判断に関する内容	1	5	4	5	3	1
討論で出された意見の種類数	19	31	23	23	51	24

表Ⅳ 3　討論を通して新たに出された意見（単位：個）

	G1	G2	G3	G4	G5	G6
討論で出された意見の種類数	19	31	23	23	51	24
発表段階の意見数	8	9	10	17	9	11
新たに出された意見数と割合	11 (57%)	22 (70%)	13 (56%)	6 (26%)	42 (82%)	13 (54%)

　新たに出された意見が最も少なかったのはG4であった（26%）。他のグループは議論を通して新たに出された意見の割合が50%を超えており，最も多く出されたG5は総数51項目のうち，新たに出された意見は42項目（82%）にも及んだ。

　これらのことから，認知的次元に関しては，グループ間の差はあったものの，いずれのグループにおいても討論の中で様々な意見が出され，多角的に検討が進められており，論題に対する思考が深まっていったと判断することができる。

(2) 情意的・社会的次元

　次に，実践Ⅲ段階での情意的・社会的次元の状態を捉えるため，実践Ⅲ直後に行った質問紙調査Aを用いた分析を行う。質問紙では，以下の10項目について「4とてもそう思う」「3ややそう思う」「2少しそうは思わない」「1そうは思わない」の4件法で回答を求めた。

　①グループの討論が深まるようになった。

　②考えの違いや，その理由がはっきり分かるようになった。

　③グループの討論で相手の言いたいことを理解しようという気持ちが高まった。

　④自分の意見を考え直したり，理由をはっきりさせたりできるようになった。

　⑤グループの討論で自分の意見を話しやすくなった。

⑥グループの討論の雰囲気がよくなった。

⑦グループの討論で自分の意見を積極的に話そうという気持ちが高まった。

⑧みんなで討論を進めることができるようになった。

⑨相手の立場や役割を大事にして話し合えるようになった。

⑩自分の立場や役割を自覚して話し合えるようになった。

表Ⅳ 4は，質問紙調査Aの集計結果である。その際，平均値を算出し，

表Ⅳ 4　質問紙調査Aの結果一覧

		人数（人）				平均	4+3の	2+1の
		4	3	2	1	（点）	割合	割合
⑨	相手の立場や役割を大事にして話し合えるようになった。	19	16	0	0	3.54	1.00	0.00
①	グループの討論が深まるようになった。	25	9	1	0	3.69	0.97	0.03
②	考えの違いや，その理由がはっきり分かるようになった。	23	11	1	0	3.63	0.97	0.03
⑧	みんなで討論を進めることができるようになった。	26	8	1	0	3.71	0.97	0.03
③	グループの討論で相手の言いたいことを理解しようという気持ちが高まった。	19	15	1	0	3.51	0.97	0.03
⑥	グループの討論の雰囲気がよくなった。	19	13	2	1	3.43	0.91	0.09
⑦	グループの討論で自分の意見を積極的に話そうという気持ちが高まった。	15	17	2	1	3.31	0.91	0.09
④	自分の意見を考え直したり，理由をはっきりさせたりできるようになった。	22	9	4	0	3.51	0.89	0.11
⑤	グループの討論で自分の意見を話しやすくなった。	20	11	4	0	3.46	0.89	0.11
⑩	自分の立場や役割を自覚して話し合えるようになった。	15	16	4	0	3.31	0.89	0.11

高い順に並べ替えた。合わせて，4と3を選んだ人数の割合，2と1を選んだ人数の割合を提示した。

4＋3の割合が最も高いのは，「⑨相手の立場や役割を大事にして話し合えるようになった。」であった。対立軸が明確にされることから，言い合いに陥りやすいことが指摘される討論において，考えや立場の異なる相手を尊重しようとする態度が養われたことは意義深いことである。また，「③グループの討論で相手の言いたいことを理解しようという気持ちが高まった。」も4＋3の割合が97％を占めていることから，自説にこだわって相手を論破しようとするというよりも異質性を生かした多角的な検討に子供たちは価値を見出してきたといえる。他の項目についても，4＋3の割合が約9割を占めており，情意的・社会的次元についての子供たちの満足度は高かったと判断する。一方で，1及び2といった否定的な評価を複数回選んだ子供も7名いた。1を複数選んだ子供はおらず，1もしくは2を2回選んだ子供が2名，3回が4名，5回が1名であった。一部の子供たちにとっては，発言する内容に自信をもたせるためのさらに細やかな手立てが必要であったと判断する。

(3) 【分析1】の結果と考察

以上の分析の通り，実践Ⅲの段階では，論題に対して多角的に検討できていたことが確かめられた。また，情意的・社会的次元においても，自分たちの議論の成長を実感しながら協同的に議論し合う関係を構築していっていたと言える。これらのことから，実践Ⅲの討論は一定の望ましさを担保していたと判断する。

3.2 【分析2】 3つの実践を通して子供たちは〈議論展開能力〉をどのように高めていったか

次に〈議論展開能力〉の育成過程について分析する。(1) では，プレ実践と実践Ⅲとを対象に議論展開スキルの発現頻度を比較し，活用の状況を捉え

る。(2)では，それぞれの議論展開スキルを子供たちがどのように意味づけしながら方略として取り入れていったのかについて，質問紙調査を手がかりに分析する。これらの分析を通じて，意図的な指導により小学生が〈議論展開能力〉をどのように高めていくことができるかを実証していきたい。

(1) 議論展開スキルの発現頻度の比較

表Ⅳ 5は，プレ実践と実践Ⅲを対比し，総発話量の平均値と議論展開スキルに関わる発話の平均回数とその割合を比較したものである。差が大きかったのが【共感的な反応を返す】（3.8% →14.3%），【全体に問いかける】（0.4% →2.9%）であった。

【共感的な反応を返す】は，「なるほど」「あぁ」といった共感的な反応を返すことであるので，取り入れやすかったことが考えられる。実践Ⅰの段階ではわざとらしさも感じられたが，討論における話しやすさを意識させたことで，自然と用いられるようになっていった。

一方，【全体に問いかける】が増えたのには3つの要因が考えられる。第一に，3つの実践を通じて【全体に問いかける】の意味や役割を学習してきたことである。第二に，【全体に問いかける】発話（全体への問いとする）の発想方法について，3つの実践を通して具体的に学習してきたことが挙げら

表Ⅳ 5　プレ実践と実践Ⅲの発話比較

		プレ実践（平均）			実践Ⅲ（平均）		
		回数	SD	%	回数	SD	%
総発話量		194	17.8	100	274.7	64.7	100
議論展開スキル	全体に問いかける	0.8	0.7	0.4	8.0	3.0	2.9
	言いたいことを確認する	0.5	0.8	0.3	3.3	2.6	1.2
	話し合いの途中で意見を整理したりまとめたりする	1.0	1.2	0.5	2.7	1.2	1.0
	共感的な反応を返す	7.3	7.3	3.8	39.2	6.9	14.3
	全員の参加を促す	0.7	0.7	0.3	2.0	1.8	0.7

れる。当学級の子供たちは，国語科での読むことの学習や他教科等での調べる学習において，個人やグループで問いを立てて，読みを深めたり調べたことを報告し合ったりする学習を幾度となく経験してきていた。また，質問する力を高めるために，多様な質問のパターンを学習し，用いることができるようになってきていた。それにもかかわらず，実践Ⅰ段階には全体への問いを考えるのが難しいという声が目立った。すなわち，文章に即して深く考えたい問いを立てたり，分からないことや調べてみたいことを問いとして立てたりする能力や具体的な相手に向けた質問をする能力と，議論展開の起点とするために，全体への問いとして論点を明らかにする能力とでは，重なる部分はあるにせよ，同じではないということができよう。そのため，小学校段階では，【全体へ問いかける】の意味指導に加えて，具体的にどのように発想すればよいかをも指導する必要があるといえる。第三に，実践Ⅲでは，論題を基に全体への問いを事前に考える場面を設けたことが挙げられる。このことが【全体に問いかける】の増加に大きく影響したと考えられるが，その意義や発想方法を子供たちが掴めていなければ，有効な場面とは成り得なかったであろう。

表Ⅳ 6　実践Ⅲグループ⑤の全体への問い一覧

番号・用意・話者			全体への問い
46	有	ヨウイチ	じゃあ，全体への問いかけでタクヤは何のために今まで練習してきたのかだと思います。
97	無	ヨウスケ	伝えないと他の人に迷惑がかかるってどう？
107	有	ミカ	もし伝えたとするよ。それでシュンに代えるじゃん。それでホントにみんな気持ちよく走れる？
149	有	ソウタ	今，タクヤのタイムはどれくらいなのか　まず知りたくない？
251	有	ケンジ	ねぇ，問いかけしていい？もしタクヤが親友じゃなかった場合はどうしてたか？
266	無	マサエ	みんなで練習したのにタクヤだけ特別なんだろう？
295	無	ヨウスケ	全員，勝ちたい。タクヤ入れたら勝てない。どうする？
312	無	ミカ	そこまでして優勝したいんだよね？

第4章　小学6年生を対象とした〈議論展開能力〉の育成　　133

　では，実際にどのような問いが出されたのであろうか。表Ⅳ 6はグループ⑤の討論で出された全体への問いの一覧である。

　グループ⑤はこれら8つの問いを起点に探究的な議論が展開された。「有」の発話は討論の前に用意していた全体への問いであり，「無」の発話はその場で出されたものを示している。事前に用意されていた全体への問い（46, 107, 149, 251）に加えて，その場で出された全体への問い（97, 266, 295, 312）があることが確かめられる。一方，ヨウスケのように事前には全体への問いを1つも考えていなかったが，討論の中で考えた事例もあった。また，表Ⅳ 6の発話番号が46－312と広範囲であることも注目すべきである。すなわち，子供たちは用意していた全体への問いを順番に出し合うのではなく，討論の展開に即して（自分が適切だと思うタイミングを考えて）【全体へ問いかける】をしていたことが推察される。このことは，マサエとミカの全体への問いからも確認することができる。表Ⅳ 7は，マサエとミカが事前に用意はしていたものの，実際には発話されなかった全体への問いである。

　マサエは用意したものとは違う全体への問いを出しており（266），用意したものは発話していない。また，ミカは2つ用意していたうちの1つは展開の中で発話しており（107），もう1つは発話せず，別の全体への問いを出している（312）。このことから，子供たちは，討論の流れを捉えつつ，事前に考えた【全体に問いかける】を適切に行う場面を判断したり，議論の中で生まれてきた問いを優先したりして問いかけを行なっていると考えられる。まさに議論の展開を意識した行為であるといえよう。実際の発話の状況はトランスクリプトⅣ 2のようであった。

表Ⅳ 7　発話されなかった全体への問い

発話無し	マサエ	最後の大会だから走りたいタクヤと，最後の大会だから優勝したいメンバー，どちらの方が思いが強いのか。
発話無し	ミカ	勝ちにこだわる必要ってあるのかなぁ。

トランスクリプトⅣ 2

249	ケンジ	ねぇ，問いかけしていい？
250	ソウタ	はい，どうぞ。
251	**ケンジ**	**もしタクヤが親友じゃなかった場合は，どうしてたか？**
252	マサエ	あぁ，また変わってくるよね。ちょっと。
253	ケンジ	親友じゃなかったら。
254	ヨウスケ	あぁ：：
255	ケンジ	ただ一緒に走ってるメンバーだったら
256	ヨウスケ	一緒に走ってたメンバーだと考えた場合，さすがにシュンじゃない？　そしたら。親友だから：：
257	マサエ	うん。
258	ヨウスケ	入れたいわけで，だけどベストメンバーではないから。
259	ミカ	親友だからっていって，他のメンバーの意見を // 無視して入れることは =
260	ヨウイチ	// そうなんか。
261	ヨウスケ	=キャプテンとして // ありえない行為だな。
262	ミカ	// キャプテンだから。キャプテンだから。
263	マサエ	他のメンバーが親友だったら，そっちの意見を多分尊重する。
264	ソウタ	めっちゃ問いかけ出るやん。
265	ヨウイチ	なんか全員一緒に練習してきたから，みんなの意見も，尊重したい。
266	**マサエ**	**みんなで練習したのに，タクヤだけ特別なんだろう？**
267	ヨウスケ	特別
268	マサエ	親友だからって。
269	ミカ	残りのメンバーも，別にタクヤと走りたくないってわけじゃないんだよね。
270	マサエ	うん。
271	ミカ	優勝したいって // いう気持ちの方が強いから言ってるだけで。
272	マサエ	// 優勝したいから：：
273	ヨウスケ	たぶんその人たちは絶対言った方がいいに入るんだよね。
274	マサエ	うん。
275	ミカ	タクヤと一緒に走って勝てるのが一番ベストなんだよね。

トランスクリプトIV 2は，ケンジが事前に用意していた全体への問い（251）を発したところから展開している。この直前の議論では，最善の状況で戦わなければ「泣くに泣けない」ことが繰り返されており，ケンジの【全体に問いかける】は，やや唐突感があったが新たな切り口として議論を展開する上で機能していた。一方，トランスクリプトIV 2の後半にあるマサエの「みんなで練習したのにタクヤだけ特別なんだろう？」（266）は，マサエがその場で考えて発した全体への問いである。半ば自問のつぶやきのようであるが，ケンジの全体への問いに比べて「全員一緒に練習してきた」と「みんなで練習した」が対応しており，先行した議論展開との関連が強くなっている。マサエは事前には別の全体への問いを考えていたがそれは発せず，その場で感じた疑問を発することで議論を深めようと判断したと考えられる。

　これらの事象から，小学生段階では，討論の前に全体への問いを考える場面を設けることは有効ではあるものの，それらを実際に討論展開に即して発言する力や討論展開の中でも生み出そうとする態度が合わさって，初めて〈議論展開能力〉として活用されると考えられる。

　一方，【話し合いの途中で意見を整理したりまとめたりする】はあまり変容が見られなかった（0.5%→1.0%）。整理・まとめは，討論の中で何度も行われるものではないため，量的な変容は小さいと考える。

　また，【全員の参加を促す】はタケオが途中の確認場面で「全員がそもそも発言しているから促しするまでもない」と述べるように，多くの子が積極的に参加するようになったため，促す発話の量はあまり増加しなかった（0.3%→0.7%）。

(2) 方略的意識の分析

　量的データの増減だけでは，子供たちの議論展開スキルに対する意識は捉えられない。そのため，実践III後に質問紙調査Bとして，5つの討論のコツのうち有効だと感じたコツを1つか2つ理由を付けて記述することを求め

た。その結果を分析し，子供たちがそれぞれの議論展開スキルをどう解釈し，方略的に用いたのかを以下に検討する。

①【全体に問いかける】

35人中8人が選んでおり，以下の理由を挙げていた。

- 全体への問いかけをすることで，新しい気付きや疑問が生まれて，討論が深まるから。
- より考えを深めることができるから。
- とても話が深まったりしたから。
- たまに話し合いでみんな意見を言い終わってそのままになるので問いかけをいれると深まるから。
- もし話が止まってしまったときに，全体への問いかけをだすと，もっと話が深まるし，みんなで考えられるから。
- 問いかけをすることによって，みんなの問いが一つにまとまり，話をスムーズに進めることができるから。
- 討論が深まるし，停滞してしまっても，また話し合いを始めることができるから。
- この前討論した時，ユキトさんが全体への問いかけをしてくれたら，話がスムーズに進んでいってよかったから。

　下線部のように「深まる」という語句が散見される。また，波線部「みんなで考えられる」「みんなの問いが一つにまとまり」とあるように，参加者全員の問題意識を一致させて議論を進めるという役割を見出している子供もいる。このことから，子供たちは協同で討論を深めることを目的に全体に問いかけていることが分かる。

　さらに，二重下線部「もし話が止まってしまったときに」「停滞してしまっても」とあるように，討論を円滑に推進する上でも効果を見出している。そういった議論の停滞状況を捉え，【全体に問いかける】ことで新たな議論を推進するというはたらきかけを意識的に行えるようになったことには〈議

論展開能力〉の向上が感じられる。

　このように，【全体に問いかける】は，調整機能としても推進機能としても子供たちに認知されており，議論を展開する上での重要なはたらきかけとして方略的に用いられていたということができる。

② 【共感的な反応を示す】

　実践内においては，【共感的な反応を示す】は討論のコツの1つである「受け止め」として扱われている。以下に一覧を示す。

- ・受け止めをつかうとみんなが聞いているなーと思う。
- ・受け止めがないと，聞いてるのかな？と不安になるからです。
- ・受け止めをしないと，意見を言った人が「聞いてくれているのかなぁ」と不満に思ってしまうから。
- ・相手に聞いてもらってると思えるから。受け止めがないと雰囲気もちょっと。
- ・しないと，聞いてくれているのか分からないから。
- ・反応しないと，発表している人が自分の意見をしっかり聞いているか分からないから。
- ・相手が聞いているか分かるし，受け止めがあると意見を言いやすくなるから。
- ・受け止めをすると，「他の人が聞いている」という安心がもて，しっかりと発言ができるから。
- ・その意見に反応しないと発言した人が困ってしまうけど「あぁ」や「なるほど」と言うと意見が言いやすくなるから。
- ・受け止めをすることで話しやすいし，相手がどう思っているかかんけつに伝わるから。
- ・自分の理由や意見を納得できたんだなぁと分かるから。
- ・「ああ」や「なるほど」と言ってないと意味が分からないんじゃないかと思われる。
- ・話し合いとかによく使っていたから。

　35人中13人が「受け止め」を選んでいる。記述内容からは，子供たちが【共感的な反応を示す】には大きく分けて3つの機能として認識されている

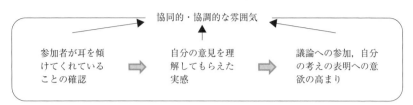

図Ⅳ 1 【共感的な反応を示す】に対する意味付けプロセス

ことが分かる。まず，二重下線部からは，他の参加者が自分の発言に耳を傾けてくれていることを確認できると捉えていることが確かめられる。次に，波線部からは，他の参加者の理解を確認できると捉えていることが分かる。【共感的な反応を示す】によって返される反応は，共感的なものであるので，理解してもらえたという実感につながっていたことが推察される。さらに，実線下線部から，【共感的な反応を示す】があることにより意見を出しやすくなると捉えていることが分かる。記述内容から抽出された機能を基に，子供たちが【共感的な反応を示す】のはたらきをどのように意味付けていたのかをプロセス的に示すと，図Ⅳ 1のようになろう。

これらのことから，子供たちは【共感的な反応を示す】を，コミュニケーションや連帯が保たれているという情意的・社会的次元の充足感につながる行為であるとして認識し，自覚的に使用していたと考えられる。

③【言いたいことを確認する】

質問紙調査では3人の子供しか【言いたいことを確認する】を選んでおらず，その内容も相手の主張と自分の理解とのズレを少なくするといった指導者側の意図とは大きく離れたものであった。このことから，【言いたいことを確認する】は，他の技能ほどには必要性が感じられなかったことが考えられる。

・確かめて場をやわらかくするため

第4章　小学6年生を対象とした〈議論展開能力〉の育成　139

トランスクリプトⅣ 3

マサエ	親友だからって
ミカ	残りのメンバーも，別にタクヤと走りたくないってわけじゃないんだよね。
マサエ	うん。
ミカ	優勝したいって // いう気持ちの方が強いから言ってるだけで
マサエ	// 優勝したいから ::
ヨウスケ	たぶん，その人たちは，絶対言った方がいいに入るんだよね。

　・言いたいことをもっとわかりやすいようにするのが大切だと思います。
　・何を言いたいか

　では，なぜ【言いたいことを確認する】は子供たちに必要性を感じられなかったのか。そこには2つの要因があると考える。第一の要因として，討論における子供たちのやりとりが「共話」（水谷，1993）的な様相をとっていたことが挙げられる。トランスクリプトⅣ 3は実践Ⅲにおける討論の一部である。

　「共話」とは「2人以上の話者同士が共同で作り上げる発話」（水谷，1980）といった日本人の談話の特徴であるが，李（2016）は水谷の論を発展させ「共話をすることにより相互に共通理解を図っていく」（p.56）というはたらきがあることを論じている。トランスクリプトⅣ 3においても，マサエ・ミカ・ヨウスケが互いの言葉に触発され，言葉を重ね合わせながら意見を作り上げている様子がうかがえる。このことから，「共話」的特徴により子供たちは自他の考えの垣根を低くし，共通理解している意識をもって討論に取り組んでいたと考えられる。そのため，【言いたいことを確認する】ことの必要性が生じることが少なかったといえる。

　第二の要因として，動画によるストーリーを視聴し，問題状況を教師と子供たちとで整理した上で論題を設定したため，高コンテクストで具体的な場

面についての議論となったことが影響したと考えられる。

④【途中で意見を整理したりまとめたりする】
　35名中11名が選択し，以下の理由を記述していた。

- みんなが話し合いで夢中になっている時に，混乱しないようにするために必要だと思ったから。
- 分からなくならないから。
- いろいろな意見がでてきてごちゃごちゃにならないようにするため。
- 意見を出し続けていると，後になって何が何だか分からなくなってしまうから。
- やらないとみんなごちゃごちゃして，話し合いづらいから。
- ただみんなで意見を出しているだけだと混ざってしまうので，意見を整理すると，話し合いがより深まるから。
- たまに頭の中で考えがまとまらなくて考えている時「しーん」と静まる時とかに，途中で出てきた意見を整理すれば，討論が深まると思うから。
- 一人一人意見があるからまとめると，どうなるかなどを整理して，進めやすくするといいからです。
- 意見を整理することによって，話がつまったりしないから。
- 話がとぎれた時とかに言うと，話が続くから。
- 意見を整理すれば，新しい意見が出てくるかもしれないから。

　全体的に自分なりの表現で記述されており，経験を通した実感的な意味付けがされていることがうかがえる。子供たちの記述内容を整理すると，①議論の混乱を防ぐ役割（実線下線部），②整理することで討論を深める起点となる役割（二重下線部），③新たな発言を呼ぶための役割（波下線部）に分けられる。①②の内容は授業者が事前に考えていた役割と同じであったが，③は子供たちが自分たちなりの意味付けを加えた部分である。
　トランスクリプトⅣ 4は，実践Ⅲにおけるグループ③の整理の様子である。議論が横道に逸れ出したところでカイセイが「一回戻ってみよう。キャプテンの役割は何？」と主体的に整理を呼びかけている。これは，質問紙調査で挙げられた①混乱を防ぐという役割である。カイセイを起点とした整理

トランスクリプトⅣ4

カイセイ	一回，戻ってみよう。キャプテンの役割は何？
ハヤト	だから，キャプテンの役割はみんなの：：ことを知る？
アサコ	まとめるだね。
レイコ	フフフ
カイセイ	まとめるのがリーダーの役割でしょ？
アサコ	でも，シュンもメンバーとしての一員なんだから，キャプテンとしてはシュンを＝
カイセイ	＝シュンだってあれ // 調子が
ハヤト	// 選びたい。けど：：
カイセイ	調子がいいから＝
ハヤト	＝代えたい。でも，タクヤは親友だから＝
カイセイ	＝親友というか，タクヤは一緒に走りたい。コジマ達と。
アサコ	親友ということを優先していいかどうかも分からないけどね。
カイセイ	こいつはキャプテンなんだ。
アサコ	これ陸上大会だからさ，友達とか関係なくない？

により，キャプテンはどうあるべきかという議論が深められていった（②の役割）結果，アサコの「これ陸上大会だからさ，友達とか関係なくない？」といった新しい意見が生まれることにつながっている（③の役割）。

このように，一度，語句の定義にもどってみたり，出された意見を整理したりすることで，全員の方向性を合わせていくはたらきかけは，まさに議論を協同的に展開していこうとするはたらきかけであるといえる。自説の優位性に固執し，主張や反論を繰り返すだけの討論とは確実な差異を見出せる場面であると考える。

これらのことから，【途中で意見を整理したりまとめたりする】は，使用機会が少ないという特性のため頻度の増加について統計的には有意な差は無かったが，子供たちはその役割を意味付けし，要所で意識的に行うことで議論の推進を図っていたといえる。

142

⑤【全員の参加を促す】

　質問紙調査で【全員の参加を促す】を選択した子供は，35名中11名であり，約3分の1の子供たちが選んでいた。

- ・みんなで話している中，一人だけ話せてない人がいるから。
- ・班全員で話し合いに参加できるから。
- ・発言できてない人が話せるし，グループでいっしょに活動ができるから。
- ・今までは発言できない人は発言できないまま授業が終わってしまっていたので，このコツをつかうと発言できない人が発言できるようになった。
- ・みんなのことを聞いて，違う意見を聞けるからです。
- ・自分から言いにくい人も少しは言いやすくなるから。
- ・みんなで話し合うのだから，ちゃんと発言した方がいいと思うから。
- ・誰かと誰かだけが話し合っていて参加できていない人がいるので，みんなが話しやすい雰囲気をつくるのが大事だと思ったから。
- ・話が行きづまった時に，発言できていない人へのうながしをやれば，そのまま話が進むと思うから。
- ・発言ができていない人に発言ができるようにするのが大切だと思います。
- ・発言できていない人がいたら，その人の意見を聞いたら話が深くなるかもしれないから。

　上記の記述から，子供たちが【全員の参加を促す】ことを消極的な人に発言を強要するのではなく，発言できるように声を掛けよう，多様な意見を聞いて考えを深めようとするはたらきかけと捉えている。このように多くの子供たちが重視していながらも，実践Ⅲでは共感的な反応により話しやすい雰囲気が作られていたため，参加を促す発話はあまり増加しなかった。このことからも，子供たちは議論の状況を俯瞰して捉えた上で，必要な議論展開スキルを方略的に活用していたことが確かめられる。

(3)【分析2】の結果と考察

　【分析2】では，議論展開スキルを子供たちがどのように解釈し，受容・

活用していったのかについて分析してきた。子供たちの必要感が高く，実際の討論でも重要なはたらきをしていたのが【共感的な反応を返す】【全体に問いかける】【途中で意見を整理したりまとめたりする】の3つであった。また，子供たちの必要感は高かったが，実践Ⅲの討論ではあまり活用されなかったのが【全員の参加を促す】であった。これは，【共感的な反応を返す】を中心に協同性が高められたため，全体的な発言量が増えたことによる結果であった。一方，【言いたいことを確認する】は，子供たちの必要感も低く，実践Ⅲの討論でもあまり重要なはたらきをしていなかった。これには，ストーリーを共有した学習展開，論題の具体性，子供たちの討論の共話的特性が影響していた。このように，子供たちは，状況に応じて必要な議論展開スキルを主体的に活用し，経験を通して自分なりの意味付けをしながら方略として獲得していることが確かめられた。

3.3 【分析3】個々の学びの内容や過程はどのようであったか

これまでは全体的な様相を分析してきた。それに対して，【分析3】では個別の子供たちの学びと変容に焦点を当てて分析を進める。上述した通り，同じカリキュラム・単元であっても学びの内容や過程は各々異なることが想定される上，特に対面コミュニケーションでは個人の特性や話し合い観の影響が大きいと判断するためである。また，話し合いの得意・不得意を含めたタイプの異なる子供たちを対象として分析することにより，〈議論展開能力〉は議論を積極的に推進するタイプの子のみが高めていくのか，議論展開への意識が低い子も高めていくことが可能であるのか，を検討することができると考えられる。

そこで，以下の分析では，特徴的なタイプの子供（アスカ・ユウジ・ミカ）を抽出し，その子たちの討論におけるふるまいがどのように変容したかを検討する。ここで抽出した3人は，それぞれ表Ⅳ 8のような特徴があると捉えている。

表Ⅳ 8　抽出児の特徴

児童	特徴
アスカ	・展開に対する関心は高く，普段から進行役を務めることが多い。 ・プレ実践では，どう進めてよいか戸惑う姿が目立った。
ユウジ	・思いつきで発言することが多く，展開を意識した発言は少ない。 ・プレ実践では，非協同的なふるまいを見せた。
ミカ	・アサーティブな発言ができており，進行役を務めることは少ないものの話し合いを実質的にリードすることが多い。 ・プレ実践段階から，無自覚ながら【全体に問いかける】発言をした。

(1) アスカ（女児）の場合

　アスカは，話し合い活動に意欲的に参加するタイプの子供である。思いついたことを言葉にするため発言量が多く，グループの話し合いをリードする姿が多く見られてきた。

　しかし，以下に見ていくように，初期のグループ討論ではどのように展開すればよいか分からず困惑する様子が散見された。協同探究型討論を志向した実践群を通して〈議論展開能力〉を育成してきた結果，意図的にそれらのはたらきかけを活用し，議論の推進や参加者間の調整に取り組む姿が見られるようになった。

①プレ実践での様子

　プレ実践においても，自ら進行役を務めていた。トランスクリプトⅣ 5は，全員が用意していた意見を発表し終わった直後の場面である。

　意見の発表までは円滑に進行してきたものの，40アスカの発話に動揺した様子が見られるように，意見発表後にどう進めればよいか分からない状況に陥っていた。自ら進行役を務める程，議論展開に関心が高いアスカであったが，これまでに取り組んできたグループで何かを決める話し合いと異なり，討論ではどのように議論を進めることが考えを深め合うという目的に向かう

第4章　小学6年生を対象とした〈議論展開能力〉の育成　145

トランスクリプトⅣ 5

37	ケイスケ	早くやろう。
38	アスカ	はい，始めたいと思います。
39	ケイスケ	始まってるよ。
40	**アスカ**	**変えるべき派の人？　違うわ，何でもない。ごめんなさい。何すんだ？　何するの？って聞いてんの。**
41	アスカ	話し聞いてる？
42	ケンジ	(8)やろう。はい，班長進行して。
43	**アスカ**	**だから，何をするか教えてください。**
44	ケンジ	とりあえずなんか意見とか言うんじゃないの？
45	**アスカ**	**じゃあ，意見を言いたい人？**

のかが分からなかったのだと考えられる。その後も，「意見を言いたい人？」と発言を求めたり，議論とは無関係な発話をしたりするのみで，議論を推進したり調整したりするはたらきかけはできていなかった。また，討論を通じて，内容に関する発言は一切せずに，進行役に徹しようとする姿が見られていた。その後，討論の終盤に，グループに回ってきた教師（T）とトランスクリプトⅣ 6に示すやりとりをした。教師はグループに回ってきた際に，参加できていないヒサトやアキコを察知し，発言を促すようはたらきかけている（112, 114）。それを受けてアスカは115「あ，アキコさんはどう思いますか？」と【全員の参加を促す】の発話をした。

　プレ実践の1か月後に実施した実践Ⅰの冒頭では，抽出グループの討論の一部を見てよいところを確認し合い，その後に自分たちの討論を聞いて気付いたことを書く場面を設定した。その際の，アスカの記述は以下の通りである（下線は引用者による）。

　　　自分達のグループは…先生に言われて発言できてな人へのうながしをした。（自分たちでできなかった）全体へのといかけは良くできていた。うけとめはあまりなく，意見に対しての反対意見のバトルだった。言いたいことはあまりたしかめられず，関係のない話ばかりしていた。

トランスクリプトⅣ 6

107	アスカ	無いようでしたら，次は変えないべきに移りたいと思います。異議がある人いらっしゃいますか？
108	ケイスケ	200年の伝統のそばを変えると，伝統が守られないから，と，と，本当のソバが世界に広められないから，です。
109	ケンジ	はい，異議あり。
110	アスカ	少々お待ちください。
111	ケンジ	そうすると，えっと，外国には合わない味が増えてくるから，どんどんいろんなのを増やして他の国に合うようなのを作って世界に広めた方がいいと思います。
112	T	今の，他の人はどう思うの？
113	ケイスケ	だけど，そうすると，200年の伝統のソバが変わっちゃう。
114	T	ヒサトさんはどう？あんまり発言が無い人に聞いてみるっていのも大事だよね。
115	アスカ	あ，アキコさんはどう思いますか？
116	アスカ	⑶あの::あれに。
117	アキコ	えっと::。変えると，いろいろな国にソバは広められるけど，ソバを変えてしまうと，本物のソバじゃないものがいろんな国に広まっちゃうから，迷う，と思いました。

　下線部から，アスカはまずトランスクリプトⅣ 6の箇所に注目し，自分達で【全員の参加を促す】ができることに価値があると考えていることがうかがえる[26]。記述内容全体からは，自分たちの討論を省察し，議論展開に求められる態度やはたらきかけへ意識が向き始めているのが分かる。

　これらのことから，元々，展開に関心の高かったアスカではあったが，プレ実践段階では議論をどう展開していけばよいか迷いが大きかった。そういった状況の中，トランスクリプトⅣ 6に示した教師とのやりとりの場面と実践Ⅰ冒頭のふり返り場面が，アスカにとって議論の展開に意識が向き始める契機となったと考える。

②実践Ⅲでの様子

　アスカは実践Ⅲでも自ら進行役を務めていた。プレ実践と異なっていたのは，プレ実践では進行役に徹していたのに対し，実践Ⅲでは参加者としての立ち位置も保ちつつ，進行に関する発話と内容に関する発話の両方をしていたことである。進行に関する発話も，「質問はありますか」のように形式的なものは少なく，トランスクリプトⅣ 7のように内容に関わらせながら議論を展開しようとしていた。直前までは，シュウヤが「もしリレーが一人１キロだったら？」とあり得ない議論を吹きかけてきていた。距離については分からないとするシュウヤに対し，「うん，そうだね」と受け止めた後，97アスカは【全体に問いかける】発言をし，話題を転換していた。それに対し98シュウヤは「排除，消し去る」と投げやりな言葉で議論の展開を妨げるが，アスカはシュウヤの言葉に敢えて反応せず，100アスカは下線部の説明を付け加えながら再度【全体に問いかける】発言をしている。この97-100のアスカのはたらきかけは，新たな話題への推進といった役割とともに，議論にき

トランスクリプトⅣ 7

97	アスカ	**全体への問いかけなんだけど，もしタクヤが親友じゃなかったらどうなのかな？**
98	シュウヤ	排除，消し去る。
99	フロア	ハハハ
100	アスカ	<u>あくまでコジマはタクヤが親友だから，ずっと走ってきた親友だから出させてあげたいって言っているわけで</u>，親友じゃなかったら // どうしてたのかな？
101	サトル	// そう，普通に別に親友じゃない同じくらいの速さのシュンを出してる。
102	アスカ	そう，同じ速さのシュンを出した方がいいよね。
103	サトル	シュンは絶好調だし。
104	アスカ	ちょっと待ってね。チエさんが書いてる。
105	アスカ	カリンさんはどう思う？

148

ちんと向き合おうと促す調整の役割を果たしているといえる。また，102アスカ「そう，同じ速さのシュンを出した方がいいよね」といった【共感的な反応を返す】発言や，105アスカ「カリンさんはどう思う？」と【全員の参加を促す】発言も見られ，協同性を高めるはたらきかけもしていたことが確かめられる。

　これらの議論の推進や調整に関わる発話はプレ実践では見られなかったことから，アスカは実践Ⅰ・Ⅱを通して〈議論展開能力〉の価値や役割を実感的に学び取っていった可能性が高い。そして，この場面ではアスカの〈議論展開能力〉が有効にはたらいたことで，議論が新たな方向に推進され，議論に向かう参加者間の構えが調整されていったということができる。アスカはこの場面も含めて実践Ⅲの討論の中だけで5回の【全体に問いかける】発言をしており，意図的なはたらきかけであったことがうかがえる。

　これらのことから，議論展開への関心が高いアスカにとっては，〈議論展開能力〉を育成することにより，主体的な議論の推進や調整によって議論の質を高めるためにはたらきかけられるようになったということができる。

(2) ユウジ（男児）の場合

　ユウジもグループでの話し合いには積極的に参加する。よく考えて発言というよりはその場で思いついたことや感じたことを発言していくタイプの子供である。しかし，進行役などを務めることはほとんど無い。これらのことから，プレ実践の段階では議論展開への関心はあまり高くはないと判断した。また，プレ実践の討論では，発言を押し付ける等の非協同的なふるまいが散見された。自らのふるまいを省察した結果，実践Ⅰ段階では協同性が高まった様子が見られ始めた。さらに〈議論展開能力〉についての学びを重ねていったことで，実践Ⅲ段階では，展開に目配りをしながら議論に参加する姿が見られるようになっていった。以下に，その実際の過程を示す。

第4章　小学6年生を対象とした〈議論展開能力〉の育成　　149

トランスクリプトⅣ 8

152	ダイチ	あの人に，食べやすくしましたって言えばいい。
153	**ユウジ**	**あの人いないかもしれないじゃん。**
154	ダイチ	だから探すんだよ。
155	**ユウジ**	**ハハハハ，無理に決まってんじゃん。**
156	コウイチ	探すんだよってどうかしてんだろう。
157	ダイチ	もし友達だった場合さ，呼んでもらえばいいじゃん。
158	シュウヤ	何でまずかったのに食いに行かなきゃいけないんだよ。
159	**ユウジ**	**そう，まずかったものをもう一回食わせる。**

①プレ実践での様子

　ユウジは，プレ実践の討論では，トランスクリプトⅣ 8に示すように，コウイチやシュウヤと共にダイチに対して攻撃的とも受け止められる非協同的なふるまいをしている。152ダイチは，それまでに何度も発言してきたダイチにユウジが再度発言するよう押し付けた結果，発話されたものである。そこには討論を通して協同で探究するといった雰囲気は全く感じられなかった。

　なお，これまでの学習での話し合いでは，このような非協同的なふるまいは見られなかった。そう考えると，初めてのグループ討論がこのような「論争的会話」に陥ってしまった原因としては，参加したメンバーが悪ふざけに助長しやすいという性格もあろうが，立場の対立的な関係が大きく影響した可能性が高いと言える。すなわち，グループでアイデアを作り出す話し合いでは力を合わせることが自然にできるようになったが，討論における対立的な関係が攻撃的な意識を高めることに作用し，それがグループ内で助長し合ったために「論争的会話」に陥ったと考えられる。

②実践Ⅰでの様子

　ユウジは実践Ⅰの冒頭で，抽出グループの討論と比べながら自分たちの討

論を聞いて省察し,「自分は発言できていない人へのうながしをしているけど,ふざけてる。」「自分たちはものすごくふざけてる。」と記述している。また,討論をよりよく進めるために必要なこととして,「受け止めが必要」「おしつけないようにする(1人に)」と記述している。ユウジは情意的・社会的次元についての問題点を発見し,主体間の調整を課題としたといえる。

実践Ⅰの討論では,ユウジは「なるほど」「同じでーす」等と【共感的な反応を返す】を繰り返す姿が散見された。トランスクリプトⅣ 9は,途中での確認場面の後,ユキトが【全体に問いかける】発言をして始まった場面である。

ユウジは,104ミカが【言いたいことを確認する】発話をしたのに対し,105「入れない場合の対処法。」とミカの理解が正しいことを反応として返したり,自分のアイデアを積極的に発言したり(108, 114)して議論に協同的に参加している。プレ実践で見られたような攻撃的なふるまいは見られなかった。グループのメンバーの違いも要因の1つとして挙げられるかもしれないが,自分たちの討論の省察を通して主体間の調整の重要性に気付いたことにより,討論における協同性が高まり始めたことが影響していたと考えられる。討論後のふり返りにおいても,ユウジは「この前よりもかなりよく話し合いができ,頑張りたいことの受け止めもできたのですごくよかったです」と記述していた。

③実践Ⅲでの様子

実践Ⅲでは,トランスクリプトⅣ 10のようにユウジが自分から進行役を務めて討論がスタートした。ユウジは【全員の参加を促す】発話をしたり(28, 32),「おおう」と【共感的な反応を返す】発話をしたり(32, 34)して,議論の展開に積極的に関わろうとしていた。グループ全体として,自ら発言し受け止め合うことで,協調的な雰囲気がつくられていたといえる。

また,トランスクリプトⅣ 11はユウジが【途中で意見を整理したりまと

第4章　小学6年生を対象とした〈議論展開能力〉の育成　151

トランスクリプトⅣ 9

100	ユキト	⑺じゃあ，全体への問いかけなんだけど，カウンター内に入れない場合は，どうやったら止められるのか。
101	ソウタ	おおう。
102	フロア	おおう。
103	ユキト	図書館とかでは，よくなんか。
104	ミカ	入れない場合の対処法ってこと？
105	**ユウジ**	**入れない場合の対処法。**
106	ミカ	⑸こういうのってね，こっそりやる人とかいるしね＝
107	ユキト	＝うんうん，そうすると見えにくいところだとピーってね
108	**ユウジ**	**防犯カメラ絶対あるでしょ。**
109	ミカ	無いところとか，見えにくい，映らないとことか。
110	チエ	陰になって。
111	ミカ	そう。
112	ソウタ	テーブルの下とか。
113	ミカ	対処法が難しいよね。
114	**ユウジ**	**対処法あんじゃん。本棚ってさ，こうやって並んでじゃん？そこに一列ずつ店員がいる。**
115	ソウタ	どんだけ店員いるんだよ。
116	ミカ	それは人件費がかかりすぎる。
117	ソウタ	店員多すぎない？
118	ユキト	逆にマイナスになっちゃうよね。それ。

めたりする】ことを促した場面である。直前まではケガをした親友「タクヤ」を入れるメリットとデメリットを話し合っていたが，ユウジはそれを発展させて，逆にサブメンバーの「シュン」を入れるメリットとデメリットを考えるようはたらきかけている（129）。

　以上のように，実践Ⅲの討論では，プレ実践では見られなかった協同的な態度と，議論の展開に目配りしはたらきかけるユウジの様子が確認された。ユウジの変容の要因としては，自身の討論での様子を省察させたことと，議

トランスクリプトⅣ 10

28	ユウジ	他に迷う人はいますか？
29	アキコ	はい。意見は迷うでもし伝えたらタクヤは走れなくなるけど，優勝できるかもしれないし，他のメンバーに迷惑がかからなくて済むからです。
30	フロア	おおう。
31	アキコ	で，もし伝えなかったら，タクヤは走ったらケガをしてしまうかもしれないし，優勝できなかったらタクヤが責められてしまうけど，みんなで走ることができるからです。
32	ユウジ	おおう。じゃあ，次に伝えるべきの人。
33	リンカ	はい。走るメンバーがコジマくんだけだったら，コジマくんだけの意見でいいけど，みんながいるからコジマくんだけで決めるのはダメだと思うから伝えた方がいいと思うし＝
34	ユウジ	＝おおう。
35	リンカ	この大会のためにずっと絶対勝つぞという気持ちで頑張ってきたからケガで優勝できないっていうのは(2)あれだと思うから
36	アキコ	あぁ

トランスクリプトⅣ 11

129	ユウジ	(3)じゃあ，あれは？　シュンを入れるメリットとデメリット。
130	ユキト	シュンを入れたら // 優勝できるかもしれなけいどタクヤが傷ついてしまう
131	リョウ	// シュンを入れたらえっと，シュンに代えたらタクヤが悲しむ？
132	アキコ	あぁなんか
133	リンカ	シュンを入れるメリットは優勝できるかもしれない

論展開スキルを明示したことが挙げられる。プレ実践の省察だけでも，ユウジは自分の非協同的な態度を反省し，修正しようとしていた。しかし，それだけでは，討論でのどのようなふるまいが協同での探究につながるのかがつかめずにいた可能性がある。実践Ⅲでの議論の展開に主体的に関わり出した

姿は，議論展開スキルを中心とした〈議論展開能力〉を指導事項として学習を積み重ねてきた成果であると考える。このように，立場の対立が「論争的会話」の火種となっていたユウジのような子供たちは，まず議論展開スキルの「協同性を高めるはたらきかけ」を中心とした調整の機能を意識して議論に参加するようになり，次第に推進機能のはたらきかけにも取り組んでいくケースが多く見られた。

(3) ミカ（女児）の場合

ミカは，プレ実践前に行ったグループの話し合いでも，参加者間の調整にも目配りをしつつ，重要な発言をする等，常に話し合いをリードするタイプの子供である。アスカのように進行役を自分から務めることは少なく，自分が大事だと思った局面で展開に影響を与える発話をすることが多い。アサーティブな表現が自然と身に付いているため，自分の意見を推し進めていても，自己主張が強いという印象はあまり受けない。では，このようなタイプの子供は，一連の学習を通してどのような変容が見られたのだろうか。以下に見ていきたい。

①プレ実践での様子

ミカは，プレ実践段階から，無自覚ではあるが【全体に問いかける】発言をしている。トランスクリプトⅣ 12の場面では，味を変えてもそばの魅力が伝えられるかという議論の中で，アサコがペニョッパソースをかけたそばを「ココロンペニョッパ」としてそばと区別すべきだとする趣旨の発言をした後，それに加えるような形でミカが話し始めた。

64ミカは5秒間の沈黙の後，「なんでココロン国にこだわるのかな？」と自問ともとれるような【全体に問いかける】発言をする。それまでに【全体に問いかける】ことの意義や役割を学習したことは無い。あくまでミカの疑問が口を出たといった状態であった。結果としては，この発話がユウコ・ア

トランスクリプトⅣ 12

60	ミカ	でも，あの時点でまずいって言ってるから，ココロンペニョッパを先に出して，その後でそばを出してもまたまずいって言われるだけだから：：全く味が違うから：：それにつながらない。
61	タケオ	そしたらちょっとずつペニョッパさぁ，減らしていけばいいじゃん。お店で。
62	アサコ	でも，そしたら，また味が違う，味が違うってなって。
63	タケオ	あぁ。
64	**ミカ**	⑸なんでココロン国にこだわるのかな？
65	ユウコ	⑶ココロン国に友達がいるから。
66	タケオ	そっかぁ。
67	ミカ	ただ友達がいるってだけで＝
68	アサコ	＝違う国に
69	タケオ	世界だからさ
70	ミカ	寿司を始めた人は，たぶん友達がいるから始めたわけじゃなくて，ここの国でやりたいからとか＝
71	アサコ	＝そう，広めるためにね＝
72	ミカ	＝広めるためにこの国にしようとか考えてるから，わざわざココロン部？　ココロン部じゃないや
73	フロア	ハハハハハ
74	アサコ	ココロン共和国＝
75	ミカ	＝ココロン共和国に限って止める必要もないから。
76	アサコ	⑶じゃあ，国を変えるべき。

サコ・タケオの主体的な参加を呼び，ミカ自身も「ココロン共和国に限って止める必要もない」と考えを進展させるなど，議論を展開する1つの起点となった。しかし，ここでのミカの問いかけは，議論を展開させるために意図的に用いられたものではないため，ミカ自身もそのようなはたらきをしたことを認識していない状態であった。

第4章　小学6年生を対象とした〈議論展開能力〉の育成　155

②実践Ⅰでの様子

　実践Ⅰは「雑誌をカウンター内に置くべきか」を論題とした討論である。討論に取り組む前に，プレ実践の音声データ等を基に，議論展開スキルのうち【全体に問いかける】【共感的な反応を返す】【全員の参加を促す】【言いたいことを確認する】が重要であることを学んだ。

　トランスクリプトⅣ 13は，ミカたちのグループの討論の一部である。それぞれが事前に考えた意見を発表した後，どう展開してよいか戸惑いが見られ，50秒間の沈黙が続いた。ユキトが46「難しくない」と口火を切ったところで，ミカが【全体に問いかける】発言をした（48，50，52）。

　しかしながら，ミカが前置きなく【全体に問いかける】発言をしたため，

トランスクリプトⅣ 13

45	カズミ	⑽どう討論するか。
46	**ユキト**	**⑸⑴難しくない？**
47	ソウタ	これをどうね
48	**ミカ**	**このさ，カウンター内に入れたらなんか使う人が減るからっていうのってさ**
49	ユキト	うん
50	**ミカ**	**なんか，嫌なこととかが起きるのかな？使う人が減って＝**
51	ユキト	＝あぁ
52	**ミカ**	**なんか起こるとか。**
53	ユキト	なんかあれじゃない？　返した後にチェックするから，この人が切り取ったとか分かるかもしれない。
54	フロア	う：：ん
55	ユキト	⑺注意の書いた紙？　注意を書いた紙を置けばいいってあったのは，でも，置いても，そこまで効果はないと思います。
56	ソウタ	いやぁあるある。絶対ある。
57	チエ	だからもうさすごいさ，超さ，すごい，なんか，なんか書くことにもよるんじゃない？

他のメンバーには全体への問いであったと認識されなかった。そのこともあり，ミカはカウンターに入れるデメリットを問いかけたにもかかわらず，ユキトからメリットが返答されるにとどまり，議論展開の起点とはならなかった。

　では，この場面でミカはどのような思考をはたらかせていたのだろうか。それを確かめるべく，実践Ⅰの後に教師とミカを含むグループのメンバーでトランスクリプトⅣ 13の場面の音声データを聞きながらふり返りの活動を実施した。トランスクリプトⅣ 14は，そのやりとりを文字起こししたものである。

　下線部①から，ミカは50秒の沈黙を打開するための展開を考えおり，その方法として【全体に問いかける】を用いようとしていたことが分かる。しかし，実際には「全体への問いかけが思いつかない」状態であったため，時間が過ぎていった。このことから，この50秒間は，ミカの頭の中では〈議論展開能力〉が活性化されていたといえる。すなわち，ミカは【全体に問いかける】ことが議論の展開に有効であるといった知識を得ていたものの，議論展開スキルの定着が十分ではなかったため，問いを生み出すことができずにいたといえる。その後に出されたミカの【全体に問いかける】発言（48, 50, 52）も，下線部②でミカが「なんか，これが浮かんで，なんか，言ってたみたいな」というように，【全体に問いかける】ことを考えている中で浮かんできた言葉をそのまま発した状態であり，ミカとしてもはっきりと問いかけたものではなかった。そのため，他の参加者には【全体に問いかける】発言として認識しにくかったと推察される。ミカ自身も「言ってみた」という程度であったため，他の参加者の応答がズレていたとしても修正を求めることは控えたのだと推察される。

　このように，実践Ⅰの段階では，【全体に問いかける】を中心とした議論展開スキルの機能を理解しており，ミカは討論の展開を意識し，自覚的に活用しようとしていたということができる。しかし，意識的に【全体に問いか

第4章　小学6年生を対象とした〈議論展開能力〉の育成　157

トランスクリプトIV 14

T	これまで比較的順調に来たけど，ここつまったよね。「難しくない？」「これをどうね」で入るところなんだけど，この50秒間どんな気持ちだったとか，どんなことを考えていたとかちょっと思い出してくれる？ミカさん，どんなこと考えてた？
ミカ	<u>次に何を話せばいいかが分かんなくなっちゃって，その時になんか全体への問いかけ？　考えてて，でもその時，まだ全体への問いかけが思いつかなくて，それでなんかたぶん50秒くらい，みんな考えてて空いちゃったのかな。</u> ①
T	ミカさんとしては，何話そうかなってこの続きどう展開するかってことと，全体への問いかけしようと思うんだけど何していいのか分からないってことね。

〜中略〜

トランスクリプトIV 13の48-52　の音声データを流す

T	ミカさん，これは全体への問いかけとして出した？
ミカ	たぶん，それに近いかな。たぶん，そう。
T	誰かに質問したの？
ミカ	たぶん，全体。
T	これ，かなり意識して出した？　全体への問いかけになってると思うんだけど，この後のふり返りの時に，「全然，全体への問いかけ出来てないよね」っていうやりとりがあるのね。ということは，ここは全体への問いかけとして認識されていないんだけど，本人としてはどうだったのかな？
ミカ	これだったら，個人っていうよりは全体の方かな。
T	その時はどうだったの？　その時は，みんなにこれ全体への問いかけとして出してみようっていう気持ちだったとか。
ミカ	<u>なんか，これが浮かんで，なんか，言ってみたいな。</u> ②
T	はぁはぁはぁ。ちょっと浮かび始めたみたいなところ？　で出してみたけど，あんまり全体への問いかけとして気付いてもらえてないじゃん，正直な話。これ，わたし全体への問いかけなんだけどとかさ，カズミさん，ちょっとこれ書いてよみたいなところは無かったの？
フロア	ハハハ

ける】発言をその場で考えるには時間を要するレベルであったし，考え出した問いをみんなに投げかけるにはまだ自信がもてない段階であったといえる。

③実践Ⅲでの様子

　実践Ⅲでは，ミカは今回の討論での自分の目標として，【全体に問いかける】を選んだ。そして，討論前に全体への問いを考えた場面では，以下の2つの問いを用意した。

　　・勝ちにこだわる必用ってあるのかなぁ
　　・シュンにかえて，本当に気持ちよく走れるのかなぁ

　1つ目の全体への問いは，親友の頼みを断ってまで勝利に固執するべきかをグループのメンバーに問いかけようとしている。2つ目の全体への問いは，仮に勝つために交代したとしても最後のリレーを気持ちよく走れないのではないかという疑問を投げかけようとしている。この2つの問いから，ミカはチームの勝利よりも出場するメンバー間の情意的な側面を重視していることが推察される。

　トランスクリプトⅣ 15は，97ヨウスケの「伝えないと他の人に迷惑がかかるってどう？」という【全体に問いかける】ことを起点にマサエやヨウイチが加わって議論が展開した。監督に伝えて交代させないと他の人たち（メンバー，応援してる人，家族）が残念に感じるため，キャプテンとして勝つための判断をすべきだという方向に話が進んでいる。このように議論が勝利を重視する方向に傾き出したところで，107ミカは「じゃあさ，もし伝えたとするよ。それでシュンに代えるじゃん。それでホントにみんな気持ちよく走れる？」と【全体に問いかける】発言をする。これは用意していた全体への問いのうち，2つ目の内容である。勝利の重視に傾きかけたタイミングで「みんな気持ちよく走れる？」と【全体に問いかける】ことを通して，情意的側面についても判断の観点にすべきではないかと投げかけていることや，

第4章　小学6年生を対象とした〈議論展開能力〉の育成　159

トランスクリプトⅣ 15

97	ヨウスケ	伝えないと他の人に迷惑がかかるってどう？
98	ミカ	伝えないと？
99	ヨウイチ	あぁ。
100	ヨウスケ	伝えないと，一緒に走るメンバーに＝
101	マサエ	＝一緒に走るメンバーも，応援してる人たち // も
102	ヨウスケ	// そう，家族とかも，みんな残念になっちゃう。
103	ヨウイチ	// そう。
104	ヨウイチ	(3)やっぱり，みんな勝ちたいから。あの // タクヤだけの意見 じゃなくて，他にも二人いるから。
105	ヨウスケ	// 勝ちたいからやるんで。
106	マサエ	うん，キャプテンとして。
107	**ミカ**	**じゃあさ，もし伝えたとするよ。それでシュンに代えるじゃん。** **それでホントにみんな気持ちよく走れる？**
108	ヨウスケ	走れないね。
109	ケンジ	う::ん。ちょっと。
110	ヨウイチ	いや，走れる。
111	ミカ	そう？
112	ソウタ	ちょっと待って。今のは問いかけに入る？
113	ミカ	はい。
114	ソウタ	待って，もう一回言って。
115	**ミカ**	**シュンに代えて，本当に気持ちよく走れるのかな。**
116	マサエ	う::ん。あんまり気持ちよくは走れない。でも，勝てる確率は 高いけど，う::ん，でも，う::ん。
117	ケンジ	う::ん。
118	ヨウイチ	でも，タクヤが出て負けたら，タクヤもなんか嫌だし。どっちに しても誰かが＝
119	ヨウスケ	＝今まで，一緒の仲間で走ってきたのに，いきなり決勝戦ってい うか，最後の大会になってメンバー替えて，優勝しても，もし優 勝できたとしても，嬉しいかってことでしょ？
120	ミカ	ずっと走ってきたなら最後もいっしょに走り＝
121	ヨウスケ	＝走りたいは走りたいよね。

122	ミカ	けど，優勝は。
123	ヨウイチ	優勝したい。
124	ヨウスケ	優勝狙うんだったら＝
125	マサエ	＝でも，でもね。なんだっけ，他のメンバーは勝ちたいって言ってたじゃん。勝ちたいって。シュンに代えた方がいいって言ってたような。

敢えて２つ目を先に選んで問いかけていることから，ミカが議論の展開をメタレベルで意識しながらはたらきかけていると考えられる。また，ここでの【全体に問いかける】も実践Ⅰと同様に「みんなに聞きたいんだけど」等といった前置きがなく問いかけている。しかし，記録を担当していたソウタが112「ちょっと待って。今のは問いかけに入る？」と確認していることから明らかなように，ここでの発話は【全体に問いかける】として認識されている。ソウタらが【全体に問いかける】の理解を深め，活用できるようになってきたと同時に，ミカ自身も【全体に問いかける】を用いて再考を促すはたらきかけを自覚的に行うようになったことが影響していると考えられる。

　トランスクリプトⅣ 16は，討論の途中で展開の状況を確認した場面である。このメタ議論場面で，ミカは積極的に発言し，話し合いをリードしている (193, 196, 207, 209)。発言内容も議論展開スキルをよく理解した上で，「だいたいみんな発言している」「話し合いが止まんなかったから，逆に整理する時間が取れなかった」「事例はソウタに何回かどういうことですか？　みたいに聞いた」と討論中の状況を的確に捉えたものであった。トランスクリプトⅣ 15での様子と合わせると，ミカは，討論の最中に議論展開を俯瞰して捉え，協同的に進められるように意識的にはたらきかけているといえる。

　トランスクリプトⅣ 17は，ミカが【途中で意見を整理したりまとめたりする】ためにはたらきかけた場面である。トランスクリプトⅣ 16の場面で，自分たちの討論状況を俯瞰して捉えた結果（メタ認知的モニタリング），【途中

第4章　小学6年生を対象とした〈議論展開能力〉の育成　　161

トランスクリプトⅣ 16

193	ミカ	発言出してない人に促すはさ，だいたいみんな発言してるから：：
194	ケンジ	発言してない人はいない。
195	ヨウイチ	確かめるとか，整理するとか
196	ミカ	まぁそれは，話し合いが止まんなかった。話し合いが止まんなかったから，逆に整理する時間が取れなかった。
197	ケンジ	逆にね。逆に無い。
198	マサエ	あ，そうか。
199	ミカ	そうそうそう。
200	T	*これは，後でしてみようとかあるかもしれないね。*
201	ミカ	後でしよう。
202	ヨウイチ	後で。
203	ケンジ	後で。
204	ヨウスケ	後でしてみよう。
205	マサエ	事例は，なんだ。
206	ケンジ	特に事例無くない？
207	ミカ	ソウタには何回か聞いたよね。
208	ヨウイチ	うん，なんか。
209	ミカ	どういうことですか？みたいな。
210	マサエ	もしシュンに代えたとしてとか言ってた。

（斜体は学級全体への指示や発話）

で意見を整理したりまとめたりする】が必要であると判断した（メタ認知的コントロール）ことによる行為であると考えられる。このグループにおいて，ミカは進行役を務めているわけではない[27]。けれども，213ミカ「とりあえず，今までのことまとめようよ」と切り出し，【途中で意見を整理したりまとめたりする】の中心としてはたらきかけている（215，217，219）。この場面で，ミカは自分の判断を入れずに，どちらの立場の意見も公平に扱っていることから，ミカが整理することの目的を明確に意識していることが確かめられる。また，226ミカ「そういうことになってるね。今は。」は，【途中で意

トランスクリプトⅣ 17

213	ミカ	とりあえず，今までのことまとめようよ。
214	ヨウスケ	5分か：：ん。
215	ミカ	伝えるべきだと思う人？は，伝えるべきだと思う人だよね？こっち。
216	マサエ	うん。
217	ミカ	みんなは優勝したいと思ってるから言った方がいい。
218	マサエ	うん。
219	ミカ	で，言わない方がいいって思う人は，4人で走りたいからとか
220	ヨウスケ	まぁそういうことだろうね。
221	ミカ	うん。
222	ヨウスケ	理由は。
223	ケンジ	優勝は，たぶん狙えないけど，タクヤ
224	ヨウスケ	最後，4人で走りたいからっていうので，言わない方がいい。
225	マサエ	うん。はぁ。
226	ミカ	そういうことになってるね。今は。

見を整理したりまとめたりする】を終える役割を果たしたが，「今は」という言葉に象徴的なように，どちらの意見も現段階での1つの考えであることを強調し，議論の再開を促しているといえる。

　トランスクリプトⅣ 18は，ケンジが「もしタクヤが親友じゃなかった場合は，どうしてたか？」と【全体に問いかける】ことから議論が展開した。この場面で，ミカは259「親友だからっていって，他のメンバーの意見を無視して入れることは（キャプテンとしておかしい：筆者補）」と述べる。ミカは，勝ちにこだわらず交代しないで気持ちよく走った方がいいという考えをもちながらも，そのことに固執するのではなく，協同探究の中で思考に柔軟性をもたせているといえる[28]。

　討論後，ミカはふり返りとして，以下のように記述している。

第4章　小学6年生を対象とした〈議論展開能力〉の育成　　163

トランスクリプトⅣ 18

251	ケンジ	もしタクヤが親友じゃなかった場合は，どうしてたか？
252	マサエ	あぁ，また変わってくるよね。ちょっと。
253	ケンジ	親友じゃなかったら。
254	ヨウスケ	あぁ::
255	ケンジ	ただ一緒に走ってるメンバーだったら
256	ヨウスケ	一緒に走ってたメンバーだと考えた場合，さすがにシュンじゃない？　そしたら。親友だから::
257	マサエ	うん。
258	ヨウスケ	入れたいわけで，だけどベストメンバーではないから。
259	**ミカ**	**親友だからっていって，他のメンバーの意見を // 無視して入れることは＝**
260	ヨウイチ	// そうなんか。
261	ヨウスケ	＝キャプテンとして // ありえない行為だな。
262	**ミカ**	**// キャプテンだから。キャプテンだから。**
263	マサエ	他のメンバーが親友だったら，そっちの意見を多分尊重する。
264	ソウタ	めっちゃ問いかけ出るやん。
265	ヨウイチ	なんか全員一緒に練習してきたから，みんなの意見も，尊重したい。

　　とても話しやすいふんいきだったので，問いかけも進んでだすことができました。ていたいすることはなかったけど，一度整理することができました。もっと長く話し合いたかったです。とてもいい話し合いができたと思います。

　議論展開スキルである【全体に問いかける】や【途中で意見を整理したりまとめたりする】を自覚的に活用したことが分かる。「とても話しやすいふんいきだった」「もっと長く話し合いたかった」「とてもいい話し合いができた」と情意的・社会的次元についても充実感を味わっていたことが確認できる。

　さらに，実践Ⅲ後の質問紙調査Bで自分が大事だと思うコツを選んだ際には，【全体に問いかける】を選択し，その理由として「討論が深まるし，

ていたいしてしまっても，また話し合いをはじめることができるから」と書いていた。【全体に問いかける】を議論展開の起点となるはたらきかけであることを認識しているとともに，自身が実践Ⅰで50秒の沈黙を打開した経験を生かして「ていたいしてしまっても」と自分なりの意味付けをしていることが確かめられる。

　これらのことから，プレ実践段階から協同性が高く，無意識ながら展開へのはたらきかけを行っていたミカであったが，実践Ⅰ・Ⅱ・Ⅲを通じて議論展開スキルを学び議論についての知識として蓄えていくとともに，議論展開へのメタ認知を高めていったことにより，議論展開に主体的にはたらきかけるようになっていったといえる。そのことを通して，討論における情意的・社会的次元も充実させることができ，「もっと長く話し合いたかった」とふり返る程であった。まさに，ミカは〈議論展開能力〉を身に付けていったことが，議論のレベルを高めることにつながったということができる。

(4)【分析3】の結果と考察

　【分析3】では，個別の子供たちに焦点を当て，ふるまいの変容を経過的に分析した。特徴の異なる3名の子供たちを抽出し，討論での発話のトランスクリプトや学習のふり返り等の記述を質的に分析することで，子供たちのふるまいの変容と〈議論展開能力〉についての学びを関連付けて考察することとした。分析の結果，表Ⅳ 9に示すように，同じ学習過程であっても個々が学ぶ内容や変容は様々であったことが確かめられた。しかし，程度や重点は異なるものの，どの子も〈議論展開能力〉の向上が確認されたといえよう。

第4章　小学6年生を対象とした〈議論展開能力〉の育成　165

表IV 9　抽出児の学び

	プレ実践での様子	3つの実践を通した学び
アスカ	議論展開への関心は高いものの，どう展開してよいか戸惑う。	・議論展開スキルを積極的に受容・活用し，方略的な知識として獲得した。 ・協同的に議論を進めることを意識し，展開をメタ認知するようになった。
ユウジ	非協同的なふるまいが散見される。	・自身の討論の様子についての省察を通して，協同性を高めた。 ・議論展開スキルを活用し，討論の展開に主体的に関わるようになった。
ミカ	無自覚ではあるが【全体に問いかける】発言をする。話し合いをリードする。	・議論展開をメタ認知し，協同的に進められるよう主体的にはたらきかけるようになった。 ・議論展開スキルを方略的に活用し，経験知を伴った新たな意味付けをした。

第4節　3つの実践を通した〈議論展開能力〉の育成への示唆

4.1　3つの実践での学び方

　以上のように，3つの実践を通して，議論展開スキルの種類と役割を取り立て学習や実際の討論で活用しながら学んでいくことで，子供たちは展開を俯瞰して捉えはたらきかけることができるようになっていった。このことから，意図的な指導により小学生が〈議論展開能力〉を高めていくことは可能であることが実証されたと判断する。

　また，それらは全員が一律に学ばれていくというよりは，個々人が経験に基づいた意味付けをしながら受容し，活用していたことが明らかになった。この点について，北川・坂本・中村（2016）はこういった子供たちなりの意味付けを評価し，「〈概念〉には，教師が指導する必要を認めている，国語科教育学の理論に立脚した「トップダウン」でのそれと，学習者の実態に根ざ

した「ボトムアップ」でのそれがあり，ともすれば，前者ばかりが学習指導
で取り上げられており，後者への配慮が弱かった」(p.17) と現状の学習指
導の課題を指摘する。こういった子供たちによる実際に活用した経験に基づ
く議論展開スキルへの新たな意味付けは，どのような状況で有効なはたらき
かけであるかについての理解を伴うことから，方略的な活用へと高めるため
のカギとなる。そのように考えると，対象とした3つの実践における〈議論
展開能力〉の学ばれ方も育成の可否やスキルの主体的な活用に大きく影響し
た可能性があると言える。指導者が議論展開スキルの一覧を提示し，それら
を活用するよう指示するだけでは十分でないことは当然のことである。

4.2 指導の手立ての整理

子供たちが意味を見出しながら学ぶことを可能にするためには，指導者に
よる学習活動の設計やはたらきかけも欠かすことはできない。意図的に整備
された経験の中でこそ，子供たちの学びは深まっていくのである。では，3
つの実践のどういった指導上の手立てが〈議論展開能力〉の向上を促したの
であろうか。影響を与えたと考えられる手立てを大きく4つに分け，以下に
提示していきたい。

(1) めざす議論を共有する場面の設定

3つの実践では，一貫した課題として「話しやすく，深まる話し合いにす
るためにはどうしたらよいか」が設定されていた。このことが子供たちの討
論学習に対する意欲的な態度につながっていたと考える。そして，この一貫
した課題は，指導者から突然提示されたものではなく，これまでの討論活動
を通した子供たちの実感を言語化したものであった。実際，プレ実践の段階
で，子供たちなりに対立型の討論に対してヒートアップする面白さと考えが
深まるという有用性を感じるとともに，相手をやりこめるような議論の居心
地の悪さを覚えていたようであった。そういった子供たちの実感を指導者が

汲み取り，乗り越えていけるように課題として設定したことが，討論の学習に対する主体性とともに，協同探究を志向することへの価値意識を高めることにつながったといえよう。ディベートの学習で顕著なように，ややもすれば思考を深めることのみに焦点が置かれ，意見と発言者を区別することで人間関係に影響させないよう指導されがちである。しかし，少なくとも対象とした学級の子供たちにとっては，それは難しいことであり，むしろ考えを深め合うことと互いに心地よいコミュニケーションの両立をめざしたいということが願われていた。議論の鋭さが低下するという誹りを受けるかもしれないが，意欲的に取り組む姿を鑑みれば，小学生の彼らにとって「話しやすく，深まる話し合いにするためにはどうしたらよいか」という課題を追究していくことは価値のあることだったと判断する。このように，めざす議論の姿を指導者が認識するだけでなく子供たちと実感を伴って共有することが，議論という新たな，そしてやや高次なコミュニケーションに挑戦していく原動力となると考えられる。

(2) 自分たちの討論からの議論展開スキルの導出

　議論展開スキルの設定方法も，子供たちの意欲的・主体的な活用に影響したと考えられる。3つの実践では，教師が抽出した代表グループの討論場面を対象化し，そこでの効果的なはたらきかけを子供たちに発見させ，討論のコツとして整理していった。すなわち，無自覚に用いられていた議論展開スキルを価値づけ，明示的なものにして積み上げていったのである。教師から一方的に，かつ既に一覧化されたスキルとして提示されたのであれば，自分たちも真似して取り組んでみたいという意欲は沸きにくかったかもしれない。加えて，具体的な討論場面の中で発見されたからこそ，どのような場面で，どんな効果があるのかを多くの子供たちが理解し，活用してみようと思えたのであろう[29]。議論展開スキルを獲得させていく上で，効果的な方法であったと判断する。

(3) 対象化と討論活動の繰り返し

また，複数回の討論活動とその対象化を繰り返していったことも，〈議論展開能力〉を高める上で効果的であった。すなわち，討論活動を繰り返すことで，子供たちは次第に自分たちの討論を俯瞰して捉えることが可能になっていったと言える。とはいえ，配当可能な時数に限りがある状況においては，それぞれの実践での授業時数を短縮する必要がある。その上で，今回のように下調べに時間のかからないストーリーを活用した討論の論題を設定したことは効果的であった。

そして，子供たちが自分たちの討論を俯瞰することを促進した要因として，各実践の始めに前回の討論活動を対象化し，コツの導出や自分たちの討論の相互評価をする場面を設定したことが挙げられる。すなわち，多くの実践で見られるような，討論活動→対象化とするのではなく，対象化→討論活動という流れで実践を展開したのである[30]。また，この対象化する活動の際には，学級全体で代表グループの討論の抽出部分を検討した後，導出されたコツの活用状況についてそれぞれのグループで自分たちの討論を聞き直すという2段階で実施した。これらのことにより，子供たちは議論展開への意識を高め，より良いはたらきかけを自覚的に用いていくことができていた。

(4) 必要に応じた取り上げ指導，補助指導

以上では，子供たちによるコツの発見と主体的な活用に関する手立てを見てきた。3つの実践では，そういった発見と活用を促す上での指導だけでなく，議論展開スキルが確実に定着し活用されやすくするための積極的な指導も行われた。

具体的には，実践Ⅰでは，子供たちに発見させた【全体に問いかける】の理解を促進し，実際に自分たちで考え出すことができるようにシミュレーション場面での学習を実施している。また，実践Ⅱでは問いかけのバリエーションを増やすことを目的に，討論内で出された全体への問いをグループご

第4章　小学6年生を対象とした〈議論展開能力〉の育成　　169

とに報告する場面を設定している。さらに実践Ⅲでは，全体への問いかけを考えるのが難しいという子供たちからの声を受けて，討論の前に論題に関してみんなに問いかけてみたいことを書き出す場面を特設するという補助的な指導を取り入れていた。このように，子供たちの理解状況を指導者が捉え，必要な指導を加えていったことも，〈議論展開能力〉を高めるために必要な手立てであったと判断する。

　以上，特に影響したと考えられる手立てを四点に分けて提示した。討論指導に限って有効な手立てではないものも多いが，子供たちが自分たちの討論活動を充実させることを意識し，必要感を持って議論展開スキルを高めていくことには確実に功を奏していた。だからこそ，自分たちの議論の展開を俯瞰して捉え，主体的にはたらきかけるようになったのだと考える。

注

22）ある言語スキルの重要性や価値を理解したとしても，討論の中でその言語スキルを用いることが求められる場面がなければ，活用することはできない。また，参加者相互のかかわりによっても，求められる力が変わってくることも考えられる。討論や話し合いで求められる資質・能力は，頭で分かっていればよいというものではなく，実際に活用される中で本質的に理解が深まっていくと考える。

23）「図書館員のなやみ」は，文渓堂『6年生の道徳』に収録されている。図書館の利用者のマナーの悪さに対し，図書館員が閲覧方法の規制を検討する話である。この教材と論題は11月に一度扱っているが，その際には，対立する立場の意見文を読んで自分の考えを書き直すだけで学習を終えている。

24）NHK for school として配信されている動画を活用した。高校陸上部のキャプテンのコジマが，最後の大会でのリレーへの出場前に，親友のタクヤがケガをしていることを知る。一緒に走りたいので監督には伝えないでほしいというタクヤに対し，同じ走力の下級生シュンがいることや，他のメンバーは優勝するために代えるべきだと考えていることから，どうすればよいか迷ってしまうというストーリーである。（http://www.nhk.or.jp/doutoku/kokorobu/　2017年3月27日現在）

170

25）プレ実践は，第 2 章における実践 C と同一である。

26）他のメンバーは，アキコ「はつげんしていない人へのうながしがよかった」，ケ
イスケ「発言できていない人へのうながしはできている」と，促しをしたというこ
とにだけ着目して記述しているのに対し，アスカだけが「先生に言われて」「自分
たちでできなかった」と加えていることからも明らかである。

27）討論の冒頭では，ヨウイチが進行役を務めていた。最初の意見発表以降は，全員が
自由に発話していることから，このグループは進行役を特に置かなかったようである。

28）この後，312ミカ「そこまでして優勝したいんだよね？」と勝ちにこだわる他の
参加者に再考を促していることから，ミカは勝つために監督に伝えて交代すべきと
いう考えに変わったわけではないと判断できる。また，262「キャプテンだから。
キャプテンだから」と繰り返して強調していることから，「キャプテン」という概
念から判断するように議論を進めようとしていることがうかがえる。「キャプテン」
とはどんな役割か，「チーム」とは何かといった議論を通じた新たな定義・意味付
けにまで迫れるとさらに深まったが，このグループでは議論がその方向へは向かわ
なかった。

29）香月・上山（2018）はさらに，「当事者性」として，自分も取り組んだ話題での
議論だからこそ，どの子も機能を理解しやすいことを指摘する。教師の作成する話
し合い例からの導出とは，異なる利点があるといえよう。

30）討論活動の直後にも，振り返る場面を簡単に設けてはいた。討論活動直後よりも，
少し時間をおいてからの方が客観的に自分たちの討論を見つめ直すことができてい
たようである。何より，そこで見出されたよさや課題をすぐに次の討論に反映させ
られるというメリットがある。

第5章　議論展開スキルの整理

第1節　議論展開スキルの重点についての検討

　前章の成果をさらに今後の実践開発に資するものとするためには，小学校高学年で重点的に指導すべき議論展開スキルを検討する必要があると考える。網羅的に指導したのでは，十分な成果が得られにくいためである。そこで，3つの実践における子供たちの受容・活用状況を手掛かりとして以下に検討していきたい。その後，他の議論展開スキルにも敷衍し，整理していくこととする。

1.1　3つの実践で扱った5つのスキルの検討

　まず，3つの実践で扱った【言いたいことを確認する】【全体に問いかける】【途中で意見を整理したりまとめたりする】【共感的な反応を返す】【全員の参加を促す】の5つのスキルの関係性を検討する。

　表Ⅴ-1は，5つの議論展開スキルを子供たちの必要感，有効性，使用頻度で整理したものである。「必要感」は，質問紙調査Bで子供たちが重要なコツとして選んだ率を基に，選んだ率が高かったものは「高」，低かったものは「低」とした。「有効性」は，第4章の分析で，討論内で有効にはたらいていたと判断したスキルには「高」を，有効性が低いと判断したスキルには「低」を，実践Ⅲ段階では有効性が下がってきたものには「減」を付けた。さらに，第4章で使用頻度を調べた際の結果を基に，多く用いられていたスキルは「高」，使用頻度が低かったスキルは「低」，実践Ⅲ段階では減少傾向にあったスキルは「減」とした。

172

表Ⅴ 1　第4章の実践における議論展開スキル

	必要感	有効性	使用頻度
全体に問いかける	高	高	高
言いたいことを確認する	低	低	低
途中で意見を整理したりまとめたりする	高	高	低
共感的な反応を返す	高	高	高
全員の参加を促す	高	減	減

　表Ⅴ 1の結果，必要感も有効性も高かったスキルは，【全体に問いかける】【途中で意見を整理したりまとめたりする】【共感的な反応を返す】の3つであった。

　まず，【全体に問いかける】は，実践Ⅲのどのグループの討論においても議論の起点となっていた。返答を強要しない「問いかける」という形態が，むしろ他の参加者の主体的な参加を促し，新たな意見を創出することにつながっていた。また，第4章で論じたように，子供たちは事前に用意した問いを順に出し合うのではなく，議論の展開を意識しながら自分が適切と判断したタイミングで，問いを選択して投げかけ，議論を主体的に推進させていた。このことから，【全体に問いかける】は，議論展開の中核的な役割を担っていると判断することができる。

　次に，【途中で意見を整理したりまとめたりする】は，使用頻度は低いが，子供たちからの必要感が高く，討論内で有効に用いられていたスキルである。先行する意見を確認するとともに，次の議論への足掛かりをつくるはたらきかけとして機能していた。そのため，直後に【全体に問いかける】が行われることが多く，議論の重要な場面となっていた。

　そして，【共感的な反応を返す】は，最も使用頻度が高かった議論展開スキルである。子供たちが【共感的な反応を返す】の大切さを発見した実践Ⅰの段階から，積極的に活用されていった。「話しやすく考えが深まる討論」をめざすという子供たちの共通目標と取り入れやすさが相まって，初期には

わざとらしさが見え隠れしたが，次第に自然と用いられるようになっていった。この【共感的な反応を返す】が意識的に用いられるようになったことで，自分の意見を受け止めてもらえる安心感から討論における協同的な態度が高まり，多くの子供たちが意見を自分から話すようになっていった。

　一方で，【全員の参加を促す】は子供たちの必要感は高かったものの，有効性や使用頻度が減少していったスキルである。この減少傾向は上記の議論展開スキルを子供たちが身に付けていき，協同的に探究することができるようになっていったことが起因していると考える。すなわち，プレ実践では一部の子供で議論を進めてしまっていたため，実践Ⅰの段階では状況を見て参加できていない人に発言を促すことが有効であったが，実践Ⅲでは多くの子供たちの間に話しやすさができていたため，【全員の参加を促す】の必要性が下がっていったのである。

　最後に，【言いたいことを確認する】であるが，表Ⅴ-1では必要感・有効性・使用頻度のいずれも「低」となっており，第4章の実践ではあまり機能しなかったことがうかがえる。これは第4章の実践で扱った論題が影響したと考えられる。今回の実践で扱った論題は，プレ実践「伝統のあるソバを，その国に合わせて変えてよいか」・実践Ⅲ「キャプテンとして親友のケガを監督に伝えるべきか」であり，それらは共に視聴したストーリーから論点を整理し，論題として設定したものである。そのため，高コンテクストな議論が展開されたといえる。また，具体的な場面に基づいた論題であることから，抽象的な議論とはならなかった。こういった高コンテクストで具体的な議論であったため，【言いたいことを確認する】を子供たちが必要と感じず，活用しなかったのだと考えられる。しかし，例えば論題が「相手のためにならウソをついてよいか」のように抽象度が高かった場合，議論される内容も抽象的となる可能性がある。そういった場合には，【言いたいことを確認する】を通して，理解を共有しながら議論を進めることが求められよう。状況に応じて機能するタイプのスキルだと言えそうである。

表Ⅴ 2　扱った5つの議論展開スキルの整理

中核的な議論展開スキル	状況に応じて有効に機能する 議論展開スキル
【全体に問いかける】 【途中で意見を整理したりまとめたりする】 【共感的な反応を返す】	【言いたいことを確認する】 【全員の参加を促す】

　このように，常に機能するか，状況に応じて機能するか，といった観点で捉えると，議論展開スキルは大きく2つに分類することができると考える。すなわち，【全体に問いかける】【途中で意見を整理したりまとめたりする】【共感的な反応を返す】のようにどの討論でも有効に機能する議論展開スキルと，【全員の参加を促す】のようにどの討論でも求められるわけではなく，状況に応じて有効に機能する議論展開スキルがあるということである。このような観点で第4章の実践で扱った5つのスキルを分類すると，表Ⅴ 2のように整理される。

1.2　議論展開スキルの構造化

　さらに押し広げて，議論展開スキルのカテゴリーごとに検討していきたい。
　まず，「議論の道筋をつくるはたらきかけ」と「議論内容を整理するはたらきかけ」は，議論を推進していく上で中心的な役割を果たしていた。推進の仕方は異なる2つではあるが，自律的に討論を展開する上で重要なはたらきかけであるといえる。
　一方，「共通の理解を深めるはたらきかけ」は状況に応じて求められる能力であるといえる。議論が抽象的であったり，低コンテクストの議論であったりした場合には，理解を共有しながら議論を進めることが求められる。しかし逆に，議論が具体的で高コンテクストであればあまり機能しないためである。また，今回の実践では扱わなかった「進行状況をコントロールするはたらきかけ」も同様に，逸脱や行き詰まり，言い争いといった問題に陥った

第5章　議論展開スキルの整理　175

表Ⅴ 3　カテゴリー別の議論展開スキル（表Ⅲ 5を簡略化）

	カテゴリー	議論展開スキル
1	共通の理解を深めるはたらきかけ	【言いたいことを確認する】 【他の参加者の理解状況を捉え，説明を加える】 【説明を要求する】
2	議論の道筋をつくるはたらきかけ	【全体に問いかける】 【展開への意見や質問をする】
3	進行状況をコントロールするはたらきかけ	【論題からの逸脱を修正する】 【話を転換し，違った視点を打ち出す】 【グラウンドルールを確認する】
4	議論内容を整理するはたらきかけ	【話し合いの途中で意見を整理したりまとめたりする】 【前の発言と関連付ける】
5	協同性を高めるはたらきかけ	【共感的な反応を返す】 【全員の参加を促す】

場合に効果を発揮することから，状況に応じて求められるはたらきかけであると考える。

　さらにカテゴリーごとのスキルに目を向けると，内部でもレベルが異なることが分かる。例えば，「協同性を高めるはたらきかけ」については，表Ⅴ 2に整理したように，【共感的な反応を返す】は中核的なスキルであり，【全員の参加を促す】は状況に応じて機能するスキルであった。このようなカテゴリー内部でのレベルの違いは，「議論の道筋をつくるはたらきかけ」や「議論内容を整理するはたらきかけ」にも当てはまる。「議論の道筋をつくるはたらきかけ」には，【全体に問いかける】と【展開への意見や質問をする】の2つの議論展開スキルが含まれている。【全体に問いかける】は，議論の展開に沿って自分の疑問点をグループに問いかけることであり，結果として論点が明らかとなったり，論題や定義が確かめられる起点となったりする。つまり，議論されている内容について問うことで，議論を展開させて

いるのである。一方で，【展開への意見や質問をする】は，展開そのものへの意見や質問である。具体的には，「まず，〇〇の定義を考えましょう」「これまでの意見を聞いていると，〜が論点となりそうです」「論題の範囲を決めた方がよいのではないですか」といった発話が考えられる。【全体に問いかける】に比べて，展開をより俯瞰して捉え，はたらきかけていることから，高度なメタ認知の力が必要となるといえる。そのため，「議論の道筋をつくるはたらきかけ」は，小学校段階の討論での中核的な議論展開スキルとしての【全体に問いかける】と，発展的な議論展開スキルとしての【展開への意見や質問をする】に分けることが妥当であると考える。また，「議論内容を整理するはたらきかけ」も，小学校段階の討論での中核的な議論展開スキルとしての【途中で意見を整理したりまとめたりする】と，発展的な議論展開スキルとしての【前の発言と関連付ける】に分けられると判断する。

　これらの考えを基に，議論展開スキルの関係性を整理し，構造化して示したのが図Ⅴ－1である。3章で一覧にした議論展開スキルを，小学校段階での中核的なスキル，状況に応じて有効に機能するスキル，発展的なスキルの3つのレベルに分けて示した。

　以上の検討の結果，小学校段階の討論での中核的な議論展開スキルは，【共感的な反応を返す】【全体に問いかける】【途中で意見を整理したりまとめたりする】の3つであると判断する。このうち，【全体に問いかける】は，議論の道筋をつくるはたらきかけであると同時に，協同性を高めるはたらきかけの両方に含まれると考える。なぜなら，前章で示した通り，子供たちの意味付けには「みんなの問いが一つにまとまり」「みんなで考えられる」といった協同での探究を意識した表現が多く含まれており，討論展開においても【全体に問いかける】ことが主体的な参加を促し，協同探究の起点となっていたからである。この中核的な議論展開スキルである【全体に問いかける】については，次節でさらに詳しく検討していきたい。

　そして，このように中核的な議論展開スキルを設定したことで，小学校高

第5章　議論展開スキルの整理　177

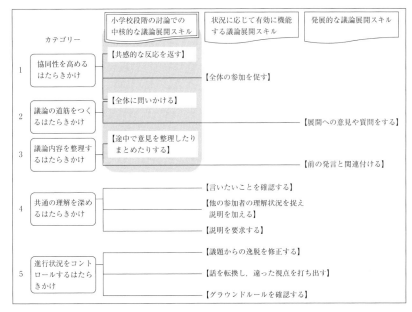

図Ⅴ 1　議論展開スキルの構造化

学年の討論指導における指導の重点が示唆される。3つの中核的な議論展開スキルのうち,【共感的な反応を返す】は中学年段階のグループでの話し合いでも指導が可能である。本章で対象とした実践でも,実践Ⅰの段階で【共感的な反応を返す】を子供たちが積極的に取り入れていったのは,それまでの話し合い指導において学んできたことが影響しているといえる。討論でも協同探究のために重要なはたらきかけであることを改めて認知させる必要はあるが,重点を置いて指導しなくとも子供たちは取り入れて協同性を高めていくと考えられる。また,状況に応じて有効に機能する議論展開スキルの多くも,それぞれがアイデアを出し合い,目的に照らしながら比較・分類して決めていく中学年段階の話し合いでも重要な話し合いの技能となる。低学年段階のペアやトリオでの話し合いにおいても,【全員の参加を促す】や【説明を要求する】【言いたいことを確認する】のような簡単な技能は指導する

ことが可能であろう。ただし，メタ認知の発達を鑑みると，3年生くらいまでは議論を俯瞰して捉えるといっても，「発言できていない人がいるな」「自分たちの話し合いは質問ができていないな」「この説明ではＡくんのアイデアのよさが伝わらないな」といったレベルで状況を認知し，はたらきかけられるようにすることが妥当であると考えられる。

　そうすると，小学校高学年段階での討論指導の重点は，【全体に問いかける】と【途中で意見を整理したりまとめたりする】であるといえる。【全体に問いかける】が有効にはたらくためには，議論の展開に即して問いかけることが大切であり，先行する意見とのつながりを考える必要がある。単にグループ全体に向けて疑問を出すだけであれば中学年段階でも可能であるが，そういった展開を意識したはたらきかけはメタレベルでの状況意識が育ってきた高学年段階でなければ難しいと考えられる。また，【途中で意見を整理したりまとめたりする】は，中学年段階のグループの話し合いでも，出された意見を確認することは司会者の役割として指導されることが多い。司会者が進行表に沿ったタイミングでどんな意見が出たかを確認したり，似ているアイデアを分類したりする整理が中心となろう。それに対して，高学年で求められるのは，議論の展開や状況を判断しながら，互いの考えの理由や根拠といった抽象度の上がった意見を対象とした【途中で意見を整理したりまとめたりする】であり，質的なレベルが高まったはたらきかけを設定しているといえる。

　以上のように，3つの実践の結果を踏まえて，小学校高学年で重点的に指導すべき議論展開スキルを明らかにしてきた。討論を通じた協同探究のために，どの段階でどの議論展開スキルを重点的に指導するのかといった本節での検討内容は，これからの小学校での討論指導の実践開発における有益な知見となったと考える。今後の展望として，小学校6年間の話し合い指導のカリキュラムに〈議論展開能力〉の育成をどう位置付けるかを検討することを構想している。話し合い指導が対象とする言語活動は，討論だけでなく合意

形成に向けた討議やブレインストーミングのような累加的な話し合いも含まれる。それらの目的やコミュニケーション形式の異なる話し合い活動とどのような連携が図れるか。そういった議論を重ね，自律的に話し合い探究し合う子供を育てるための地図を描いていくことを今後の課題としたい。

第2節　全体に問いかけることの意義についての検討

　前節では，【全体に問いかける】が小学校段階の討論での中核的な議論展開スキルの1つであること，【全体に問いかける】は「協同性を高めるはたらきかけ」と「議論の道筋をつくるはたらきかけ」の両方に位置づけられることを指摘した。本節では，このように討論において重要な役割を果たす【全体に問いかける】に焦点化し，その機能について再検討していきたい。

2.1　討論展開における【全体に問いかける】の機能

　第3章では，議論展開スキルとしての【全体に問いかける】の機能を，推進機能と調整機能から以下のように整理した。

【全体に問いかける】
　推進機能）　全員で考えていくための足掛かりとなる
　調整機能）　参加者全員で議論を進めていこうとする姿勢を示す

　しかし，前章で子供たちの方略的な活用について分析したところ，議論を展開させていくために他にも機能していることが明らかになった。それらを再度取り上げつつ，【全体に問いかける】の機能を整理していく。

(1)　論点を提示し全員で考えていくための足掛かりをつくる：推進機能①
　一番，基本となっていた機能は，この論点を提示し全員で考えていくための足掛かりをつくることであった。トランスクリプトV 1でも，ケンジの

トランスクリプトⅤ 1

249	ケンジ	ねぇ，問いかけしていい？
250	ソウタ	はい，どうぞ。
251	**ケンジ**	**もしタクヤが親友じゃなかった場合は，どうしてたか？【全体に問いかける】**
252	マサエ	あぁ，また変わってくるよね。ちょっと。
253	ケンジ	親友じゃなかったら。
254	ヨウスケ	あぁ：：
255	ケンジ	ただ一緒に走ってるメンバーだったら
256	ヨウスケ	一緒に走ってたメンバーだと考えた場合，さすがにシュンじゃない？　そしたら。親友だから：：
257	マサエ	うん。
258	ヨウスケ	入れたいわけで，だけどベストメンバーではないから。
259	ミカ	親友だからっていって，他のメンバーの意見を // 無視して入れることは＝
260	ヨウイチ	// そうなんか。
261	ヨウスケ	＝キャプテンとして // ありえない行為だな。
262	ミカ	// キャプテンだから。キャプテンだから。
263	マサエ	他のメンバーが親友だったら，そっちの意見を多分尊重する。
264	ソウタ	めっちゃ問いかけ出るやん。
265	ヨウイチ	なんか全員一緒に練習してきたから，みんなの意見も，尊重したい。
266	**マサエ**	**みんなで練習したのに，タクヤだけ特別なんだろう？【全体に問いかける】**
267	ヨウスケ	特別
268	マサエ	親友だからって。
269	ミカ	残りのメンバーも，別にタクヤと走りたくないってわけじゃないんだよね。
270	マサエ	うん。
271	ミカ	優勝したいって // いう気持ちの方が強いから言ってるだけで。
272	マサエ	// 優勝したいから：：
273	ヨウスケ	たぶんその人たちは絶対言った方がいいに入るんだよね。

| 274 | マサエ | うん。 |
| 275 | ミカ | タクヤと一緒に走って勝てるのが一番ベストなんだよね。 |

「もしタクヤが親友じゃなかった場合は，どうしてたか？」といった【全体に問いかける】が起点となって，議論が推進されていった。この場面でケンジは「ねぇ，問いかけしていい？」と切り出していることから，意図的に展開にはたらきかけているといえる。自分の考えを主張するだけではなく，こういった疑問点を提示することは，協同での思考を促す重要なはたらきかけであると考える。子供たちはこういった機能を自覚しており，質問紙に記述した【全体に問いかける】のよさでは，「みんなの問いが一つにまとまり」「みんなで考えられる」といった文言が確認された。

(2) 議論への主体的な参加を促す：調整機能①

　トランスクリプトⅤ1における【全体に問いかける】は，議論の起点となるとともに，参加者の主体的な参加を促す上でも機能している。ケンジの【全体に問いかける】は，特定の参加者に向けた質問ではないため，返答するか否かは参加者の主体的な判断による。しかし，実際には，マサエ・ヨウスケ・ミカが応答し，議論を進めている。その上で，マサエは，そこでの議論を通して浮かんできた疑問を，さらに【全体に問いかける】としてグループに提示している（266：マサエ）。この主体的な参加を促すということについては，問いという形式と全体に向けられているという指向性が影響していると考えられる。すなわち，問いだからこそ，応答しようという意識が高まるのである。自然と答えたくなると言ってもよいだろう。また，新規に意見を立ち上げるのに比べて，問いからの継続であるため負荷が小さいということも影響していると考えられる。全体に向けられているので，全てを自分が引き受けて発言するという責任感も軽減される。そういった気楽さが，まとまっていない考えでも発言しようとする態度を生み，参加者の考えを寄せ集

めながら議論が展開されることにつながるのだと考えられる。小学校段階では，即時的に自分の考えをきちんとまとめて発言することが難しい子供も少なくない。問いに対する多答を通して考えを広げたり深めたりしていくことは，小学生に適した議論のスタイルの1つであると考える。だからこそ，(1) でも取り上げたように，「みんなで考えられる」といった実感を生むのだといえよう。

(3) 議論の抽象度をコントロールする：推進機能②

(1) と (2) は，子供たちも自覚していた機能であった。(3) からは，子供たちが意識していたわけではないが，分析を通して見出された機能について論じていく。

トランスクリプトⅤ 2は，オサムの「（親友じゃなかった）なら監督に伝えるべきか」という【全体に問いかける】ことから議論が始まる。親友であることを判断基準とすることについての疑問であると推察されるが，実際には，伝えるか伝えないかの空中戦が起こってしまった。その状況を捉え，ワカコは301「自分がキャプテンだとしたどうすんの？」と【全体に問いかける】ことで，議論を自分だったらどうするかといった具体のレベルに転換する。こういった抽象度が高くなり，言い合いに陥りそうになることは，小学生の討論ではよく見られることである。そういった場面で，一度，具体のレベルで検討し直してみることは，重要なはたらきかけであるといえる。このことは，逆に，具体のレベルでの議論が続いた場面で，キャプテンの役割や親友の定義といった抽象度を高めた議論へと転換することも，内容を一般化する上で有効である。このように，抽象と具体を行き来させながら議論することは思考を深める上で重要であるため，【全体に問いかける】によって議論の抽象度をコントロールすることは議論推進の有効な機能であるといえる。

第5章　議論展開スキルの整理　183

トランスクリプトV 2

285	**オサム**	**親友じゃなかったら**
286	タケオ	⑶親友じゃなかったら
287	ケイスケ	親友じゃないなら
288	**オサム**	**なら::監督に伝えるべき？か。【全体に問いかける】**
289	タケオ	いや。
290	ケイスケ	伝える伝える伝える。
291	タケオ	伝える，意見を=
292	ミユ	=でも，親友じゃないとしてもさ，結局は同じチームなんだからさ。
293	カズミ	だよね。
294	ケイスケ	たしかに。
295	ミユ	だから結局は伝えた方がいいんじゃないの。
296	ケイスケ	うん。伝える。
297	タケオ	伝えない。
298	ケイスケ	え？　何で？　//優しくないじゃん。
299	オサム	//何で？
300	タケオ	//何で？何で？
301	**ワカコ**	**自分がキャプテンだとしたどうすんの？【全体に問いかける】**
302	タケオ	言わない。意見を，意見を聞く。

（4）話題を転換し，議論の偏りを修正する：推進機能③

　議論が片方の立場の意見に偏った場面で【全体に問いかける】が出され，両面からの検討へと戻されるケースが見られた。

　トランスクリプトV 3の場面は，ヨウスケの96「伝えないと他の人に迷惑がかかるってどう？」という伝えるべきだという自分の判断基準を確かめるような【全体に問いかける】から議論が始まり，賛同する意見が重ねられていくように展開した（101：マサエ，104：ヨウイチ，106：マサエ）。このように迷惑がかかることを判断基準として伝えるべきという意見に議論が偏ったところで，107ミカ「じゃあさ，もし伝えたとするよ。それでシュンに代え

トランスクリプトV 3

97	ヨウスケ	伝えないと他の人に迷惑がかかるってどう？【全体に問いかける】
98	ミカ	伝えないと？
99	ヨウイチ	あぁ。
100	ヨウスケ	伝えないと，一緒に走るメンバーに＝
101	マサエ	＝一緒に走るメンバーも，応援してる人たち // も
102	ヨウスケ	// そう，家族とかも，みんな残念になっちゃう。
103	ヨウイチ	// そう。
104	ヨウイチ	(3)やっぱり，みんな勝ちたいから。あの // タクヤだけの意見じゃなくて，他にも二人いるから。
105	ヨウスケ	// 勝ちたいからやるんで。
106	マサエ	うん，キャプテンとして。
107	**ミカ**	**じゃあさ，もし伝えたとするよ。それでシュンに代えるじゃん。それでホントにみんな気持ちよく走れる？【全体に問いかける】**
108	ヨウスケ	走れないね。
109	ケンジ	う::ん。ちょっと。
110	ヨウイチ	いや，走れる。
111	ミカ	そう？
112	ソウタ	ちょっと待って。今のは問いかけに入る？
113	ミカ	はい。
114	ソウタ	待って，もう一回言って。
115	ミカ	シュンに代えて，本当に気持ちよく走れるのかな。
116	マサエ	う::ん。あんまり気持ちよくは走れない。でも，勝てる確率は高いけど，う::ん，でも，う::ん。
117	ケンジ	う::ん。
118	ヨウイチ	でも，タクヤが出て負けたら，タクヤもなんか嫌だし。どっちにしても誰かが＝
119	ヨウスケ	今まで，一緒の仲間で走ってきたのに，いきなり決勝戦っていうか，最後の大会になってメンバー替えて，優勝しても，もし優勝できたとしても，嬉しいかってことでしょ？

120	ミカ	ずっと走ってきたなら最後もいっしょに走り =
121	ヨウスケ	= 走りたいは走りたいよね。
122	ミカ	けど，優勝は。
123	ヨウイチ	優勝したい。
124	ヨウスケ	優勝狙うんだったら =
125	マサエ	= でも，でもね。なんだっけ，他のメンバーは勝ちたいって言ってたじゃん。勝ちたいって。シュンに代えた方がいいって言ってたような。
126	ケンジ	でも，シュン2年生だよ。全然，あれじゃん。

るじゃん。それでホントにみんな気持ちよく走れる？」といった伝えた場合に生じる心理的葛藤についての【全体に問いかける】が出された。その結果，再度，両方の立場から検討されるようになり，議論の偏りの修正につながった。

　このように，【全体に問いかける】は，話題を転換することで議論の偏りを修正する機能を果たすケースもあるということが確かめられる。では，この機能にとって，問いであることに意味はあるのであろうか。例えば，取り上げた場面でミカは「でも，シュンに代えたら，みんな気持ちよく走ることは難しいと思う」と発話することもできたはずである。しかし，この場面で意見として出して偏りを修正しようとしたならば，伝えるべき派からの批判によって検討されぬまま終わってしまうかもしれない。また，マサエ116「う：：ん。あんまり気持ちよくは走れない。でも，勝てる確率は高いけど，う：：ん，でも，う：：ん。」のように自己の葛藤を表出する発話は出されなったかもしれない。問いという形で出すことによって相手に考える余地を与えることが，検討すべき共通の土台に上げられることにつながるのだと考えられる。

トランスクリプトV 4

133	ミカ	すっきり終わんないよね。勝ってもね。
134	ヨウイチ	負けても，すっきりしない。
135	ミカ	負けたら＝
136	ヨウスケ	＝勝っても，すっきり終わんなくない？
137	ミカ	頑張ったね。みたいな。最後の大会，今まで。
138	ケンジ	そう，それでいいんだよ。それで終わりでいいんだよ。
139	ヨウイチ	みんな優勝したいって言っているから。まあ，だから＝
140	ヨウスケ	＝全員，優勝したいと思ってるんだよ。
141	マサエ	うん。
142	ミカ	5人が？
143	マサエ	みんな優勝したいと思ってるけど。
144	ヨウイチ	コジマ抜いて，シュンが走る。
145	ミカ	それは，違うと思う。
146	ヨウスケ	最後の最後に。
147	ケンジ	タイム下がるし。
148	マサエ	う：：ん。えぇ？
149	**ソウタ**	**今，タクヤのタイムはどれくらいなのかまず知りたくない？【全体に問いかける】**
150	マサエ	シュンと同じくらいでしょ？
151	ケンジ	そんなん，よくない？
152	ミカ	シュンと同じ。あぁ，そういうことね。
153	ヨウスケ	ケガした状態で。
154	ソウタ	ケガした状態の。
155	ケンジ	あぁ。
156	ヨウスケ	遅いんだよ。タクヤの方が遅いんだよ。ケガしてるから。だけど，最後みんなで走りたいっていう気持ちがあるから：：
157	ヨウイチ	でも，ケガして走れないって言ってないから。
158	ソウタ	一回だけ走らせてみた方がいいんじゃない？
159	ヨウイチ	タイム変わんないかもしれない。
160	ヨウスケ	それが正論だよ。
161	ヨウイチ	それで // もっと速くなってるかもしれないから。

162	ケンジ	// でも，そしたら，その時にまた悪化して，でもその時タクヤが
		もし入って悪化した状態で始まったら＝
163	ヨウスケ	＝なんで走らせたんだってタクヤ怒るよね。
164	マサエ	うん。

（5）話題を転換し，言い争いに陥るのを防ぐ：調整機能②

【全体に問いかける】ことで話題が転換され，言い合いに陥るのを防ぐケースも見られた。トランスクリプトⅤ 4 は，上記のトランスクリプトⅤ 3 続きの場面である。ミカの【全体に問いかける】が議論の偏りを修正することにつながったものの，セクション⑤のトランスクリプトから分かるように「論争的会話」になりかけていた。

その状況で，ソウタ149「今，タクヤのタイムはどれくらいなのかまず知りたくない？」といった【全体に問いかける】が出された。ソウタは記録をしながら参加しているため，発話数は少ないものの，展開への意識は高まっていた可能性が高い。水掛け論的に言い争いが始まり，144ヨウイチ「コジマ抜いて，シュンが走る」といった意味のない発言が出されたところでのソウタの【全体に問いかける】行為は，別の話題に換えようとしたはたらきかけであると推察される。ソウタに言い合いになるのを防ごうとする意識がどれだけあったかは分からないが，【全体に問いかける】の機能の1つとして，話題を転換し，言い争いに陥るのを防ぐということが挙げられるといえよう。

（6）個人の葛藤を全体に広げ，議論を活性化させる：推進機能④

一方，単に自分の葛藤を問いの形で表出する【全体に問いかける】も見られた。このケースは，事前に用意した全体への問いではなく，発話した本人も【全体に問いかける】としてはたらきかけた意識は無い可能性もある。しかし，こういった個人の葛藤や疑問を表出することは，議論を活性化させる上で有効に機能していた。トランスクリプトⅤ 5 は，ヨウスケが「メン

トランスクリプトV 5

295	ヨウスケ	全員，勝ちたい。タクヤ入れたら勝てない。どうする？【全体に問いかける】
296	ミカ	タクヤも勝ちたいと思ってるんだよね？
297	マサエ	うん。
298	ヨウイチ	そう。タクヤも勝ちたいと思ってるから。
299	ヨウスケ	タクヤがもう少し大人になればいいんだよ。
300	ソウタ	そうだよ。
301	ミカ	え，でも，タクヤだけが大人になったとしても，勝っても素直には喜べないよね。
302	ヨウスケ	確かに。
303	マサエ	うん。
304	ミカ	だって，ずっと練習してきた仲間なんでしょ。
305	ケンジ	練習した成果が無駄じゃん。
306	ヨウスケ	確かに，4人でね。
307	マサエ	こいつらも練習してきたから。
308	ミカ	みんなで厳しい練習されてきて，4人でやってきたんでしょ？なのに，それが最後の最後になって水の泡になるの‥
309	マサエ	なんかね。
310	ヨウスケ	確かに。そういう意味では，こっち，監督には言わないで4人で走った方がいいんだよね。でも，優勝は狙えないんだよ。

バーは全員勝ちたいと思っている」という意見と「タクヤを入れた方が関係が崩れずに済む」という意見の両方の妥当性を抱え込み，半ば自分に，半ば全員に向けて「どうする？」と決断を迫るような問いを発している（295：ヨウスケ）。問いとしては，それまでの議論で話題になっていた内容を繰り返しただけであるし，検討の視点を示すような鋭さは無い。しかしながら，トランスクリプトV 5からは，ヨウスケの【全体に問いかける】を起点に両方の立場からの意見が出されていることが確かめられる。すなわち，ヨウスケ個人の葛藤が，結論をどちらかに定めることは難しいといった全体の葛藤

へと広がっていったことで，議論が活性化されたということができる。こういった発話が機能するためには，全員で議論を通して考えを深めていこうとする討論への構えができていることが不可欠であり，そういった状態になっていたからこそ，トランスクリプトV 5 の議論では個人の疑問や悩みが全体へと波及していったのだと考えられる。

2.2 【全体に問いかける】ことの意義

　以上のように，【全体に問いかける】に焦点化して分析してきた結果を踏まえると，【全体に問いかける】の基本的な機能は，新たな切り口としての論点を提示し，全員で議論を進めていくための起点となることであるといえる。そして，起点がつくられたからこそ，主体的な参加が生まれていたといえる。これらは，子供たちも実践を通して認識していた。こうした議論の起点となり，主体的な参加を促すといった機能が生じるのは，【全体に問いかける】ということが議論の余地を残した形で提示されることが要因の 1 つであると考えられる。こういった議論のテーブルを共有することが，【全体に問いかける】ことの意義であるといえよう。

　さらに副次的には，抽象度をコントロールする，議論の偏りを修正する，言い合いになるのを防ぐ，個人の葛藤を全体に広げる，といった上でも機能していた。これらの多くは，子供たちが明確に意識して行ったものではない機能も少なくない。あくまで，基本的な機能に対する副次的な機能であろう。

　とはいえ，子供たちが議論展開を意識しながら【全体に問いかける】を行ってきたということを鑑みれば，明確に意識したものではなくとも価値のあることであると考える。子供たちは，議論展開に対して何かしらの変化を付けたくて【全体に問いかける】をしたのは間違いないであろうし，他の参加者もその問いかけに応えることによって議論を新たな局面に展開していったからである。この副次的な機能を，どこまで小学生の子供たちに認識させるのか，認識させて意図的に用いさせることは難しいのか，といったことは，

表Ⅴ 4 【全体に問いかける】の推進機能と調整機能

推進機能 （認知的）	・論点を提示し，協同思考の足掛かりをつくる ・議論の抽象度をコントロールする・話題を転換し，議論の偏りを修正する ・個人の葛藤を全体に広げ，議論を活性させる
調整機能 （非認知的）	・議論への主体的な参加を促す ・話題を転換し，言い合いに陥るのを防ぐ

今後，さらに検証していく必要がある。

　さらに，これら6つの役割を整理すると，議論内容を発展させていく推進機能と，参加者間の社会・情意的次元を維持・発展させていく調整機能とに分けることが可能である（表Ⅴ 4）。実際には1つの【全体に問いかける】発話が両方の機能を果たしていることも少なくないため，この2つの機能を峻別することは難しい。同じ【全体に問いかける】であっても，どちらの機能を果たすかは発話者の重点の置き方によって決まると考えられる。

　この【全体に問いかける】の機能の二面性は，討論の対面的直接性といった特徴が影響しているといえる。対面的コミュニケーションにおいては，Bales（1950）が討論内での行為を「課題領域（Task Area）」と「社会・情意的領域（Social-Emotional Area）」とに整理したように，認知的側面と非認知的側面の両方にはたらきかける必要がある。しかしながら，討論の指導場面では認知的側面ばかりが取り上げられることが多く，非認知的側面については日常の学級の雰囲気や人間関係として，あるいは副次的な結果として語られがちである。本研究の分析からは，【全体に問いかける】といった積極的なはたらきかけによって子供たちは半ば無自覚ながらもメンバー間の調整をしながら討論を展開させていた。こういった無自覚なふるまいを自覚的・方略的に用いられるようにすることが国語科教育としての討論指導の目的であるとするならば，本研究が分析した【全体に問いかける】ことの機能は新たな学習指導の起点となり得ると考える。例えば，自分たちの討論について

データ（音声・映像・文字化資料）をもとにふり返り，出された「全体に問い
かける」発話が後の討論展開にどのような影響を与えたかを推進機能と調整
機能を観点に自分たちで分析させるといったリフレクションが重要な学びの
機会となるであろう。甲斐（1997）は討論指導の目的として「共同の問題探
究者」としての関係構築を挙げているが，まさにこういった討論の展開のさ
せ方について自分たちなりのはたらきかけ方や課題を共有する場面を契機と
し，問いかけ合うかかわりを高めていくことこそが重要かつ確実なアプロー
チであると考えられる。留意すべきは，これらの機能を教師からトップダウ
ンで子供たちに示し獲得を促すという方法では十分な効果は期待できないと
いうことである。討論の経験と適切なリフレクションによって【全体に問い
かける】の意味や役割を子供たちが発見していくような学びをデザインする
ことが肝要であると考える。

第3節　本章の成果と今後の展望

　第5章では，議論展開スキルを比較し，構造化に取り組んだ。その結果，
①議論展開スキルには小学生段階の討論での中核的なスキルがあること，②
その中核的な議論展開スキルの【全体に問いかける】は基本的な機能と副次
的な機能があり，明確に意識されていない副次的な機能も議論展開に有効に
はたらいていること，が明らかになった。

　この結果は，本章で対象とした実践の分析から導出されたものであり，さ
らに別の実践分析を加えていけば，新たな議論展開スキルが加わったり，
扱った議論展開スキルの新たな機能が見いだされたりするかもしれない。論
題の違いによる影響も実証的に検討していくべきであろう。中学校段階で求
められる議論展開スキルを考案し，それらとの接続も考えていくことも重要
であろう。今後の研究の課題としていきたい。

第6章 討論における協同性を高めるための
段階的な指導

第1節 問題の所在と目的

　前章までは，小学生が討論を通して協同探究する上で重要な資質・能力の育成について，〈議論展開能力〉を中心に論じてきた。これらの能力を機能させ，さらに高めていくためには，第4章で実践群を提示してきたように，子供たちの議論に向かう構えを継続的に向上させていくことも併せて求められる。なぜなら，討論という言語活動が，ややもすれば意見のぶつけ合いといったイメージを引き起こし，論争的なやりとりに陥りかねないからである。そういったやりとりは，一見盛り上がりのある議論のように見えるが，議論を通した協同探究とはなり難い。特に小学生の場合は，論破による勝ち負けに注目が集まったり，相手に攻撃されないよう議論を避けたりすることにもつながることが懸念されよう。公認された口喧嘩に陥ることをいかに防ぎ，子供たちが討論の意義や価値を実感的に理解するにはどうすればよいか。子供たちが討論によって思考を深めると共に，協同で探究し合う人間関係を築くことを志向するにはどのような指導が必要か。これらの課題を指導者が真摯に受け止め，具体的な手立てを講じていかない限り，小学校段階で討論を円滑に取り入れることは難しいように思われる。

　このような認識に立ち，第4章の実践群は，子供たちの実態把握に努め，対立的な論題の議論にも自分たちで調整しながら取り組めるであろうという時期を見定めて開始した。それでも，プレ実践の段階では，論争的な状況も見られていたことは既に示した通りである。よって，3つの実践を重ねなが

194

ら，協同的に議論を展開できるよう，調整する力を高めていったわけであるが，これには当該学級の子供たちの日常的な関係のよさや粘り強さがあったからこそ，と言えなくもない。論争的なやりとりを経験することで，討論することを拒否する学級があってもおかしくないであろう。

　そこで本章では，対立的な論題の討論を円滑に取り入れられるようにするための，計画的・段階的な指導の方法について検討する。具体的には，対立的な討論に取り組む前に，互いの立場は異なりながらも並立する関係にある討論を先行実施し，その有効性を検証する。そのためには，まず，一般的には立場の対立が前提とされる討論という言語活動において，並立する関係による議論が可能であるのかを明らかにしていく必要があるように思われる。次節で見ていきたい。

第2節　並立的討論と対立的討論

2.1　二種の論題による区分

　話し合いにおける話題，討論における論題が，議論の方向や展開を決めることについては，論を俟たないであろう。この討論の論題について，高橋（2001）は「選択型論題」と「累加型論題」の2つがあることを指摘している。

　まず，「選択型論題」とは，論題について出されたいくつかの立場のうち，「一つを選べば他は捨てざるを得ない」タイプの論題である。高橋（2001）は，例として「中学生として，友人をどのように呼ぶのが望ましいか─呼び捨てか，敬称つきか，愛称か─」を挙げ，ディベートの論題も二者択一の「選択型論題」であることを解説している。この「選択型論題」は，ディベートの発展とともに，開発され，整理されてきたといえる。例えば，岡本（1992）では，論題の種類を「〈事実〉論題」「〈価値〉論題」「〈政策〉論題」

第6章 討論における協同性を高めるための段階的な指導 195

表Ⅵ 1 選択型論題の類型と例

種類	論題の例
〈事実〉論題	・10年前より現在の方が自殺者が多い ・公立高より私立高志望者が増えている
〈価値〉論題	・漫画は悪いものである ・実験に動物を使ってはいけない
〈政策〉論題	・給食はなくすべきだ ・米の輸入化は認めるべきではない

の三種に区分する（表Ⅵ 1）。そして，高橋（2001）は「選択型論題」の討論
では批判的思考を育てるべきだとする。

　一方，「累加型論題」は，「AかBかの選択ではなく，AとBを加えて
（あるいは，AとBを掛けて），新しいCやDを創造していこうとする」タイ
プの討論であるとされる。高橋（2001）は，例として「宮沢賢治の世界を考
える」を挙げる。先述した「選択型論題」での討論が，立場が対立するタイ
プの討論であるとするならば，「累加型論題」での討論は，立場が並立する
タイプの討論と捉えることができる。また，討論の展開について，高橋
（2001）は，「この話し合いの方向は，まさに豊かにしていこうとするもので
あって，相手の論を否定し，切っていこうとするものではない。」（p.118）
と述べ，「創造的思考力」を育てる場として位置づけている。具体例として，
筆者は表Ⅵ 2のような種類を考える[31]。

　「定義・価値付け論題」とは，自明のものを改めて再定義し価値を確かめ
合うことを通して，真の価値や求められる条件を発見しようとするタイプの
論題である。「宮沢賢治の世界を考える」もこれに含まれると考える。それ
ぞれの立場からの価値や現状認識を聞き合い，共通するところや新たに発想
したことをもとに議論を進めていく。

　一方，「提言・主張論題」は，それぞれの立場から，論題に関する具体的
な実践例や理想的な未来像を論じ合う中で，自分たちに可能なよりよい取り

表Ⅵ 2 累加型論題の類型と例

種類	論題の例
定義・価値付け　論題	・本当の「学び」とは何か ・部活動には，どんな価値があるか ・スポーツをする目的とは何か ・あるべき情報社会の姿
提言・主張論題	・環境を守るために，自分たちにできることは何か ・身の回りの人権問題を考える ・人を外見だけで判断しないようにするためにはどうしたらよいか ・わたしたちにできる国際親善活動は何か

組みを模索しようとするものである。どの方策がよいかを検討するのではなく，それぞれの立場からの提言を通して，事象を多角的に捉え，それぞれの参加者の創造的思考を喚起することが重要であるといえる。そのため，実際にどのような取り組みをするかについては，参加者個々が判断するケースが多い。

　この「累加型論題」は，パネル・ディスカッションにおいて実際に用いられていることが多いものの，「選択型論題」のように一般化されているとはいえない。それは表Ⅵ 2のように，論題というよりはテーマとして漠然と示されるタイプのものだからであろう。換言すれば，論題だけでは，迫り方が規定されないため，あまり重視されてこなかったといえる。さらに，「選択型論題」と「累加型論題」の関係について，高橋は次のように述べる。

　　選択型論題と累加型論題とは，質の高低をいうのではない。思考の方向の違いである。一方は批判的思考がはたらき，一方は創造的思考がはたらくのだ。(中略：引用者）論題の性格によって話し合いの方向やはたらかせる思考の違いがあるのだということを，認識しておくべきである。(p.118)

　討論においても，「論題の性格によって話し合いの方向やはたらかせる思

考の違いがある」というのは重要な指摘である。しかし，「累加型論題」の討論であるからといって互いの主張を鵜呑みにすることがよいのではないことから「批判的思考」が当然はたらくであろうし，「選択型論題」による討論でも問題解決に向けての建設的な意見が出される際には「創造的思考」がはたらくと判断する。両討論において「創造的思考」がはたらくか「批判的思考」がはたらくかは，二者択一の問題ではなく，重点の置かれ方の違いであると考える。

　以上のように，高橋（2001）による「累加型論題」の指摘は，討論が対立軸を明確にした，相反する立場同士の議論だけではないことを示しているといえよう。すなわち，討論においては，立場の差異こそが重要なのであって，「選択型論題」のように対立する場合もあれば，「累加型論題」のように並立する場合もある。それによって重点とされる思考が異なるのではあるが，いずれにせよ，差異を明らかにしながら，協同で探究し合うことが求められるのである。こういった「累加型論題」によって立場が並立する討論を本研究では並立的討論と呼び，「選択型論題」での立場が対立する討論（以降，対立的討論と呼ぶこととする）と区別する[32]。

2.2　並立的討論と対立的討論

(1)　並立的討論の特徴

　並立的討論とは，異なる主張をもっているものの，それらは並立することが可能な場合の討論である。例えば「自分たちにできる環境対策は何か」を論題に討論する際，ゴミ問題を題材に主張する者も，水問題を扱って主張する者も，互いに異質ではありながらも並立できるといえよう。そういう立場同士の討論では，図Ⅵ 1のように，互いに批判し合うというより，質問したり意見を精緻化していったりしながら創造的に思考し，互いの考えを拡張することが中心となる。このことは，村松（2010）が，反論を取り入れた批判的な討論の前段階として，「まず，相手の考えを「聴く」。そして，分から

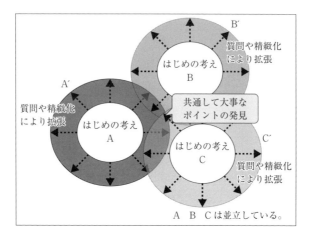

図Ⅵ 1　並立的討論の模式図

ない点があれば「訊く」。更に，相手の根拠や論立てについて，「本当にそう言えるのか」と「質す」」(p.11)といった「「受け止め」と「質問」に焦点化した学習」(p.13)の導入が有効であることを提言することと重なる。並立的討論では，互いの異なる視点から，協同で問題の核心へと迫ることが目標とされるため，共通点の発見が議論を深める鍵となる（図Ⅵ 1中央）。

(2) 対立的討論の特徴

一方，対立的討論は，異なる主張のいずれかを選択することを目的として，対立軸を明確にしながら批判的に議論するタイプの討論である（図Ⅵ 2）。対立といえども，まずは異なる主張の意図や願いを聴くことに努め，理解できない部分や理由の不明確な部分については尋ねることを重視する。その上で，納得できない部分について反論する（図Ⅵ 2①）。そのような批判過程を通して，互いの主張がそれぞれにもつ利点と課題を協同で検討し共有することを第一の目標とする（図Ⅵ 2②）。さらに論題に応じては，一致点をめぐって議論が進められるが，あくまで第二の目標であると考える（図Ⅵ 2③）。

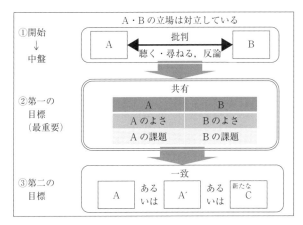

図Ⅵ 2 対立的討論の模式図

　では，対立的討論は，協同的ではありえないのだろうか。ここで確認しておきたいのが，協同と対立の関係である。このことについて，Johnson, Johnson & Holubec（2010：原典，2002）はむしろ「協同に対立はつきものである」と論じる。そして，「対立が建設的なものとして取り扱われる時，それは創造，喜び，高次の思考力，効果的な意思決定の源となる」（p.167）と述べ，重要なのは建設的に解決しようとする姿勢であることを強調する。とすると，対立的討論であっても，建設的な議論となっていれば，協同性が発揮された討論であると判断することができる。このことから，立場は対立的となっていても，建設的な解決に向けて参加者相互に協同性が発揮される討論を対立的討論と呼び，協同性の発揮されない討論（以降，論争的討論と呼ぶ）と区別することとする。

2.3　並立的討論から対立的討論への構想

　村松（2001）では，導入期の討論について，「対立的というより協同的な雰囲気を生み，子どもがリラックスして討論の面白さや価値を実感できる」（p.140）ことが大切であると主張する。このことを，先述した村松（2010）

における段階的指導の提言と重ねて捉えるならば，「対立的」な討論である「反論」も含めた討論の前段階として，「協同的な雰囲気」での「受け止め」と「質問」に焦点化した討論の学習経験が大切であることを示しているといえる 。このことから，本研究では並立的討論から対立的討論といった流れでの討論指導を構想する。すなわち，並立的討論の「まさに豊かにしていこうとするものであって，相手の論を否定し，切っていこうとするものではない」とされる協同探究の経験は，対立的討論における構えやふるまいに少なからず影響を与えるのではないかと考えるのである。さらにいえば，並立的討論を対立的討論に先行して指導することによって，討論における協同性を高めることにつながり，言い合いや沈黙といった現状の討論の課題を解決するための糸口をつかむことにつながるのではないだろうか。しかし，二種の論題の違いを指摘する高橋も，それらを用いた討論が相互に与える影響については論じていない。そこで，以降に並立的討論を対立的討論に先行して指導した5年生の討論実践を示し，その有効性について分析していくこととする。

第3節　実践の概要

3.1　分析の対象とした学習者

　都内公立 A 小学校の5年生35名（男子25名，女子10名）を対象に実践を行った。授業者は筆者自身である。学級担任の H 教諭は，教室を出入りしたものの，授業に直接関わってはいない。

　この学級は，入学当初から学級編成替えを行なっていない。また，第2学年から第4学年までの3年間，筆者が続けて担任として関わった。男子が多いこともあり，エネルギーに満ちた集団であるという印象を受ける。また，好奇心が強く，学習においても，おもしろさを感じると意欲的に取り組む姿

が多く見られる。しかし，この意欲的な面は，勝敗に固執する等，まさに闘争心として表れる場合も少なくない。それでありながら，日常的な人間関係は概ね良好であり，それぞれの特徴を互いによく理解し合っているというように見受けられる。

3.2　3つの実践の概要

　3回の実践の概要は，表Ⅵ 3の通りである。実践ａとｂが並立的討論であり，実践ｃが対立的討論である。

(1) 実践ａ　並立的討論の概要

　実践ａでは「岩井臨海学校をみんなで楽しむためにはどうしたらよいか。」を論題に〈並立的討論〉を実施した。第1時には，論題に対する自分の考えを書かせた後，今回の討論のゴールに達成するための3つのポイントとして，重ねて質問すること，反応を示すこと，キーワード等をもとにまとめること，

表Ⅵ 3　3回の討論実践の概要

	実践ａ	実践ｂ	実践ｃ
時期	2013年7月	2013年9月	2013年12月
類別	並立的討論	並立的討論	対立的討論
論題	岩井臨海学校をみんなで楽しむためにはどうしたらよいか。	気持ちや情報を伝える手段について考えよう。〔電話／手紙／電子メール〕等	六年生での委員会決めでは，希望する人が重なった場合，続けたい人を優先すべきか
形態	学級全体	フィッシュボウル	グループ
重点	身近な論題で，討論の宣言的知識と，討論における受け止めと質問の大切さを学ぶ。共通点や大事な言葉をもとに，討論をまとめる。	やや抽象的な内容の論題で討論し，根拠を問う質問と内容を問う質問があることについて学ぶ。意見＝立場＋理由・根拠	「選択型論題」で討論し，討論の意義を意識しながら，反論も含めた討論を行う。論点を明確にさせるといった展開の仕方を学ぶ。

の三点を解説した。第2時には，教師が司会を務め，学級全体で討論を行った。

　討論においては，「けんかをしない」「忘れ物をしない」「話を聞く」「時間を守る」といった内容が主張された後，それぞれに具体策を問う質問が出され，それに対する具体案が次々と出されていった。具体案は初めからその内容について主張していた立場からだけでなく，様々な立場から出されていた。討論の終盤には，共通点や大事なポイントが出され，討論がまとめられた。

(2) 実践b　並立的討論の概要

　実践bでは，「気持ちや情報を伝える手段について考えよう　電話・手紙・電子メールのよさから」等の論題で〈並立的討論〉を実施した。第1時では実践aのトランスクリプトを用いて省察し，質問や受け止めの大切さを学んだ。第2時には論題についての自分の考えを書いた。第3時は他の立場に対する質問を考えた。第4時はフィッシュボール形式でグループ討論を行い，論題に対する考えを書いてまとめた。

　実際の討論では，まず自分が選んだ手段について考えたよさを発表し合った。その後，互いに質問や意見を出し合い，共通点を伝え合った。約10分間に立て続けに質問が出され，理解できなかったことについての認識を深めていった。最後に，どんな時にどの方法が適しているのかについて意見が出され，討論がまとめられた。

(3) 実践c　対立的討論の概要

　実践cでは，初めて〈対立的討論〉に取り組んだ。論題は「六年生での委員会決めでは，希望する人が重なった場合，続けたい人を優先すべきか」を設定した。第1時には，実践bのトランスクリプトと他グループからの相互評価を基に省察した。第2時は，相手の受け取り方を考えた反論の仕方について学んだ[33]。第3時は，反論に焦点化して練習の討論をした。第4時は，

前時のトランスクリプトを用いて省察し，論題についての自分の考えを書いた。第5時には，学級全体を3つのグループに分け，それぞれ別教室で討論を行った。

　第5時に行った討論の様子について，1グループを抽出して述べる。まず，〔優先すべき〕と〔優先すべきではない〕の双方の立場から考えが主張された。その後，〔優先すべきではない〕の立場から，アンケート結果を根拠に，担当の先生から教えてもらうことの方が多いので続ける必要はない旨が問われた。一方，〔優先すべき〕の立場からは，別の委員会での経験よりも5年生にしっかり教える経験の方がよい旨が問われた。そこで一度討論を停止し，質問内容を確認するとともに，考える時間を設けた。一時停止後，〔優先すべき〕の立場から，先生と6年生がいっしょに教えた方が効果的であることが指摘され，新しい委員会に入ることが①時間のロスになるか否か，②下級生に教えてあげられるようになるか否かが議論された。その後，〔優先すべきではない〕の立場から，5年生から続けて入っている人がいた場合に教えてあげればよいという主張があり，次第に〔優先すべきではない〕の立場が続けて入らない方がよいと考えているのではなく，完全に優先することへの反対であることが明らかになっていった。そして，下級生に教えるために委員長と数人が継続するという結論で合意が図られた。

第4節　段階的な指導の影響についての分析

4.1　機能別にみた発話傾向の比較

(1) 発話のカテゴリー

　並立的討論を対立的討論に先行して指導する効果を分析するために，発話の傾向を捉えることが有効であると考える。そこで，まず，先行研究を基に発話の機能によるカテゴリーを作成する。

佐藤（1996）は，討論場面でのやりとりを分析するにあたり，子供の発言を以下の5つに分類している。頭の記号は引用者に拠る。

ア　提案，主張，説明，理由，追加
イ　反論，反対
ウ　支持，自説繰り返し，他説繰り返し
エ　強調，自説精緻化，他説精緻化
オ　質問　　　　　　　　　　　　　　　　　　　　　　　　　　　　（p.172）

このように子供の発言を分類する提案は多くなされているが，その中でも子供相互の学び合いに焦点を当てた提案として，Palincsar（2003）と松友（2008）が挙げられる。

Palincsar（2003）では，互恵的な学び合いを生み出すための Discussion Moves として以下の6点を示している[34]。

①目立たせる　特に大事だと思われるところに注意を向けたり強調する
②もどす　　　考えたり説明してもらいたいところに，もどしていく
③復唱する　　表現しようとしていることを解釈していったりもう一度考えを繰り返して言う
④表現する　　考えを口に出して言ったり困った時にそれを代弁して表現したりする
⑤付け加える　これまでにない考えや情報を付けたす
⑥まとめる　　要約して話す　　　　　　　　　　　　　　　　　　　（p.109）

また，松友（2008）では，「学習者同士が活発に議論を重ねたり，発言が多いクラスは，学習者の意識の多くが他の学習者の発言に向けられている」ことを指摘し，「次のようなつながり方自体を身につけさせることで，他の学習者の発言を自分の考えと比べながら聞く力が身につく」と述べ，以下のように分類する。

《級友の意見に対して自分の意見を出す場合》
a　質問　（○○さんに質問ですが〜）

第6章　討論における協同性を高めるための段階的な指導　205

　　b　反対　（○○さんに反対ですが～）

　　c　補足　（○○さんに付け足しですが～）

　　d　解釈　（○○さんはこういうことを言おうとしているのだと思います）

　　e　要求　（○○さんに～ということを聞いてみたいのですが）

《話し合いの流れや話し合われている内容に対して自分の意見を出す場合》

　　a　提案　（今話し合われていることに対して～のように考えることもできます）

　　b　説明　（今の考えを説明すると～のようになります）

　　c　整理　（今の話し合いは結局，～の点で対立していると思います）

　　d　まとめ（結局～ということです）

　　e　統合　（２つの意見を合わせると～になると思います）

（p.32）

　佐藤（1996），Palincsar（2003），松友（2008）[35]を比較すると，それぞれに共通する部分と，独自な特色となっている部分とがあることが分かる。佐藤（1996）を基軸においてその関係を整理すると，表Ⅵ-4のようになる。

表Ⅵ-4　発話カテゴリーの対応

		佐藤（1996）	Palincsar（2003）	松友（2008）
(1)	ア	提案，主張，説明 理由，追加	④　表現する	a　提案 b　説明
(2)	イ	反論，反対		b　反対
(3)	ウ	支持，自説繰り返し 他説繰り返し	②　もどす ③　復唱する	
(4)	エ	強調	①　目立たせる	
		自説精緻化，他説精緻化	④　表現する ⑤　付け加える	c　補足 d　解釈
(5)	オ	質問		a　質問 e　要求
(6)			⑥　まとめる	c　整理 d　まとめ e　統合

Palincsar の「④表現する」は，「考えを口に出して言」うことと，「困っ
た時にそれを代弁して表現」することの2つに分けることができる。そして，
前者は佐藤の「ア　提案，主張，説明，理由，追加」と重なり，後者は「エ
自説精緻化，他説精緻化」と重なると考える。

また，佐藤の「エ　強調，自説精緻化，他説精緻化」は，「強調」と「自
説精緻化，他説精緻化」とに区分できる。すると，「強調」は Palincsar の
「①　目立たせる」と重なり，「自説精緻化，他説精緻化」は，前に述べられ
た内容を詳しくしたり，新たな理由を付け加えて説明し直したりするという
点では，Palincsar の「④表現する」「⑤付け加える」，松友の「c 補足」「d
解釈」と重なることが確かめられる。このうち，「強調」には，「確認」を加
えたいと考える。実際の討論においては，発話された内容をそのまま復唱す
ることがある。この復唱は，機能としては「強調」のはたらきをしたとして
も，本人の意図としては「確認」程度であることも考えられるからである。

さらに，佐藤には無かったカテゴリーとして，(6)の欄に示した Palincsar
の「⑥　まとめる」，松友の「c　整理」「d　まとめ」「e　統合」のカテゴ
リーが挙げられる。この司会的なカテゴリーの発話は，討論において重要な
役割を担うと考える。よって，佐藤のカテゴリーに「整理，まとめ，統合」
を加えることが妥当であると判断する。

以上の議論をもとに，発話カテゴリー表（表Ⅵ 5）を作成し，各実践の全
発話をコード化し分類した。なお，各カテゴリーへの分類は二人の評定者に
よって行った。不一致なものについては二人の間で協議し，いずれかのカテ
ゴリーに再分類した[36]。

(2) 実践の段階による比較

まず，実践 a と実践 c といった前後の段階の実践を比較し，発話傾向の差
異を捉える。表Ⅵ 6は実践 a 及び実践 c の討論の発話と，別実践における
論争的討論[37]の発話を，表Ⅵ 5に示したカテゴリー別に分類し，出現頻度

第6章　討論における協同性を高めるための段階的な指導　　207

表Ⅵ 5　設定した発話のカテゴリー

カテゴリー	下位カテゴリー	内容
主張	提案　説明　理由付け	自分の意見や解釈とその理由を提示する。
反論	反対意見　批判的問いかけ	反対の立場の表明および，その立場から反論をする。
支持	自説繰り返し　他説繰り返し 肯定的評価	賛成の立場の表明および，その立場から言ったことをそのまま繰り返して述べる。
強調・確認	再発話による確認　再発話による強調　問いかけによる確認	発話の一部を強調したり，確認したりする。
精緻化	自説精緻化　他説精緻化 理由や内容の付け加え	自分や他人の意見を詳しくしたり，付け加えたりする。
質問	内容についての質問 理由・根拠についての質問 展開についての質問	不明な部分を尋ねたり，問いかけることで相手の思いや考えを引き出したりする。
整理・まとめ	統合　展開	発言を要約したり，話し合いの展開や発言内容を整理したりする。

を比較した結果である。実践 c は，学級を三分割して実施したため，3 グループの値を並置している。なお，7 つのカテゴリーのうち，「支持」と「精緻化・付加」については，立場の違いによる影響を捉えるため，下位カテゴリー「自説」「他説」を加えた。

　表Ⅵ 6 からは，以下のような比較結果が得られる。

相違点

　⑴並立的討論では「反論」が少ない傾向がある。

　⑵「他説の精緻化」は並立的討論のみで出現する。

共通点

　⑶並立的討論と対立的討論は，「支持」が論争的討論に比べて多い。

　⑷並立的討論と対立的討論は，「精緻化・付加」が論争的討論に比べて多

表Ⅵ 6 三種の討論の機能別発話分類

	実践c 対立的討論			実践a 並立的討論	論争的討論
「反論」	19	9.5	21.5	10	16.5
「質問」	8	3.5	13.5	9	4.5
「確認・強調」	5	0	8.5	6	4
「主張・提案」	3	8	8	4	5
「支持」	26	16	21.5	17	3
自説の支持	21	10.5	17.5	16	1
他説の支持	5	5	1		2
その他	0	0	3	1	0
「精緻化・付加」	23	20	23.5	38	9
自説の精緻化	13	8	18.5	19	9
他説の精緻化	0	0	0	16	0
その他	10	12	5	3	0
「整理・まとめ」	22	8	12	11	0
合計	106	65	108	95	42

い。

(5)並立的討論と対立的討論は,「整理・まとめ」が論争的討論に比べて多い。

(1)の差異は,並立的討論では相互に批判することよりも,質問を通して理解を深めたり,創造的思考をはたらかせてアイデアを出し合ったりすることを重視することによる影響であると言える。また,(2)の差異は,並立的討論は互いの立場が並立するため,自他の区別をあまり明確にすることなく精緻化し合うことによる結果である。それに比べ,批判的に検討し合う対立的討論では,自説を精緻化することが基本となる。このことから,(1)(2)は並立的討論を先行した結果ではなく,討論の種類による差異であると判断する。

一方,(3)(4)(5)に示した並立的討論と対立的討論に共通する「支持」「精緻

化・付加」「整理・まとめ」の発話量が並立的討論のみならず，対立的討論においても多く見られたことは並立的討論の先行指導の結果である可能性がある。しかし，それを検証するためには，並立的討論を先行して指導しなかった場合との比較が必要である。すなわち，これらが並立的討論を先行指導しなかった場合の討論では見られない特徴であれば，並立的討論の先行指導による効果である可能性が高いと捉えることができると考える。

(3) 並立的討論の有無による比較

そこで，並立的討論を先行して指導し対立的討論を実施した場合（以降「指導有」と示す）と，並立的討論の指導が無かった場合（以降「指導無」と示す）とを比較し，発話の傾向の差異を分析する。

表Ⅵ 7　並立的討論の有無による機能別発話量の差

	指導有			指導無	
		A 校		B 校	C 校
「反論」	19	9.5	21.5	13	22
「質問」	8	3.5	13.5	7	4
「確認・強調」	5	0	8.5	0	1
「主張・提案」	3	8	8	10	4
「支持」	26	16	21.5	1	7
自説の支持	21	10.5	17.5	0	5
他説の支持	5	5	1	1	2
その他	0	0	3	0	0
「精緻化・付加」	23	20	23.5	7	2
自説の精緻化	13	8	18.5	7	2
他説の精緻化	0	0	0	0	0
統合した説の精緻化	8	0	0	0	0
進行に関わる精緻化	2	12	5	0	0
「整理・まとめ」	22	8	12	0	1
合計	106	65	108	38	41

A校の実践cと同一論題で，都内公立校であるB校とC校において討論を実施した[38]。討論前の活動もほぼ同様の内容とし，討論の実施時間もそれぞれ20分程度とした。その結果をまとめたのが，表Ⅵ 7である。表Ⅵ 7からは，「指導有」の場合には，並立的討論との共通点である「支持」「精緻化・付加」「整理・まとめ」の発話量が，「指導無」に比べて多くなっていることが分かる。このことから，これら(3)(4)(5)の共通点は，論題や討論の種類による差異ではなく，並立的討論の先行指導による効果である可能性が高い。

①「支持」

　まず，「(3)「支持」は論争的討論に比べて多い。」についてである。「支持」が発話されることで，話し手は他の参加者に受け止めてもらえた実感がもてる。トランスクリプトⅥ 1は，「指導無」のC校での討論の一部である。

　ショウタに対しヨウイチ・タケルが反論を重ねているのだが，誰一人としてショウタを「支持」する発話をしていない。そのため，一方的な尋問といった様相を呈している。これはショウタと同じ考えの者がいなかったわけではなく，参加者間に「支持」を表明し合う雰囲気やそれを肯定的に捉える「グラウンドルール」（Mercer, 1995）が出来ていなかったことが影響していると考えられる。

　一方，トランスクリプトⅥ 2は，「指導有」のA校での討論の一部である。アツシの主張に対し，タケシやシンスケの下線部は「支持」のはたらきをしている。対するトモキの意見にもフロアから拍手が送られ，ノンバーバルではあるため表にはカウントしていないが「支持」しているといえる。

　A校の討論では，他にも「賛成」「そうそう」といった発話が多く確認された。それまでの実践①②の並立的討論に取り組む中で，「反応を返す」「受け止め」といった言葉で「支持」の意義を指導してきたことで，「支持」を表明し合う「グラウンドルール」が形成されてきたことが影響していると考える。

トランスクリプトⅥ 1

ヨウイチ	賛成派でショウタさんに質問，反論です。2年間同じ活動だと思うと言っていましたが，それを生かして別の活動を思いつくかもしれないです。
司会	ありがとうございました。タケルさん。
タケル	もしも，6年になったら新しい委員会になって，自分のやりたい委員会と違って，自分の苦手な委員会だったらどうしますか。ショウタさんに質問です。
司会	ショウタさん，答えてください。
ショウタ	もっかい言ってください。
タケル	もし6年になったら，自分の考えと違って苦手な委員会に入ったらどうしますか。
ショウタ	苦手な委員会をやめればいいと思います。
司会	タケルさん。
タケル	やめる方法がありますか。
ショウタ	5年でしょ？
タケル	途中でやめられないと思います。

トランスクリプトⅥ 2

192	アツシ	えっと，放送委員とか，放送委員とか音の調整とかがあるので，6年生から初めて入ってしまうと，5年生と同レベルになってしまって，
193	タケシ	おれと同じ意見じゃん。
194	シンスケ	あ，そういうことか。
195	シンスケ	そういうことか。6年生が教えてあげられるレベルじゃないってことか。
196	トモキ	はい。
197	司会②	トモキさん。
198	トモキ	そのこと，それは担当の先生とかに紙に，紙でやり方とかを教えてもらったりすればいいんじゃないですか。
199	フロア	((拍手))

②「精緻化・付加」

次に，「(4)「精緻化・付加」は論争的討論に比べて多い。」についてである。「精緻化・付加」の発話が多いことは，子供たちが自分の発言や自分に向けられた「質問」「反論」だけでなく，級友の発言にも関心をもって聴き，協同的に考えを深めていこうとする意識が高いと判断できる。「指導有」のA校の「精緻化・付加」には，「統合した意見の精緻化」「進行に関わる精緻化」のように，「指導無」のB校やC校の討論では見られなかった種類の発話も出現している。

「統合した意見の精緻化」とは，初めから主張されていた異なる意見が討論を通して統合されて新しい意見となり，それが「精緻化・付加」される発話である。

リュウスケやタケシとシオリは，討論の開始段階では正反対の考えをもっていたものの，一致点を見つけることでトランスクリプトⅥ 3のように「統合した意見の精緻化」を行っている。討議的要素が強いという批判も考えられるが，実際の場での討論を通した問題解決を鑑みると，重要な発話であると判断する。

また，「進行に関わる精緻化」とは，参加者相互に司会的役割を担う発話をすることである。トランスクリプトⅥ 4では，司会者が「もう一つの方」へと進行しようとしたものの，ユキヒロが指摘するようにどちらの論点について話し合っているのかが不明確な状況であった。そこで，フユミがこれま

トランスクリプトⅥ 3

275	リュウスケ	だから，たとえで，6人くらいに教えて：：まあ。
276	シオリ	むしろ6人で入れる委員会だったら，半分くらいの人がもともとやってる人が入って，それで半分は新しい人で，その＝
277	リュウスケ	＝教える
278	シオリ	3人で // 教えていけばいいんじゃない。
279	タケシ	// それでいいじゃん。

第 6 章　討論における協同性を高めるための段階的な指導　213

トランスクリプトⅥ 4

99	司会	他にありますか。もうないなら, もう一つの方に移ってもいいですか。
100	フロア	いいよ。
101	タクヤ	あ, 待って。
102	ユキヒロ	今どっちやってんの？
103	フユミ	下でしょ。さっき上だったんだけど, タイチが下言い始めたんじゃん。

で話し合ってきたことについて詳しく説明する「進行に関わる精緻化」を行っている。この「進行に関わる精緻化」は, 相手の主張を批判するという態度のみで討論に参加する際には現れることは少ない。いわば問題解決に向けた協同的態度の 1 つであると考える。

③「整理・まとめ」

　さらに,「(5)「整理・まとめ」は論争的討論に比べて多い。」についてである。トランスクリプトⅥ 5 は A 校の討論において, 出された質問を途中で整理している場面である。

　フユミもコウジも司会者ではない。このように「指導有」の A 校の討論では, 司会者のみならず, 参加者が討論の展開に言及する発話が多く見られた。

トランスクリプトⅥ 5

フユミ	だから, ヤスヨさんが＝
コウジ	＝25％しかないけど, おれたちが100％にすればいいんじゃないですかって。
フユミ	そういうこと, そういうこと。わかった？
コウジ	(5)あと, 優先はあくまで決定ではありませんていう。

トランスクリプトⅥ 6

195	シンスケ	そういうことか。6年生が教えてあげられるレベルじゃないってことか。
196	トモキ	はい。
197	司会	トモキさん。
198	トモキ	そのこと，それは担当の先生とかに紙に，紙でやり方とかを教えてもらったりすればいいんじゃないですか。
199	フロア	((拍手))
200	シンスケ	だからそうじゃ
201	司会	シンスケさん。
202	**シンスケ**	**担当の先生に教えてもらうんだったら，6年生と5年，5年生が同等になっちゃうっていうふう，いうのをアツシさんは言いたいんだから：：**
203	シンスケ	それはちょっと違うんじゃ，な・い・で・す・か。

トランスクリプトⅥ 7

209	シオリ	そういう操作は5年生から入ってる，あ，5年生からずっとその同じ委員会に入っている人が何人かいた時に，隣で操作を教えてもらえればいいんじゃないですか。
210	フロア	(拍手)
211	フロア	(ざわつく)
212	ノブオ	はい，はい。
213	シンスケ	ノブオは
214	司会	ノブオさん。
215	**ノブオ**	**シオリさんが言っているのは，ただこっちは優先，完全に優先すべきではないと言っているわけではなくて：：教えなくてはいけないから，**
216	ノブオ	あのぅ委員長になる人とか何人かは，あのぅ続けてもいいと思うけど，あのぅ，あの続けてればその人が教えることで，5年生が分からなくなることは無いと思います。
217	フロア	(拍手)

また，トランスクリプトⅥ 5のように展開を確認する「整理・まとめ」の発話とは別に，トランスクリプトⅥ 6・7ように，先行した級友の発話内容を短く「整理・まとめ」し，位置づけ直したり自分の考えを加えて主張したりする発話も見られた。

下線部のような他の参加者が発話した内容の意図や真意を伝え直す「リヴォイシング」（一柳，2009）は，異なる意見をもつ参加者からの誤った解釈を解くとともに，参加者双方の視点が内在していることから合意に向かう契機となる。議論を協同的に進める上で，有効な発話であるといえる。

(4) 発話傾向から捉えられること

上述した「支持」「精緻化・付加」「整理・まとめ」は，「主張・提案」や「反論」と比べ，互いに考えを積み上げ，確かめながら協同的に議論を進める上で有効に機能する発話であるといえる。「支持」の発話が出されることで，話しやすい雰囲気がつくられるとともに，トランスクリプトⅥ 1で見たような集中攻撃とも受け取れる尋問的状況を防ぐことができる。また，「精緻化・付加」によって自分の言いたいことがきちんと伝わったり，新たなアイデアが共創されたりすることは，情意的次元によい影響を与え，協同的な態度を高めることにつながると考えられる。さらに，「整理・まとめ」が行われることによって，全員が議論内容を確かめられるため，主体的な参加を促すといえる。

そして，発話傾向の分析からは，これらの発話は並立的討論を先行して実施することで，対立的討論においても多く現れることが明らかになった。これらのことから，協同性といった討論に向かう構えが，並立的討論から対立的討論へと引き継がれたと捉えることができる。この結果は，言い合いや関係を気にした沈黙に陥りやすいといった小学校段階の討論を打開する方策として，討論においてどういった発話を増やしていくことが有効かを示しているともいえる。「支持」「精緻化・付加」「整理・まとめ」といった発話の大

切さを子供たちが理解し，意識的に用いるようになることで，討論における協同性は高まっていくのであり，そういった発話を学ぶ上で並立的討論の学習経験が有効に機能すると考えられる。

4.2　子供たちのふるまいの変容

　4.1では，発話傾向を基に協同性が引き継がれていくことを明らかにした。とはいえ，発話傾向だけでは，具体的な子供たちの変容が見えにくく，説得性に欠けると言わざるを得ない。そこで，4.2では，2名の子供を抽出し，3つの実践を通して彼らがどのように変容していったのかを質的方法で分析する。

(1)「反論」に変容が見られたタイチの場合

　まず，「反論」に変容が見られた子供の一人であるタイチに焦点化し，発話記録を基に質的な分析を行う。「反論」は討論において最も対立が明らかになる場面であり，問題の所在に示した思考と人間関係形成の両面に強く関わる発話行為であるといえる。そのため，「反論」というふるまいの分析を通して，討論に対する構えがどのように変容していったかを捉えることができると考える。

①実践前の姿

　タイチは，自分の意見を真正面から表出することができるタイプの子供である。自己内で筋道立ててから表現することよりも，まだ筋道立っていなくても伝えながら整えていくことを得意とする。友達の話す内容をきちんと聴くことができているため，話し合いの流れに沿った発言が多い。しかし，普段の生活におけるコミュニケーションでは，自分の主張を前面に出し過ぎてしまい，むしろ相手に届かないという思いをしてしまうケースが見られる。

第6章　討論における協同性を高めるための段階的な指導　　217

②実践a：自己主張に留まる段階

　トランスクリプトⅥ8は，実践aの並立的討論におけるタイチの「反論」
である。先生の話をしっかり聞くためには，友達が話しかけてきたら無視し
た方がよいか否かで意見が分かれた。タイチは無視するべきだという考えを
もって，タカユキに「反論」をした。

　ここでのタイチの反論は，A「ちゃんと聞いている人のじゃまになってる
人が悪い」という断定的な価値判断の表出となっている。そのため，相手の
感じ方を考慮しない独善的な意見であるような印象を受ける。実際，それま
での展開が提案された問題点の解決を協同で行っていたのと異なり，この後

トランスクリプトⅥ8

186	タカユキ	無視する人に反対意見で，無視したらなんかケンカみたいに無視したまま終わっちゃうと思う。
187	フロア	あぁ　あぁ
188	T	じゃあ，無視した方がいいよって立場の人いますか。タケシさんは逆？
189	タケシ	逆。
190	T	じゃあまずタケシさんの聞いていこうか。
191	タケシ	なんか話しかけられたらジェスチャーでこうやったらいいと思う。
192	T	ジェスチャー
193	フロア	ジャスチャーでいいよ　　あぁ
194	T	はいじゃあ逆に無視した方がいいよっていう立場の人はどうなりますか？　タイチさんしかいない？　(6)じゃあ，タイチさんの聞いてからみんな考えよう。はいじゃあ無視した方がいいっていう人，どうしてした方がいいのか教えてください。どうぞ。
195	タイチ	えっとさっきタカユキさんが無視しないって無視しない方がけんかにならないみたいなこと言ってたけど，それは先生が話してるときにぃ自分が話しかけてぇ，あれ<u>ちゃんと聞いている人のじゃまになってる人が悪い</u>ₐんだから無視されてもしょうがないと思います。

トランスクリプトⅥ 9

56	ヤスヒロ	はい。えっと手紙の，あ，手紙にへの質問で，よん，あの考える よさの四番がお金があまりかからないで，80円で，おかねがかか らないで伝わるっていうことは，伝わるのは80円，80円分だけで すか。
57	タイチ	⑷もっかい言ってください。
58	ヤスヒロ	えっと，考える::手紙の考えるよさで，お金があまりかからな いって言って，資料を見たら80円でした。で，お金がかかる分伝 わるって言うのは，伝わるのは80円分だけですか。
59	タイチ	80円分だけってのがよくわからない
60	T	手挙げて言ってみ
61	司会	タイチさん
62	タイチ	その，ヤスヒロさんが言っている80円分だけという意味がわかり ません_B。
63	ヤスヒロ	ん，と，なんだっけ，料金の資料⑥では，国内でも80円で，その 80円分だけですか，伝わるのは。
64	タイチ	だから，それ::
65	司会	タイチさん。
66	タイチ	それは，書いた方の::書いた方の，書きながら思っている気持 ちじゃないですか_C。おじいちゃんとかに手紙を送るんなら，ほ んとに元気にしてるのかなってそういう思いで手紙を書いて:: 書いてれば，その80円分だけということは＝
67	ヤスヒロ	＝考えるよさでは，あまりお金がかからないというのは，無しで もいいんじゃないですか。
68	T	⑿これ使ってもいいよ。
69	フロア	ハハハ
70	タイチ	⒅たしかに::お金があまりかからないっていうのは，いらない かもしれないけど_D，
71	タイチ	あのぅ，気持ちをこめて書いている分は::80円ぐらいだったら 安いんじゃないですか_E。
72	ヤスヒロ	確かにーですね。

第6章 討論における協同性を高めるための段階的な指導　219

の展開では対立する双方が考え方の違いを明らかにすることで留まる結果となった。これらのことから，実践 a 段階では，タイチは自分の考えを主張することはできているものの，建設的で協同的な議論に向けて貢献するという視点や，問いかけや受け止めを大切にすることで共同探究者としての人間関係づくりをめざすという視点においては，課題があったと捉えられる。

③実践 b：協同性を意識し出した段階

　トランスクリプトⅥ 9は，タイチが手紙のよさとして，「お金があまりかからない」という意見を述べたのに対し，ヤスヒロが意図のはっきりしない問いかけを続けた場面である。

　タイチは相手の意図について尋ね返したり（B），語尾を問いかけの形にして理解を促したり（C）しており，共通理解しながら議論を進めようとするタイチの討論への構えが見受けられる。それでも「あまりお金がかからないというのは，無しでもいい」と主張するヤスヒロに，どう答えてよいか戸惑い，12秒沈黙する。そこに T（教師）が「たしかに…だけど…」という話型が使えることを支援する。それを受けてタイチは18秒に渡る沈黙の後，一度相手の主張を受け止め（D），自分の意見を問いかける形で主張する（E）。D・E の発話は，タイチが18秒の自己内対話の中で，教師の示した話型と主張したい内容との整合性を図り表出したものである。そこでは話型に含まれていた「たしかに…」と言いたいことを理解した態度を示すことで相手の受け止め方にも配慮した発話行為となることを，タイチが取り入れる契機となったことが考えられる。

④実践 c：相手の受け止め方を重視し始めた段階

　実践 c は対立的討論であるため，互いの立場は対立の関係にある。しかしながら，タイチは相手が自分の言葉をどう受け止めるのかを意識し，協同的に議論を進めることができていた。トランスクリプトⅥ 10は，委員会は6

トランスクリプトⅥ 10

72	タイチ	ぼくは賛成派の人たちが5年生にも教えてあげられるというのは，ぼくもそう思います。F。
73	タイチ	だけど，来年の6年生でも，違うやつをやりたいっていう人だったらどうするんですか。G。
74	フロア	おおう。
75	フロア	どういうこと？
76	フユミ	だから優先するんじゃないんですか。
77	タイチ	だから：：
78	フロア	ハハハハ
79	司会②	それを簡単に分かりやすく。
80	タイチ	だから，来年の5年生に教えられるっていうのは(2)2年間連続でやると来年の5年生にも教えられるというのはぼくもそれは分かります。H。
81	タイチ	だけど，違うものをやると勉強にもなるし，色々なことが分かるから，ぼくは優先ではなくて，他の委員会の人でも違う委員会にできたらいいと思います。J。
82	タクヤ	質問ですか，意見ですか。
83	タイチ	質問意見どっちも。
84	フロア	え？　え？
85	司会②	意見ある人？
86	タクヤ	質問なのか，意見なのかよく分かりません。もう一度言ってください。
87	フロア	ハハハハ。
88	タイチ	ぼくは，同じ委員会を2回やると，来年の5年生にやり方を教えてあげられるのは，教えてあげればいいのはぼくもそう思います。Jだけど違うものをやると勉強にもなるし，色々なことが分かるから，2年間連続同じ委員会じゃなくて。K。

年生では継続するべきという主張に対して，タイチが反論している場面である。

　タイチは自分の主張をなかなか理解しない相手に対して，言葉を少しずつ

変えながら繰り返し意見を述べている（F-G・H-I・J-K）。F・H・Jは，相手の言いたいことを理解した態度を示す表現であり，納得できる部分と批判すべき部分を明らかにすることで，言い合いではなく相手と議論を深めようとする姿勢を表したものである。実践b段階ではタイチはこのような表現を教師の提示した話型を活用することで述べていた（D・E）。そこでの成功体験を内化し，実践c段階では意図的かつ主体的にこのような一度受け止めてから主張する述べ方を用いたと考えられる[39]。

⑤タイチの変容を通した考察

　タイチは実践a段階から付け足しの意見によって精緻化する際には，建設的な意見を述べることが多かった。しかし，反論となると，自分の考えを押しつける傾向があった。並立的討論から対立的討論へと学習の経験を重ねていく中で，タイチのふるまいは，自分の価値判断を断定的に主張する「反論」から，相手の受け止め方に配慮しつつ協同的に議論を進めるための「反論」へと質的な向上が見られた。これはソーシャルスキルの視点からすれば，「攻撃的」な表現から，自分も他人も同様に尊重し合おうとする「アサーティブ」な表現への変容であるといえる（平木，1993 等）。すなわち，タイチは，論題に対する考えを協同的に深め合うことを目的とする中で，人間関係も同時に築いていこうとする態度を身に付けてきたといえる。

　一般的に小学校5年生段階では，相手を言い負かすことに面白さを感じる子供が少なくない。認識力や知的好奇心の高まりによるものであろうが，コミュニケーションを通じた人間関係づくりといった側面からするとマイナスの状況となりかねない。その点で，タイチは並立的討論を先行して学習することにより，討論への構えを自覚的に変容させたといえる。このことから，並立的討論を先行することの意義は，自らのふるまいの省察を通して，討論に向かう構えを協同性という視点から見つめ直すことを促す契機が得られることにあるといえよう。「反論」や「質問」の仕方を技能的に指導すること

のみで効果を上げようとしている現状を問い直し，小学校段階では互いの異質性を際立たせる前に，討論への構えを協同的なものにするための指導を意図的に設定することが必要であると考える。

(2) 関連付ける発言に変容が見られたノブオの場合

　次に，関連付ける発言に変容が見られたノブオに焦点を当てて分析していく。タイチの変容を捉える観点とした「反論」は議論を深める起点となる一方で，参加者間の情意的・社会的次元に影響を及ぼしかねない発話行為であった。一方で，この関連付ける発言は，討論における「大文脈」（岡田，1998）の形成において重要な役割を果たす発話行為であるといえる。岡田（1998）は，討論における「大文脈」の形成の重要さを以下のように論じる。

> 　異なる文脈の発言が飛び交う討論が全体として何らかの知的産物を生み出すためには，それらの異なった文脈群が互いに関連付けられる大文脈（メタコンテキスト）が必要である。そうした大文脈がそれぞれの発言者，聴者の意識に形成されてくることが，討論授業のゴールである。（p.98）

　「大文脈」の形成が討論のゴールとなるならば，関連付ける発言の分析を通して，討論によって協同で探究する力がどう変容していったかを捉えることができると考える。

①実践前の姿

　ノブオは教師の話や級友の発言を聴き，自分の考えが固まった時には自分から発言することができる。特に，「あぁ」「なるほどね。」といった賛同・共感する反応を示しながら参加する姿が多く見られる。自分の考えに固執するというよりは，議論自体を楽しむことができるタイプの子供であるといえる。

②実践a：共通点を意識しながら傾聴できる段階

　実践aでは，事前の全体指導の中で，聴くことを大切にすること，特に質問することと，共通点を考えながら聞くことが重要であることについて確認した。その上で実施した実践aの並立的討論の中で，既にノブオは聞くことを大事にしながら討論に参加する姿が確認された。トランスクリプトⅥ 11は，「臨海学校をみんなで楽しむためには，先生の話をしっかり聴くことが大切だ」という意見に対して，話し合っている場面である。

　ノブオは，クラス目標に掲げられている「けじめ」を取り上げ，シオリからの質問に自主的に答えようとしている。シオリが具体策を尋ねたことからすると，ノブオの回答は曖昧なものである。しかし，実はこのクラス目標の「けじめ」が大切であることは，この場面の前にシオリ自身から出されたものであった。そのことを考えると，この時点では不明確であるが，ノブオは暗に共通点を指摘した可能性がある。実際に，討論のまとめ段階で，共通点を考える場面ではトランスクリプトⅥ 12のようなやりとりがなされている。

　発話210でノブオは，「全部けじめをつければなおしていけると思います」と述べることから，トランスクリプトⅥ 11での回答は，シオリが先に出したクラス目標としての「けじめ」を意識したものである可能性が高い。はっきり共通点として意識して回答したのか，後で共通点を考える際に思いついたのかは不明であるが，いずれにせよ，ノブオが「けじめ」をつけることで

トランスクリプトⅥ 11

161	シオリ	あのぅ，通常の時は興奮しないでちゃんと聞けてる人も臨海学校の時では興奮して聴けないかもしれないから，その時はどうすればいいですか。
162	T	こういう場合の具体策。はい，ノブオさん。
163	ノブオ	はい，えっとシオリさんの質問についてで，興奮した時は，ええクラスの目標の「けじめ」をつけてしっかり，あの「けじめ」をつければ，あれ大丈夫だと思います。

トランスクリプトⅥ 12

202	T	じゃあ，この後話し合いをまとめていくよ。共通しているところや，大事なところ::みつけた人いますか。じゃあまず，むらさきグループのシオリさん。どんなことか。
203	シオリ	友達を困らせないこと
204	T	ていうことが＝
205	シオリ	＝大切だと思った。全部のグループのところにまとまっているというか::全部のグループのところに入っていると思います。
206	T	はい，タケシさん。
207	タケシ	全部が，それをしないとケンカにつながっている。
208	フロア	ふんふん，たしかにつながっている。
209	T	はい，ノブオさん。
210	ノブオ	はい，えっと，ぼくは「けじめ」だと思います。理由はえっと気を付けることも，けじめをつければいいし，先生の話を聞くこともけじめをつければいいと思うし，えっと全部けじめをつければ直していけると思います。

問題が解決するという意見をもちながら，友達の発言に耳を傾けてきたことがうかがえる。これらのことから，実践ａの段階で，ノブオは，他の発言をよく聞き，質問に答えたり共通点を述べたりすることが既にできていたと判断することができる。

③**実践ｂ：自他の意見を比べて聞き，自分の考えを付け加えることができる
　段階**

　実践ｂは「気持ちや情報を伝える手段について考えよう」を論題として，電話・手紙・電子メールのそれぞれのよさを話し合うことを目的とした並立的討論である。ノブオは電話のよさを考える役割を担っていた。トランスクリプトⅥ 13は実践ｂでのまとめの場面の一部である。司会が，「では最後に，どんな時にどの方法がよいか考えてみたいと思います」と促したところ

第6章　討論における協同性を高めるための段階的な指導　225

トランスクリプトⅥ 13

134	カズヒコ	シオリさんが言ったように，あの電子メールと手紙を使い分けるというやり方もあるので，電子メールではなく，電子メールと手紙をいっしょに使うという方法もあるので，その方法によっていろいろ使い分けたらいいんじゃないかなと。
135	T	ここの使い分けって何なの？誰か：：付け加えて。
136	司会	カズヤさん。
137	カズヤ	ええ，遠くの人に，ええ元気な，元気か確かめたい時とかは手紙を使って，っとすぐに：：気持ちを伝えたり：：内容を伝えたい時が電子メールがいいんじゃないかなと思います。
138	司会	ノブオさん。
139	ノブオ	はい。えっと：：だけど，とおく，あ，元気かっていうのは電話の方が話し言葉なので：：あの伝わらない時もあるかもしれないけど：：元気ぃかどうかは，あれ電話の方が伝わりやすいと思います。

から，議論が開始した。

　カズヒコが「電子メールと手紙を使い分ける」という意見を出し，カズヤがどのように「使い分け」たらよいかを付け加えたのを聞いたノブオは，自分が考える電話のよさと関連付けることで，139「元気ぃかどうかは，あれ電話の方が伝わりやすい」という意見を出している。この発話が出されるためには，相手のそれまでの発言を，自分の考えと比べたり関連付けたりしながら聞くということが不可欠である。

　このことから，ノブオは，実践 a・実践 b の並立的討論を通して，自他の意見を比べて関連付けることができるようになってきていると判断することができる。その要因として，2つのことが考えられる。第一に，並立的討論では，①重ねて「質問」すること，②「受け止め」の反応を示すこと，③共通点やキーワードをもとにまとめること，の三点が大切であることを繰り返し指導してきたことである。共通点やキーワードを見つけるために，ノブオ

は少なからず自他の意見を意識的に比較して聞いていたことが考えられる。第二に，立場の並立的関係である。実践ｂの討論でいえば，電話・手紙・電子メールのどれがよいかといった対立的関係ではなく，どれにもよいところがあることを前提とした並立的関係で議論が進められている。どれにもよいところがあるのだから，それらを比べて，各々の特長を理解し合おうとすることは自然な流れであるといえる。このことは，議論の中で出されている「どんな時にどの方法がよいか」「使い分け」といった言葉にも表れていると考える。

④実践ｃ：「視座転換」の萌芽が見られ始めた段階

　実践ｃは，対立的討論であるため，批判的思考が重点的にはたらいている。そういった中でも，ノブオは自分とは異なる相手の意見を理解しようとして傾聴し，自他の意見を関連付ける姿が見られた。論題「六年生での委員会決めでは，希望する人が重なった場合続けたい人を優先すべきか」に対して，ノブオは希望する人を優先しなくてよいという考えをもって討論に参加している。トランスクリプトⅥ14は，205タケシが５年生から続けた方がスムーズに仕事ができると主張したのに対し，シオリが209「５年生からずっとその同じ委員会に入っている人が何人かいた時に，隣で操作を教えてもらえればいい」と反論し，フロアがざわつきを起こした場面である。

　209シオリは「何人かいた時に」というように条件が合えば教えてあげればよいと考えているのであり，下級生に教えなくてはならないことが，続けたい人全員を優先する理由として納得できるものではないと判断していることが推察される。しかし，フロアのざわつく様子からは他の参加者はシオリの意図を理解できずに混乱している状況がうかがえる。その状況に対してノブオは，シオリの言いたかったことを215「しおりさんが言っているのは，ただこっちは優先，完全に優先すべきではないと言っているわけではなくて∷教えなくてはいけないから」と整理し，その上で216「あのぅ委員長

第 6 章　討論における協同性を高めるための段階的な指導　　227

トランスクリプトⅥ 14

205	タケシ	えっと。5年生から同じ委員会に入っていれば，えっと新しい5年生も，新しい5年生が入っちゃた時も，すぐに操作とかを教えられるし，だから，だから5年生も委員会をみんな楽しめるし，そういう図書委員だったら，そういう貸し借りの仕事とかもスムーズになると思います。
206	フロア	（拍手）
207	リュウスケ	賛成
208	司会②	シオリさん。
209	シオリ	そういう操作は5年生から入ってる，あ，5年生からずっとその同じ委員会に入っている人が何人かいた時に，隣で操作を教えてもらえればいいんじゃないですか。
210	フロア	（拍手）
211	フロア	（ざわつく）
212	ノブオ	はい，はい。
213	シンスケ	ノブオは。
214	司会②	ノブオさん。
215	ノブオ	シオリさんが言っているのは，ただこっちは優先，完全に優先すべきではないと言っているわけではなくて：：教えなくてはいけないから，
216	ノブオ	あのぅ委員長になる人とか何人かは，あのぅ続けてもいいと思うけど，あのぅ，あの続けてればその人が教えることで，5年生が分からなくなることは無いと思います。
217	フロア	（拍手）

になる人とか何人かは，あのぅ続けてもいいと思うけど，あのぅ，あの続けてればその人が教えることで，5年生が分からなくなることは無いと思います。」と，シオリの意見に関連付けながら自分の考えを主張している。この発話場面において，ノブオは，シオリの視座に立つと同時に，意図が分からず困惑するフロアの参加者の視座に立つといった2つの視座を行き来していると考えられる。ただし，自分の考えと同じ立場のシオリについては，「シ

トランスクリプトⅥ 15

236	●	ノブオ	だから，さっきも言ったように，あの委員長だけじゃなくて，委員長と何人かが別にちょっと付き添って，教えてればいいと思います。
237		フロア	（小さな拍手）
238	○	シンスケ	え？：：そうすればいいんじゃないの？
239	○	タケシ	そうすればいいじゃん。
240	○	シンスケ	その方がいいじゃん。
241	●	シオリ	は？　あんた何言ってんの？
242	○	シンスケ	そうやって言ったんじゃんね？
243	○	タケシ	そうやって言ったんだよ。
244	○	アツシ	オレもそれ言いたかったんだよ。
245	○	シンスケ	だよね。だよね。
246	○	タケシ	そうやって言ってた。
247	●	ノブオ	だから，だからその前にオレたちが言ってたの。
248		フロア	（ざわつく）
249	○	トモキ	まぁまぁまぁまぁ。
250		T	じゃあ，そこは意見が合ったってことだね。どっちもそれがいいと思ったんだから，そこは一致点でよかったんだね。
251	○	トモキ	その次に行こう。
252	○	シンスケ	え，だってさ。そっちが//言ってんのは担当の先生と委員長だけって聞こえたんだよ。っていうふうに感じたんだよ。
253	○	トモキ	//まぁまぁまぁまぁ。
254	○	タケシ	うん，感じた。
255	○	アツシ	感じた。
256	●	ノブオ	わかった，感じたのはわかったから，別にみんなして言わなくても。：：だから，それと何人かでってこと。
257	●	シオリ	何人かで，一人とか二人とかでぇ//
258	●	ノブオ	//教えられる人が//
259	●	シオリ	//教えられる人がいれば，他の人が入っても
260		T	そこは一致したので，別の話題にいきましょうって。
261		司会②	そこは，一致したので，別の話題にいきましょう。

262		フロア	はい。はい。
263		司会①	意見や質問がある人はいますか。
264	○	タケシ	ゴール②をさぁ。
265		フロア	どこ？
266	●	シオリ	ゴール②いったんじゃないの？　いってないか，フフフ。
267	●	ノブオ	あ，いったんじゃないの？　だからぁ，だから。// 何人かが入って教えれば
268	●	シオリ	// だから
269	○	シンスケ	// どんなことを大切にすれば，教える，教えることを大切にするっていうことでしょ。
270	●	シオリ	教えることを，何人かが
271	●	ノブオ	完全，全員変わるって言ってなくても，何人か // 残って，その人が教えられることができると思う
272	○	シンスケ	// 何人か残って教える，教えることを大切にする

オリさんが言っているのは」と冠を付けた上で「完全に優先すべきではないと言っているわけではなくて」と丁寧に説明しているのに対し，異なる立場については「教えなくてはいけないから」と述べるに留まっており，未だ自説寄りの「視座転換」でしかない。しかしながら，ここで見られた自他の意見を関連付けるノブオのはたらきかけは，「視座転換の能力」の萌芽であると捉えることができよう。

　次に，トランスクリプトⅥ 15は，2つの異なる立場に共通点が見いだされ，議論がまとめられていった場面である。立場の違いが分かりやすいように，優先すべき派の意見には白丸（○）を，優先すべきではない派の意見には黒丸（●）を付けた。ノブオの236「さっきも言ったように」とは，トランスクリプトⅥ 14の215-216ノブオの発話を指している。

　この場面で，優先すべきではない派のノブオが示した236「委員長だけじゃなくて，委員長と何人かが別にちょっと付き添って，教えてればいい」という意見は，実は優先すべき派の考えとも重なっていたことが判明した。

その後，自分たちがそれを言っていた，違うように聞こえた，というやりとりが続いた（242-252）。その状況を打開するよう，256ノブオは，違うように認識していたという252シンスケの「担当の先生と委員長」に加えて，「何人か」であるとズレを修正する発言をする。すなわち，ノブオは対立する相手の理解した内容と自分の考えを関連付け，ズレを修正するようはたらきかけたということができる。こういったノブオによる両方の視座を踏まえた調整が，共通了解を図る上で有効に機能し，267-272の発話に見られるような対立する立場の参加者同士が「共話」（水谷，1993）的に議論をまとめることにつながったといえる。

⑤ノブオの変容を通した考察

　ノブオは実践 a の段階から，共通点を意識しながら傾聴することができており，実践 b では自他の意見を比較し自分の考えを付け加えることができるようになっていた。そして，実践 c の段階では，異なる視座を行き来することで，参加者間のズレを調整していた。自分の主張を一方的に論じ続けるだけでも，相手への批判を重ねるだけでも，共通了解へと至ることは難しい。自分とは異なる視座を意識し，先行する意見と関連付けて論じていくことにより，意見の違いの背景や問題とすべき点が明らかとなっていき，共通了解への道が開かれていくと考えられる。このようなことから，ノブオに見られた関連付ける発言の高まりは，異なる意見を結び付け，協同で「大文脈」をつくる上での重要な資質の向上であるといえる。

　既に論じたように，こういった比較の思考をはたらかせ，共通点を発見したり自他の意見を関連付けたりすることが行われたのには，並立的討論での相互の立場が並立する議論の経験が影響しているといえる。どちらもよいという前提があることが，自説の優位性を主張したり相手の欠点を指摘したりすることを目標とするのではなく，それぞれの意見を比べながら聞き，関連付けることで理解を深めていこうとすることにつながると考えられる。そし

て，関連付ける発言の有効性が子供たちに認識されることにより，互いに立場が対立する討論においても，互いの意見を傾聴し，議論の展開に応じて関連付けられていくのだといえる。これらのことから，並立的討論の学習経験は，議論展開への協同的な態度を養う上でも有効であると判断することができる。

しかしながら，視座を転換させながら関連付ける発言は，小学生にとって認知的にやや高度であり，全ての子供たちに求めることは難しいと考える。小学校段階では，ノブオのように傾聴の態度と相手の意見の要点を捉える力が付いてきている一定の子供たちが，無自覚ながら高めていく程度が妥当であると考えられる。意図的，方略的ではないものの，こういった関連付ける発言を通して議論を調整する子供が現れてくるのが，小学校段階の討論であるといえよう。

第5節　並立的討論を先行して指導する効果の考察

5.1　実践の分析から導出される先行指導の効果

本章では，「累加型論題」による並立的討論と「選択型論題」による対立的討論という二種の討論を提案し，並立的討論を対立的討論に先行して指導した場合の効果について検証してきた。

発話のカテゴリー分類に基づいた発話傾向の量的な分析からは，並立的討論を先行指導した場合には，対立的討論においても「支持」「精緻化・付加」「整理・まとめ」が多くなることが確認された。これらの発話カテゴリーは，いずれも協同性にかかわるタイプであることから，並立的討論から対立的討論へと協同性という討論への構えが引き継がれていくことが考察された。

一方，ふるまいの変容についての質的な分析からは，同じ「反論」であっても，構えの協同性が高まることにより，相手の受け止め方に配慮した言い

方へと変容していく姿を捉えることができた。また，子供たちの中には，並立的討論において互いの意見を比較し，共通点を発見することを通して，自他の意見を関連付ける発言を高めていき，議論の協同的な展開にはたらきかけるようになった子供も見られた。並立的討論を先行指導することで，個々の子供たちの討論におけるふるまいがどう変容するかは必ずしも同じではないが，ふるまいに根ざす協同的な態度に共通性を見出すことができるといえよう。

これらの結果は，議論と人間関係とを切り離すことが難しいという小学校段階での討論指導においては，問題解決に向けた協同性を意図的に指導することが重要であることを示唆している。すなわち，討論とはどのような言語活動であるかを子供たちにきちんと理解させた上で，どのようにはたらきかけ合うことが共に考え合うことにつながるのかを経験的に学ばせることが大切だといえる。そうした指導の積み重ねを通して，討論における構えが形成され，「反論」のような思考の深化と人間関係の構築に直接影響を与えるタイプの発話であっても，言い合いに陥るのではなく，むしろ協同的に探究し合う人間関係づくりにつなげることができるのである。また，互いの意見を理解し合おうと傾聴することを促し，視座転換を伴った関連付ける発言によって「大文脈」の形成といった協同探究にはたらきかける子供が現れてくる契機ともなる。そういったうえで，本章で示した対立的討論に先行して並立的討論を指導することは1つの有効な手段であり，子供たちの発達を視野に入れたカリキュラム開発に向けた足掛かりとなると考える。

5.2 残された課題

本章の研究で残された課題としては，次の二点が挙げられる。

第一に，義務教育課程を通じた討論指導のカリキュラム開発とその実証的分析である。小学校段階についていえば，中学年までの話し合い指導と高学年における討論指導との接続について検討していく必要がある。具体的には，

「支持」「精緻化・付加」「整理・まとめ」は，中学年での話し合いでも一般に行われているし，対象とした学級の子供たちも明示的に取り組んできていた。そうであるならば，4年生でも並立的討論を扱うことは可能なのか，5年生で扱った場合とどのような差異があるのか，については検証の余地がある。また，中学校での討論指導との接続についても，考慮していく必要がある。議論展開への意識のもたせ方や，一つ一つの発話の論理性や量についても，中学生の発達課題を捉えつつ，求めるレベルを設定していきたい。

第二に，並立的討論の指導法の改善と実践の積み上げである。実践aでは教師が司会を務め，実践bでも3グループに分けてフィッシュボウル形式で行ったものの随所で教師が介入し，進行を手助けした。その要因として，「累加型論題」であると，立場が並立するため論争的会話は起こりにくくなるものの，どの方向に進めればよいのかがはっきりしないことが挙げられる。実践bでは，「質問」や「精緻化・付加」を中心に進めていったのだが，議論を深めるような「質問」を子供たちが適時に思いつくことは難しいし，むしろ「質問」がなかなか出てこないといった事態も往々にして想定される。対立的討論以上に，事前に議論の計画を立てておく必要があるといえるのかもしれない。子供たちが討論する必要感をもてるような論題の開発と合わせて検討していくことが求められる。

注

31）一般社会で実施されたパネル・ディスカッションや国語科教科書で扱われていた「累加型論題」を100点収集し，分類を重ねて2種類にまとめた。なお，単に現状分析のようなテーマは対象から外した。

32）北川（2014）や北川（2016）では，立場が並立する討論を〈協同的討論〉，対立する討論を〈対論的討論〉と呼んだ。しかし，〈協同的討論〉が協同探究型討論と混同しやすいことや，〈対論的討論〉は協同的ではないとする誤解が生じやすいことから，本研究では〈協同的討論〉を並立的討論，〈対論的討論〉を対立的討論と名称を改めることとした。

234

33)「反論」の仕方で相手の受け取り方が異なることを実感的に理解させるため，取り立て指導を行った。問いかける形での反論と言い切る形での反論，部分的には受け止めた上での反論と全面的な否定の反論を並べて提示し，それぞれどのように感じるかを交流した。

34) 頭の記号は引用者に拠る。翻訳は秋田（2004）を参照した。

35) これらは，いずれも読解のための交流の手立てとして示されたものではあるが，議論を通して協同探究するという点で重なる部分が大きいと考える。

36) 部分的に「支持」した後で「反論」する発話等，複数の機能がつながっている発話については，途中で発話を2つに分割してカウントすることとした。また，問いかける型での「反論」のように，「反論」と「質問」の2つの機能を両方有している発話については，それぞれ0.5ずつとしてカウントした。

37) 論争的討論とは，立場が対立する討論のうち，協同性が低い討論のことである。「ディベートもどき」とも呼ばれ，言い合いの様相を呈する。この論争的討論は，平成20年に別学級で実施したものであり，年間2回取り組んだ内の2回目である。論題は「吉祥寺駅に行くには，自転車がよいか，バスがよいか」である。

38) 3つの学級はいずれも30人程度であり，日常的にグループ等での話し合いを積み重ねている。

39) 実際，実践bの討論を省察した際，タイチは「ヤスヒロに対する質問の答えかたがよかったと思います。」と自身の発話を肯定的に記述している。

終章　研究の成果と課題

第1節　本研究の成果とその意義

　本研究では，協同探究型討論の指導について，〈議論展開能力〉の育成を中心に研究を進めてきた。終章では，それらをまとめ，成果と意義を整理していくこととする。

1.1　各章での成果の整理

　第1章「討論指導の目標の変遷」においては，小学校での国語科教育において討論指導でどのような資質・能力を育成することが目指されてきたのか調査した。その結果，以下に示す三段階の目標論の変遷を捉えることができた。第一段階は，大正期から昭和初期にかけてである。討論は発表指導（話し方指導）の中に組み込まれており，明確な自己主張の能力を育成することが目標とされた。すなわち，討論は対立する相手を設定することで，自己主張の意欲を高める目的で用いられたのである。第二段階は，昭和30年代の大久保忠利らによる討論指導と平成初期のディベート指導である。どちらも，論理的な思考力を育成することが中心的な課題とされた。大久保らは，とりわけ内言の指導を重視しており，表出する言葉も外内言であるとした。内言を鍛えることは，自己内対話を充実させるため，論理的で多角的な思考へと高める上で重要である。しかしながら，大久保らの討論指導は，議論内容への関心が低かったことや，当時の社会が討論の必要性への認識が低かったこと等が原因で，充実した理論と指導法が開発されたにもかかわらず，あまり広がらなかったとされる。また，平成初期のディベート指導は，学習指導要

領が音声言語重視の方向性を明示したことにより，モノローグ型からダイア
ローグ型の音声言語指導への転換が目指され，一大ブームの様相を呈した。
ゲーム性や形式的立場であることを生かし，論理的思考力や論理的表現力，
批判的聴解力の育成が目標とされた。しかし，教科書にも掲載されるなどの
実践の広がりが進むにつれて，ディベートについての理解が十分ではない実
践が多くなり，言い合いに陥る状況や級友との関係を気にして言葉を発しな
い子供が散見される状況が指摘されるようになっていった。また，論理的思
考力育成のトレーニングとしてのディベートだけではなく，実際の問題解決
に資する討論能力を育成すべきであるとする論稿が多く出されるようになり，
二値的な思考や立場の固定が課題視されるようになっていった。そういた課
題を止揚し，協同での探究のための討論能力の育成を志向するようになった
のが，第三段階の討論指導である。1990年代後半から2000年代にかけて，藤
森や村松によって対話概念が討論指導に導入されていったことや，甲斐が
「共同の問題探究者」としての関係構築の重要性を指摘したこと，高橋らが
パネル・ディスカッションによる現実的な問題の解決のための言語能力の育
成を提言したことが起点となったといえる。第三段階では，ディベートが重
視した認知的次元だけでなく，情意的次元や社会的次元へのはたらきかけも
指導の対象とされるようになってきた。さらに，ゲームとして勝敗を決する
のではなく，互いの考えの論拠を尋ね合い，1つの合意には至らなくとも，
それぞれの立場の利点や問題点を共有することが討論の目的であるとされた。
このような変遷を踏まえ，今後の討論指導では，協同探究型討論を志向する
ことの必要性を示唆した。このように，第1章は，通時的な裏付けに基づい
て，現在求められる討論指導を導出したことに意義があると考える。

　第2章「小学校段階における協同探究型討論の必要性の再検討」では，小
学生にとっての討論による学びの必要性について，実践の分析に基づいて考
察した。先行研究においては，認知的葛藤が学びに与える影響について，自
己中心的な考え方からの脱却や思考の構造化といったことが論じられてきた。

終章　研究の成果と課題　237

　しかし，他者からの異論を聞くのみの学習（〈異論受信型〉と呼ぶ）でも認知的葛藤は起こることから，討論による学習（〈討論型〉と呼ぶ）でこそ学び得る内容については検討する余地がある。また，〈異論受信型〉と〈討論型〉とで，情意的社会的次元にどのような違いが生じるのかについて，実証的に検討する必要がある。そこで，〈異論受信型〉と〈討論型〉とを比較分析し，認知的次元と情意的社会的次元についての違いを検討した。その結果，〈異論受信型〉では「学習のまとめ」において，批判的・評価的に自分の考えを明確に記述できているものの，自己の視点を脱することに課題が見られた。一方，〈討論型〉では，討論の中で集団の吟味・評価によって合理性が高められた意見や新たに創出された意見が「学習のまとめ」に積極的に取り入れられるといった特徴が見られた。また，情意的・社会的次元への影響の違いについて質問紙調査を用いて分析した結果，〈異論受信型〉の方が攻撃的な意識や不安な感情が高くなり，相手との間に情意的・社会的な壁を築いてしまう可能性が指摘された。一方，〈討論型〉により，級友との質問や批判を通して考えを深めていく方が面白さを感じるといった肯定的な感情が高まることが指摘された。しかしながら，〈討論型〉が学びの深まりにつながるには条件があることも明らかとなり，討論に向かう協同的な構えがあることや展開を意識し協力して推進しようとする態度と技能が必要であることを論じた。これらの結果を踏まえて，第2章では，討論学習の必要性として，①議論された意見を「アプロプリエーション」しながら自分の考えを発展させられること，②思考の進め方を学ぶ場となること，③相互尊重や協同的な態度の大切さを体験的・実感的に学べることの三点を導出し，合わせて指導の要点を示唆した。第2章の意義は，〈異論受信型〉と〈討論型〉とを実証的に比較分析することで，協同探究型討論でこそ身に付けることが可能な資質・能力を明らかにしたことである。しかも，認知的次元のみならず，情意的・社会的次元についても分析したことは，子供たちの討論での学びを捉える視点を拡張することにつながり，実践開発に向けての示唆を得られたと考える。

第3章「協同探究型討論で育成すべき能力の検討—〈議論展開能力〉を中心に—」では，討論を通して協同で探究するために求められる資質・能力について検討した。先行研究を調査した結果，①論理的な話表力と聴解力，②協同的態度，③クリティカルな態度・思考，④討論を展開する能力が必要であることを導出した。そのうち，④討論を展開する能力は，先行研究ではあまり焦点が当てられていないものの，討論を通じて協同で探究する上で重要な能力であると判断し，〈議論展開能力〉と呼び，具体的に検討することとした。この〈議論展開能力〉とは，異なる立場や考えをもった主体同士が，討論を通して主題についての思考を深め，探究共同体としての人間関係を築けるよう，議論の展開を俯瞰して捉え，推進したり調整したりする能力であると定義した。また，〈議論展開能力〉は，議論展開スキル，メタ認知，議論プロセスに関する知識を構成要素としていると考えた。そして，具体的な議論展開スキルを設定するために，村松や山元による先行研究や，学級討論における教師発話を分析し，抽出する作業を行った。その結果，14の具体的なスキルを導出し，それらを分類・統合し，5つのカテゴリー（①共通の理解を深めるはたらきかけ，②議論の道筋をつくるはたらきかけ，③進行状況をコントロールするはたらきかけ，④議論内容を整理するはたらきかけ，⑤協同性を高めるはたらきかけ）を設定して整理した。これらのスキルが有効に機能するためには，いずれも討論状況を俯瞰して捉えるといったメタレベルでの意識がはたらくことが重要となる。このように，議論を展開させていくための能力について，複数の次元から検討した先行研究は管見ながら見当たらないことから，本研究の独自性であり，これからの討論指導を検討していく際に重要な内容を示したという意味で，第3章の研究の意義がここにあるといえる。

第4章「小学6年生を対象とした〈議論展開能力〉の育成」では，第3章で導出した〈議論展開能力〉を指導の対象とすることの有効性について，都内公立小学校の6年生に実施した3つの実践と，その比較対象とするプレ実践とを分析することで検討した。その際，〈議論展開能力〉を指導の対象と

する有効性を検討する上では，多角的な分析が重要であると考え，以下の3観点について分析した。

まず，【分析1】は「最終討論である実践Ⅲでの議論は望ましい状態に至っていたのか」である。「望ましい状態」を認知的次元と情意的・社会的次元から検討すべきと判断し，両面について分析に取り組んだ。その結果，認知的次元については，いずれのグループも討論の中で様々な意見が出され，多角的に検討が進められ，論題に対する思考が深まっていた様子が確かめられた。また，情意的・社会的次元については，実践Ⅲ後の質問紙調査を対象とした分析結果から，子供たちは自分たちの議論の成長を実感しながら協同的に議論し合う関係を構築していたと判断した。以上のことから，実践Ⅲの討論は，一定の「望ましい状態」を担保していたと結論づけた。

次に，【分析2】は「3つの実践を通して子供たちは〈議論展開能力〉をどのように高めていったか」として，意図的な指導により小学校6年生が〈議論展開能力〉を向上させられることの実証に取り組んだ。具体的には，プレ実践と実践Ⅲでの議論展開スキルの出現頻度の比較や，質問紙における議論展開スキルの有効性の記述を分析し，それらを子供たちはどのように受容・活用していったかを紐解いていった。その結果，子供たちは，状況に応じて必要な議論展開スキルを主体的に活用し，経験を通して自分なりの意味付けをしながら方略として獲得していることが確かめられた。

最後に，【分析3】では個々の変容を明らかにするべく「個々の学びの内容や過程はどのようであったか」の問いにアプローチした。タイプの異なる3名を抽出し，実践群を通した変容について質的方法を用いて分析した。その結果，①同じ学習過程であっても個々が学ぶ内容や変容は様々であること，②どの子も〈議論展開能力〉の向上が確認されること，を明らかにした。3つの実践を通して，議論展開スキルを取り立て指導や実際の討論で活用しながら学んでいくことで，議論の展開を捉えながらはたらきかけることができるようになっていったといえる。

以上のことから，第4章の検討を通して，小学生が〈議論展開能力〉を高めていくことは可能であり，〈議論展開能力〉を指導の対象とすることは，多角的で広がりや深まりのある協同探究型討論を実現する上での有効なアプローチである可能性が高いと結論付けた。この第4章で得られた知見は，今後の討論指導における指導内容や方法を検討する上での有益な示唆を提供し得ると考える。また，その分析方法として，多角的で重層的なアプローチをとることで，子供たちの学びの実際を捉えたことも成果の1つであるといえる。そういった意味で，討論や話し合いにおける学びを分析する方法についての提言としても，第4章の研究は意義があると考えられる。本研究を起点に，さらなる分析のアプローチを開発，検討していきたいと考える。

第5章「議論展開スキルの整理」では，前章の実践群における議論展開スキルの活用状況を踏まえ，議論展開スキルを構造化することに取り組んだ。その結果，議論展開スキルを「小学校段階の討論での中核的なスキル」「状況に応じて有効に機能するスキル」「発展的なスキル」に区分し得ることを明らかにした。そして，「小学校段階の討論での中核的な議論展開スキル」の中でも，小学校高学年段階での指導の重点は【全体に問いかける】と【途中で意見を整理したりまとめたりする】であることを提言した。

さらに，【全体に問いかける】は，子供たちが自覚的に推進機能と調整機能の両方で活用していたことから，議論展開においてどのような役割を果たしていたかをより詳細に分析していった。その結果，①論点を提示し，全員で考えていくための足掛かりをつくる，②議論への主体的な参加を促す，といった基本的な機能に加えて，③議論の抽象度をコントロールする，④話題を転換し，議論の偏りを修正する，⑤話題を転換し，言い争いに陥るのを防ぐ，⑥個人の葛藤を全体に広げ，議論を活性化させるといった副次的な機能を果たしていたことが明らかとなった。質問のように宛先を明確にして尋ねるのとは異なり，【全体に問いかける】は疑問や分からなさを場に投げかけるという行為であり，時には呟きのようなものであることもある。そういっ

た曖昧さを多分に含んだ行為であるから，実際には日常的に行われていたとしても，指導や研究の対象とされにくかったのかもしれない。しかし，本章で明らかにしたように，【全体に問いかける】が多様な機能を果たしていることを鑑みれば，意図的に活用できるよう指導することが主体的な議論展開の力を高める上で効果的であると言えるのではないだろうか。今回の調査は，あくまで対象とした実践群で見られた機能であり，今後，発達段階や論題の種類等の異なる討論に対象を広げていけば，さらに機能が見えてくるかもしれない。その意味で，【全体に問いかける】は実践だけでなく，研究対象としても，引き続き注目していく価値があると考えている。

　最後に，第6章「討論における協同性を高めるための段階的な指導」では，対立的な討論（＝対立的討論）への取り組みに先行して，互いの立場が並立する討論（＝並立的討論）の学習を経験することの有効性について実証的に検討した。第4章で提示した実践のように，対立的な討論を通してでも協同性を高めることは可能である。しかし，より円滑に導入する上では，並立的討論の学習において，相手の意見を一度受け止めることや，論拠を尋ね合うことの大切さを実感的につかみ，それを生かして対立的討論に挑戦するといった段階的な学習が効果的であることを主張した。小学校5年生を対象とした実践を分析した結果，「支持」「精緻化・付加」「整理・まとめ」といった発話の頻度が，並立的討論だけでなく，対立的討論でも論争的討論に比べて高くなることを指摘した。これらの発話は，互いに考えを積み上げ，確かめながら協同的に議論を進める上で有効に機能する発話である。こういった発話の有効性を並立的討論の学習を通して学ぶことが，後続の対立的討論でも生かされたのだと判断し得る。また，個別の子供たちのふるまいの変容についての質的な分析においては，相手の受け止め方に配慮した「反論」や自他の意見を関連付ける発言が出現するようになっていく姿が確認された。いずれも，ふるまいに根ざす協同的な態度に共通した変容を見出すことができることから，並立的討論の先行学習が討論における協同性を高める上で効果

を発揮した可能性が高いと結論付けた。このように，討論という言語活動に並立的討論を加え，段階的な指導によって認識の深まりと人間関係の維持・発展とを両立させる可能性を示したことは，今後の討論の実践開発における有益な知見となったと考える。普及に向けて，小学生に適した並立的討論の論題を開発し，指導の実例を増やしていくことに取り組んでいきたい。

1.2　本研究の成果と意義

以上を踏まえ，本研究の成果と意義をまとめると，以下の四点に集約されると考える。

第一点は，本研究において，通時的な視点から目標の変遷を捉えたこと，認知的葛藤を生じさせる他の言語活動との比較を通じて討論の必要性を明確化したことにより，討論指導の現在的な位置づけや重要性を，垂直・水平の両方から吟味・検討できたことは，本研究の成果の１つであると考える。

第二点は，討論を協同で探究するための議論とする上で必要な資質・能力を整理し，〈議論展開能力〉を育成することの必要性を実証的に明らかにしたことである。学習場面や生活場面での討論において，あらかじめ展開のプロットが決まっていることは，ごく稀であるといえる。むしろ多くは，それぞれの意見を生かしたり尋ね合ったりして，話し合いながら協同で展開させていくことが求められる。そういった現実生活の様々な場面で必要となる展開を俯瞰して捉え，はたらきかける能力としての〈議論展開能力〉の育成を志向したことは，本研究の独自性が表れていると考える。

第三点は，上述した〈議論展開能力〉の向上や討論における協同性を高めることを目標とした指導方法を具体的に提示したことである。第４章・第６章で提示した実践は，いずれも継続的に取り組んだ複数回の授業であった。その中で，子供たちの省察を大事にしたり，話題や互いの関係性に変化をつけていったりすることで，無理なく確実に協同的・探究的に議論することができるようになっていった。小学生という発達段階に適した討論指導の１つ

終章　研究の成果と課題　　243

の在り方を提示できたと考えている。

　最後の第四点は，研究方法に関することである。本研究では，実践分析において，多元的方法による開発アプローチを導入した。話し合い・討論自体を対象とした子供たちの学びの姿を分析することに関しては，手法自体が，今後さらに開発していく必要のある研究領域だと言えるのではないだろうか。そういった現状の中で，多角的で重層的に討論についての学びを分析する方法を提案できたことは，今後の話し合い・討論指導の研究に資すると考えられる。

第 2 節　本研究に残された課題と展望

　一方で，本研究に残された課題として，分析対象を拡張していくことを考えている。その展望として，以下の点を指摘しておく。

論題のジャンルや抽象度の拡張
　本研究における〈議論展開能力〉の育成を志向した実践においては，議論展開スキルがどのように身に付いていくかを分析するために，価値判断をめぐる論題に統一して扱った。しかも，知識の差が討論への参加の仕方に影響することを防ぐため，実践Ⅱを除く討論では，モラルジレンマを含んだストーリーを基に論題を設定した。そのため，高コンテクストで具体的な場面についての議論が展開されるといった共通点が見られた。子供たちの変容を分析するためには論題を統制することは有効であったが，一方で，他のタイプの論題であった場合についての分析は課題が残された。対象を広げることを通して，汎用性の高い議論展開スキルの有無や議論能力の領域固有性について考究していくことを今後の課題とする。

議論を通した子供たちの意見の変容についての分析

本研究では，〈議論展開能力〉を中心とした討論を通じた協同探究に必要な資質・能力の育成に焦点を当てて分析してきた。そのため，提示した実践群を通じて子供たちの討論におけるふるまいがどのように変容してきたのか，発見した議論展開スキルにどのような意味付けをしながら方略的に活用するようになっていったのかについては，具体的・実証的に明らかにすることができたといえる。しかし一方で，子供たち個々の意見内容に焦点を当て，討論の前後でどのように変容したのかといったコンテンツベースの分析は第2章で部分的に扱ったものの，十分には行えなかったと受け止めている。討論を通して自らの意見の論証を精緻化したり，修正したりするといった視座から子供たちの学びを捉えた場合には，子供たち個々が討論の前後に記述した自分の考えを分析対象とすることは重要となると考えられる。そういった分析を加えていくことで，教育方法としての討論という立場から他教科・他領域における研究に資することができるであろう。分析方法の開発を含めて，今後の課題としたい。

議論プロセスに関する知識の獲得・活用を対象とした調査

本研究では，〈議論展開能力〉の構成要素の1つに議論プロセスに関する知識を挙げた。議論を展開する上で，進め方のバリエーションや特徴についての知識が有効に機能すると考えるためである。調査実践においては，「意見を出し合う→一度整理する→互いに質問や意見を述べ合う→必要に応じてまとめる」といった大枠のプロセスについては提示し，この流れに沿って子供たちは討論を進めていたことから，議論プロセスに関する知識の獲得・活用が全くなかったわけではない。しかしながら，他の議論プロセス[40]を提示することはなく，子供たちがバリエーションの中から主体的に選択できるかを調査することはできなかった。自律的で建設的な議論展開のためには，こういった俯瞰したレベルでの知識が必要であると考えられることから，今後，

特に小学生を対象とした議論プロセスに関する知識の獲得・活用についての
調査に取り組んでいきたいと考える。

小学校 6 年間を通した話し合い指導のカリキュラムへの位置付け

　本研究では，多くの学校現場で討論指導を開始する小学校高学年を対象に，
〈議論展開能力〉及び討論における協同性をいかに高めるかを追究してきた。
第 5 章でも触れたことだが，それらの中には 4 年生までの話し合い指導でも
扱うことが可能なものも少なくない。むしろ，限られた授業時数で，議論を
通じた協同探究を可能にするためには，できるだけ扱う事項を焦点化すべき
であろう。例えば，協同的態度に関する指導は低学年期から継続的に指導が
積み重ねられることであろう。また，展開に関するスキルについても，その
いくつかは中学年で重点的に指導される司会の方法と関連させることが有効
だと考える。この点については，2019年以降，実証的な研究を進めていると
ころである。

中学校での討論指導との接続の課題

　本研究の対象とした小学校段階での討論指導と直接的な影響を及ぼし合う
のが，中学校での討論指導との接続の問題である。
　小学校段階での討論では，立論に指導の力点を置きすぎると，最初の意見
発表はよかったのだけれど，その後の議論が続かないといった事態が起こっ
たり，難しさを感じて一定数の子供たちが議論への参加を投げ出すといった
状況に陥ったりすることがある。筆者自身，以前，小学校 6 年生を対象に
トゥールミン・モデルを活用した討論実践を実施した経験があるが，議論に
主体的に参加できたのは一部の認知レベルの高い子供たちだけとなってし
まった反省すべき経験がある。もちろん，当時の筆者の指導力不足もあるの
だが，その経験から，小学生では自分の考えに対して妥当性のある理由をい
くつかもてればよいと考えるに至った。そのため，本研究では，討論内での

意見の論証の精度については分析の対象としていない。認知レベルが向上する中学生段階では，一人一人の意見の論証の精度が求められるであろうし，そうすると，一回の発話も質・分量ともに高まらせていく必要があると考える。

　また，中学校段階では，議論展開スキルの自覚的で方略的な活用をさらに促していくことが考えられる。例えば，【全体に問いかける】についても，議論の抽象度をコントロールする等の副次的な機能についても自覚して用いることも想定される。あらかじめ全体への問いを出し合ってメタ対話をし，論点とすべきことの計画を立てて議論を展開するといった用い方も考えられる。中学生の議論能力の実態を把握し，どの程度の方略的な活用を促すかについて検討していくことを課題としたい。

　以上のように，本研究を通して，新たに様々な課題を発見することができた。個人だけで全ての課題解決は難しく，まさに討論指導についての協同探究が必要となるといえよう。今後，さらに実証的な研究を積み重ね，国語科を中心とした討論指導の充実に向けて取り組んでいきたいと考える。

注
40) 例えば，論題についての理解を共有する場面を冒頭に設定したり，それぞれの意見の判断基準を明確にして重要度を検討する場面を加えたりといったことが考えられる。

引用・参照文献一覧

Andrissen, J.（2006）. Arguing to Learn. in K. Sawyer.（Ed.）. *The cambridge handbook of The Learning Sience*. Cambridge university press, 443-459.

Baker. M., Andrissen. J., & Järvelä. S.（Eds.）.（2013）. *Affective learning together*. Routledge.

Bales, R（1950）. *Interaction process analysis*; a method for the study of small groups.

Kim, M.（2002）. *Non-western perspectives on human communication*. SAGE.

Lipman, M.（2003）. *Thinking in Education. 2nd ed.*, New York: Cambridge University Press.

Martin, J.（1993）. Intercultural commnication competence. Wiseman & Koester（Eds.）, *Intercultural commnication competence*, SAGE, 16-32.

Mercer, N.（1995）. *The Guided Construction of Knowledge*: Talk Among Teachers and Learners. Multilingual Matters.

Mercer, N., Wegereif, R., & Daws, L.（1999）. Children's talk and the development of reasoning in the classroom. *British Educational Research Journal*, 25(1), 95-111.

Nathalie. Muller, Mirza.（2013）A sociocultural perespective on conflict in argument-ative design. Baker. M., Andrissen. J., & Järvelä. S.（Eds.）. *Affective learning togethe*r. Routledge, 233-250.

Palincsar, A. M.（2003）. Collaborative approaches to comprehension instruction. In Sweet, A. P. and Snow, C. E.（eds.）*Rethinking Reading Comprehension*, New York: Guilford. 99-114.

Paul, R. and Elder, L.（2002）. *Critical Thinking:* Tools for Taking Charge of Your Professional and Personal Life. Upper Saddle River, N. J.: Financial Times Prentice Hall.

Paul, R. W.（1987）. Dialogical thinking: Critical thought essential to the acquisition of rational knowledge and passions. In J. B. Baron & R. J. Sternberg（Eds.）, *Teaching thinking skills*: Theory and practice, New York: W H Freeman and company, 127-148.

Paul, R., Binker, A. J. A., Jensen, K. & Kreklau, H.（1990）. *Critical Thinking Hand-*

book: 4th-6th Grades. A Guide for Remodelling Lesson Plans in Language Arts, Social Studies & Science. Rohnert Park, CA Foundation for Critical Thinking.

Paul, R.（1995）. *CRITICAL THINKING:* How to Prepare Students for a Rapidly Changing World. Foundation for Critical Thinking.

Bohm, D.（1996）.*On dialogue.* 金井真弓（訳）『ダイアローグ』英治出版

Delanty, G.（2003）. *Community.* 山之内靖・伊藤茂訳（2007）『コミュニティ―グローバル化と社会理論の変容』NTT 出版

Johnson・Johnson・Holubec.（2002）. *Circle of Learning*: Cooperation in the Classsroom. 石田裕久・梅原巳代子訳（2010）『学習の輪　学び合いの協同教育入門』二瓶社

Habermas, J.（1990）. *Strukturwandel der Öffenlichkeit.* 細谷貞雄・山田正行訳（2002）『公共性の構造転換―市民社会の一カテゴリーについての探究』未來社

Lipman, M.（2003）. *Thinking in Education. 2nd ed.* 河野哲也・土屋陽介・村瀬智之監訳（2014）『探求の共同体　考えるための教室』玉川大学出版部

Paul, R. & Elder, L.（2002）. *Critical Thinking*: Tools for Taking Charge of Your Professional and Personal Life. 村田美子・巽由香子訳（2003）『クリティカル・シンキング』東洋経済新報社

Vygotsky, L.S.（1934）. 柴田義松訳（2001）『思考と言語』新読書社

Wertsch, J.V.（1998）. *Mind as Action*, Oxford University Press. 佐藤公治他訳（2002）『行為としての心』北大路書房

秋田喜代美（2004）「対話を培う授業のデザイン」『教職研修10月号増刊 "子どものチカラ" 向上大作戦第 3 巻子どもたちのコミュニケーションを育てる』教育開発研究所

秋田喜代美（2012）『学びの心理学：授業をデザインする』左右社

浅井靖生（2004）『論理的思考力を育む国語教育―「ディベート」と「図解思考」の拓く地平―』溪水社

安達弘（1994）「小学校 6 年　「動物園の動物と野生の動物，どちらが幸せか」」藤岡信勝編『「議論の文化」を育てる教室ディベート入門事例集』学事出版，92-99.

阿部昇（1995）「ディベートの位置と論題の妥当性」日本言語技術教育学会編『言語技術教育　第 3 号』明治図書出版，40-44.

安直哉（1996）『聞くことと話すことの教育学―国語教育基礎論―』東洋館出版社

飯田恒作（1918）『話し方教授』教育研究会

引用・参照文献一覧　　249

池内清（1996）『シリーズ教室ディベート6　小学校はじめてのディベート授業　5
　　つの指導ステップ』学事出版

池田修（2008）『中等教育におけるディベートの研究―入門期の安定した指導法の開
　　発―』大学図書出版

石川哲史（1995）『ディベートで話ことばを鍛える』明治図書出版

一柳智紀（2009）「教師のリヴォイシングの相違が児童の聴くという行為と学習に与
　　える影響」『教育心理学研究』第57号，373-384.

上山伸幸（2015a）「方法知の有効性の自覚化を促す話し合い学習指導の研究―小学校
　　4年生を対象とした実験授業の分析を中心に―」『国語科教育』77号，14-21.

上山伸幸（2015b）「方法知の活用を促す話し合い学習指導の開発―小学校4年生を
　　対象とした授業の分析を通して」『国語科教育』78号，13-20.

宇佐美寛（1998）「討論は実証の代用・補助である」日本言語技術教育学会編『言語
　　技術　第7号』明治図書出版，41-45.

有働玲子（1994）「話し合うことの指導実践史　戦前」高橋俊三編『話し合うことの
　　指導』明治図書出版，184-191.

大久保忠利・小林喜三男（1961）『話しコトバ指導の技術』明治図書出版

大久保忠利・小林喜三男（1967）『思考力・言語能力を高める討論指導』明治図書出
　　版

大塚裕子，森本郁代（2011）『話し合いトレーニング　伝える力・聴く力・問う力を
　　育てる自律型対話入門』ナカニシヤ出版

大渕憲一（2015）『紛争と葛藤の心理学―人はなぜ争い，どう和解するのか―』サイ
　　エンス社

岡田敬司（1998）『コミュニケーションと人間形成　かかわりの教育学Ⅱ』ミネル
　　ヴァ書房

岡本明人（1992）『授業ディベート入門』明治図書出版

岡山洋一（1994a）「ディベート事始め―十六世紀～文明開化―」『授業づくりネット
　　ワーク』第83号，学事出版，140-144.

岡山洋一（1994b）「ディベートの衰退―明治時代～大正時代―」『授業づくりネット
　　ワーク』第84号，学事出版，100-104.

長田友紀（1999）「「思考」と「コミュニケーション」を統合する話し言葉教育の検討
　　―対人コミュニケーション論をてがかりとして―」『人文科教育研究』第26号，
　　49-58.

長田友紀（2009）「グループ討議において学習者が抱える二重性―なぜグループ討議

の指導は必要なのか―」『月刊国語教育研究』第443号，50-57.

長田友紀（2013）「話すこと・聞くことの学習指導の内容・方法に関する研究の成果と展望」全国大学国語教育学会編『国語科教育学研究の成果と展望Ⅱ』学芸図書

甲斐雄一郎（1997）「討論指導における教育内容の再検討」『国語科教育』第44号，4-8.

甲斐雄一郎（2015）「合意形成能力」『国語科重要用語事典』明治図書出版，86.

抱井尚子（2004）「21世紀の大学教育における批判的思考教育の展望―協調型批判的思考の可能性を求めて―」『青山国際政経論集』第63号，129-155.

抱井尚子（2015）『混合研究法入門―質と量による統合のアート』医学書院

香川秀太（2015）「「越境的な対話の学び」とは何か」香川秀太・青山征彦編『越境する対話と学び　異質な人・組織・コミュニティをつなぐ』新曜社，35-64.

柏熊俊司（1940）『国民科国語　話方指導の要綱と週案』厚生閣

香月正登・上山伸幸（2018）『文字化資料・振り返り活動でつくる小学校国語科「話し合い」の授業』明治図書出版

川本信幹・藤森裕治・中島葉子（1991）「ディベートで生き生き授業―話し方指導のレベルアップ」『月刊国語教育』第123号，東京法令出版，16-27.

北川雅浩（2014）「協働探究を志向した討論力の育成」『月刊国語教育研究』第505号，50-57.

北川雅浩（2016）「小学校段階で討論を円滑に導入する方法の検討」『国語科教育』第79号，23-30.

北川雅浩（2018a）「小学校段階における討論学習の必要性の再検討―認知面と心理面への影響の分析を通して―」『国語科教育』，第83号，15-23.

北川雅浩（2018b）「自律的な討論の実現に向けた指導に関する一考察―小学校段階における〈議論展開能力〉の育成を中心に―」『国語科教育』，84号，40-48.

北川雅浩・坂本喜代子・中村敦雄（2016）「合意形成を目指した話し合いの力を培うための方略」『東京学芸大学国語教育学会研究紀要』12号，7-18.

楠見孝（2011）「批判的思考力とは―市民リテラシーとジェネリックスキルの獲得」，楠見孝・子安増生・道田泰司編『批判的思考力を育む―学士力と社会人基礎力の基盤形成』有斐閣，2-24.

倉沢栄吉（1987）「国語学習指導の方法」『倉沢栄吉国語教育全集1 国語単元学習の開拓』角川書店〔原典『国語学習指導の方法』，1948，世界社〕

倉沢栄吉（1989a）「国語教育論要説」『倉沢栄吉国語教育全集9 人間尊重の国語教育思想』角川書店〔原点『国語教育論要説』，1967，新光閣書店〕

倉沢栄吉（1989b）「きくこと・はなすことの学習指導」『倉沢栄吉国語教育全集10話しことばによる人間形成』角川書店〔原典『国語科の教育心理』，1957，金子書房〕

香西秀信（1995）『反論の技術—その意義と訓練方法—』明治図書出版

河野哲也（2014）『「こども哲学」で対話力と思考力を育てる』河出ブックス

国立教育政策研究所（2016）『国研ライブラリー　資質・能力［理論編］』東洋館出版社

酒井雅子（2013）「探究学習における「哲学的」討論の理論的根拠—リップマンによる研究の「対話」概念を中心に—」『国語教育史研究』第14号，31-40

酒井雅子（2017）『クリティカル・シンキング教育—探究型の思考と態度を育む—』早稲田大学出版部

佐久間順子（1994）『シリーズ教室ディベート2　小学生でもできる教室ディベート』学事出版

佐藤公治（1996）『認知心理学からみた読みの世界—対話と協同的学習をめざして—』北大路書房

佐藤公治（1999）『対話の中の学びと成長　認識と文化10』金子書房

佐藤公治（2013）『学びと教育の世界　教育心理学の新しい展開』あいり出版

渋谷孝（1995）「ディベートによる「真」と現実問題の「真」とのずれの問題」日本言語技術教育学会編『言語技術教育　第3号』明治図書出版，62-64.

島崎隆（1988）『対話の哲学』みずち書房

水津昭子・足立登志也・水谷宗行（2013）「熟練教師と学生の教室談話の違い—児童への要求と児童の発言に対する応答の談話分析を通して—」『京都教育大学実践研究紀要』第13号，233-241.

鈴木健（2011）「コミュニケーション教育の源流」日本コミュニケーション学会編『現代日本のコミュニケーション研究』三修社，140-147.

須田実（2009）「日常生活・社会生活に必要な「発表・討論力」の育成」『教育科学国語教育』第702号，明治図書出版，102-103.

瀬川榮志（1998）『考える力を育てるディベート学習〈5・6年〉—すぐに使えるワークシートつき—』明治図書出版

高橋俊三（1993）「対話能力を磨く—話し言葉の授業改革—』明治図書出版

高橋俊三（1994）『話し合うことの指導』明治図書出版

高橋俊三（1998）「パネルディスカッションの授業で身につけさせる言語技術」日本言語技術教育学会編『言語技術教育　第7号』明治図書出版，34-40.

高橋俊三（2001）『国語科話し合い指導の改革―グループ討議からパネル討議まで―』明治図書出版

滝沢武久（1984）『子どもの思考力』岩波新書

滝浪常雄（2013）「国語科における「話すこと・聞くこと」の指導の課題」『安田女子大学紀要』41，207-216.

武田忠（2014）『「学ぶ力」を育てる教育になにが欠けているか―「問い」と「吟味」の力が授業を甦らせる』ブイツーソリューション

田近洵一（1991）『戦後国語教育問題史』大修館書店

田中俊弥（2002）「話すこと・聞くことの教材・教材開発に関する研究の成果と展望」全国大学国語教育学会編『国語科教育学研究の成果と展望』明治図書出版，106-113.

谷口直隆（2010）「「適応的なメタ認知能力」の育成を目指したコミュニケーション教育の提案」『国語科教育』第68号，19-26.

中央教育審議会（2008）『幼稚園，小学校，中学校，高等学校及び特別支援学校の学習指導要領等の改善について（答申）』文部科学省

徳井厚子（2008）「小集団討論場面の相互行為にみる「司会者」の役割化」『信大国語教育』第18号，1-7.

中島國太郎（2001）「討論，討議」日本国語教育学会編『国語教育辞典』朝倉書店，285.

中西雅之（2011）「対人コミュニケーションの特徴と研究概要」日本コミュニケーション学会編『現代日本のコミュニケーション研究』三修社，18-24.

中村敦雄（1990）「討論指導論の研究：昭和三十年代前後における，大久保忠利の理論の歴史的位置」『国語科教育』第37号，115-122.

中村敦雄（2002）「話すこと・聞くことの学習指導方法に関する研究の成果と展望」全国大学国語教育学会編『国語科教育学研究の成果と展望』明治図書出版，114-125.

中村敦雄（2005）「国語科教育におけるディベート受容」『月刊国語教育研究』第400号，28-31.

灘光洋子（2011）「コミュニケーション学におけるコミュニケーション能力の捉え方」日本コミュニケーション学会編『現代日本のコミュニケーション研究』三修社，158-167.

西尾実（1975a）「言葉とその文化」『西尾実国語教育全集第4巻』教育出版〔原典『言葉とその文化』，1947，岩波書店〕

引用・参照文献一覧　253

西尾実（1975b）「国語教育学の構想」」『西尾実国語教育全集第4巻』教育出版　〔原典『国語教育学の構想』，1951，筑摩書房〕

西尾実（1975c）「国語教育学序説」」『西尾実国語教育全集第5巻』教育出版　〔原典『国語教育学序説』，1957，筑摩書房〕

西尾実（1975d）「討議」『西尾実国語教育全集第6巻』教育出版〔原典『現代倫理4』，1958，筑摩書房〕

西尾実（1975e）「『現代国語』の学習指導について」『西尾実国語教育全集第7巻』教育出版〔原典『現代国語1学習指導の研究』，1962，筑摩書房〕

西尾実（1975f）「言語生活についての一考察」『西尾実国語教育全集第6巻』教育出版〔原典『ことばの研究』，1959，秀英出版〕

西尾実（1975g）「マス・コミと国語教育」『西尾実国語教育全集別巻二』教育出版〔原典『国語通信』第20号，1959，筑摩書房〕

野口芳宏（1998）「論破の力をつける指導をしよう」日本言語技術教育学会編『言語技術教育　第7号』明治図書出版，8-13.

野地潤家（1980）『話しことば教育史研究』光文社

長谷浩也・村松賢一（2015）「合意を目指した話合い教材に関する研究―合意形成のプロセスとその能力の視点から―」『環太平洋大学研究紀要』第9巻，81-91.

長谷浩也・重内俊介（2018）『合意形成能力を育む「話し合い」指導―理論と実践―』明治図書出版

花田修一（1994）『国語科ディベート授業入門』明治図書出版

早川操（1994）『デューイの探究教育哲学―相互成長をめざす人間形成論再考―』名古屋大学出版会

速水博司（1993）「ディベート，今昔」川本信幹・藤森裕治編『教室ディベートハンドブック』法令出版，14-18.

平木典子（1993）『アサーション・トレーニング―さわやかな〈自己表現〉のために―』，金子書房

平山るみ（2004）「批判的思考を支える態度および能力測定に関する展望」『京都大学大学院教育学研究科紀要』第50号，290-302.

藤岡信勝（1995）「ディベートの本質をふまえた実践を」日本言語技術教育学会編『言語技術教育　第3号』明治図書出版，45-49.

藤森裕治（1995）『対話的コミュニケーションの指導―「話し合い」における「感性のレトリック」―』明治図書出版

藤森裕治（2002）「話すこと・聞くことの学習目標設定に関する研究の成果と展望」

全国大学国語教育学会編『国語科教育学研究の成果と展望』明治図書出版，86-95.

藤原顕（2014）「第 6 節　開発的アプローチ」日本教育方法学会編『教育方法学研究ハンドブック』学文社，90-93.

堀公俊（2015）『問題解決フレームワーク大全』日本経済新聞社

増田信一（1994）『音声言語教育実践史研究』学芸図書

間瀬茂夫・守田庸一（2014）「児童生徒の言語コミュニケーション能力の調査 I ―小学校 3 年から中学校 3 年―」位藤紀美子（監修）『言語コミュニケーション能力を育てる―発達調査をふまえた国語教育実践の開発―』世界思想社，12-29.

松尾剛・丸野俊一（2007）「子どもたちが主体的に考え，学び合う授業を熟練教師はいかに実現しているか―話し合いを支えるグラウンドルールの共有過程の分析を通じて―」『教育心理学研究』第55号，93-105.

松下佳代（2010）『〈新しい能力〉は教育を変えるか―学力・リテラシー・コンピテンシー―』ミネルヴァ書房

松友一雄（2008）「言語活動の基盤としてのコミュニケーション能力の育成」『各教科等における言語活動の充実』教育開発研究所，30-32.

松本修（2006）『文学の読みと交流のナラトロジー』東洋館出版社

丸野俊一（2004）「質問する力・議論する力としてのコミュニケーション」秋田喜代美編『教職研修2004/10増刊』教育開発研究所，31-37.

丸野俊一・生田淳一・堀憲一郎（2001）「目標の違いによって，ディスカッションの過程や内容がいかに異なるか」『九州大学心理学研究』第 2 巻，11-33.

水谷信子（1980）「外国語の修得とコミュニケ－ション」『言語生活』344, 28-36.

水谷信子（1993）「「共話」から「対話」へ」『日本語学』12巻 4 号，4-10.

道田泰司（2002）「批判的思考における soft heart の重要性」『琉球大学教育学部紀要』第60号，161-170.

道田泰司（2003）「批判的思考概念の多様性と根底イメージ」『心理学評論』46号，617-639.

村松賢一（1998）「対話自体を対象化し，管理するメタ対話能力」『「生きる力」を育む国語学習』第 3 号，明治図書出版，7-10.

村松賢一（2001）『対話能力を育む話すこと・聞くことの学習―理論と実践』明治図書出版

村松賢一（2006）「出し合いから尋ね合いへ」『月刊国語教育研究』第409号，4-9.

村松賢一（2009a）「「他に応用の利く発表・討論力」という観点で」『教育科学国語教

育』第702号，明治図書出版，5-7.

村松賢一（2009b）「認識の新たな地平を拓く討論力：「言語活動の充実」何が重点課題か」『教育科学国語教育』第707号，明治図書出版，9-12.

村松賢一（2010）「「聴いて・訊く」力の指導を丁寧に：伝え合う力を育てる討論とは」『教育科学国語教育』第724号，明治図書出版，11-13.

森田良行（2006）『話者の視点がつくる日本語』ひつじ書房

文部科学省（2017）『小学校学習指導要領（平成29年告示）解説　国語編』東洋館出版社

山口喜一郎（1952）『話すことの教育』，習文社

山口信量・河上民祐（1933）『話し方指導の理論と実際』厚生閣

山中桂一（1998）『日本語のかたち　対照言語学からのアプローチ』東京大学出版会

山元悦子（1996）「対話能力の発達に関する研究」『国語科教育』第43号，39-49.

山元悦子（1997）「対話能力の育成を目指して―基本的考え方を求めて―」福岡教育大学国語科・福岡教育大学附属中学校『共生時代の対話能力を育てる国語教育』明治図書出版，13-48.

山元悦子（2004）「聞き話す双方向性のある音声言語活動の学習指導」倉沢栄吉・野地潤家（監）『話し言葉の教育』朝倉書店，134-153.

山元悦子（2008）「共創的コミュニケーション能力の育成を目指して―教室コミュニケーションの構造―」『月刊国語教育研究』第434号，日本国語教育学会，4-9.

山元悦子（2014）「児童生徒の言語コミュニケーション能力の調査Ⅱ―小学校2年・3年・5年生―」位藤紀美子（監修）『言語コミュニケーション能力を育てる―発達調査をふまえた国語教育実践の開発―』世界思想社，30-51.

山元悦子（2016）『発達モデルに依拠した言語コミュニケーション能力育成のための実践開発と評価』溪水社

吉田裕久（2002）「序　話すこと・聞くことの教育研究史の外観と本章の課題」全国大学国語教育学会編『国語科教育学の成果と展望』明治図書出版，80-85.

李舜炯（2016），「自然談話における共話の展開構造」『日本学報』49-59.

お わ り に

　本書の内容は，2018年度に東京学芸大学大学院連合学校教育学研究科に提出した博士論文『協同探究型討論の指導に関する研究―小学校における〈議論展開能力〉の育成を中心に―』が中心となっています。しかしながら，少しでも読みやすい構成と量にしたいと考え，大胆に文章やデータを削り，章立ても大きく変更しました。現在進めている新たな研究成果も加えたい気持ちもありましたが，それは別の枠組みで束ねた方がよさそうでしたので本書には取り入れていません。

　出版に向けた準備を始めるのが遅くなった上に，思った以上に労力と時間のかかる作業となってしまいました。しかし，少し時間の空いた分，かつての自分を突き放して思い切った推敲ができたようにも感じています。

　本研究の成果を発表した初出の論文は以下の通りです。

・北川雅浩（2014）「協働探究を志向した討論力の育成」『月刊国語教育研究』第505号，50-57.：第6章
・北川雅浩（2016）「小学校段階で討論を円滑に導入する方法の検討」『国語科教育』第79号，23-30.：第6章
・北川雅浩（2018）「小学校段階における討論学習の必要性の再検討―認知面と心理面への影響の分析を通して―」『国語科教育』第83号，15-23.：第2章
・北川雅浩（2018）「自律的な討論の実現に向けた指導に関する一考察―小学校段階における〈議論展開能力〉の育成を中心に―」『国語科教育』84号，40-48.：第3章，第4章，第5章
・北川雅浩（2019）「小学校のグループディスカッションにおいて「問うこと」はどのように機能しているか」『熊本大学教育学部紀要』第68号，1-8.：第5章

最後に，お世話になった方々への謝辞を述べさせていただきたいと思います。本当に多くの人に支えられた研究でありました。

　本研究の中心となった実践は，平成28年度に担当した6年生の子供たちとの討論の学習指導です。年間を通じて「話しやすく深まる討論にするにはどうしたらよいか」という問いを子供たちと共有し，なかば手探りで指導を積み重ねていきました。手探りであったからこそ，子供たちの実際から理論を立ち上げるといったボトムアップの研究方法を築くことができたと言えますし，子供たちの姿の中から〈議論展開能力〉のような討論における中核的な資質・能力を発見することができたのだと思います。幸いにも素直な子供たちばかりだったので，討論の学習を積み重ねるごとに議論する力を確実に高めていってくれました。そのことが，私自身がこの研究を推し進める上での大きな原動力となっていたことは間違いありません。

　博士課程においては，主指導教官の千田洋幸先生をはじめ，多くの方々にご指導いただきました。千田先生には，研究の過程を温かく見守り，丁寧にご助言いただけましたことを心からお礼申し上げます。また，中村敦雄先生，坂本喜代子先生をはじめとする「音声言語研究会」の先生方にも感謝申し上げます。本研究の中心となる論文の多くは，この研究会で発表し討議を重ねたものでした。音声言語指導に関する研究の専門性を高める機会となり，今の私の礎となっています。そして，若い頃から互いに刺激し合い共に研鑽を重ねてきた細川太輔氏と大村幸子氏にも御礼申し上げます。研究面でも実践面でも，お二人から得たものは多大であり，今後もそういった仲間であり続けたいと願っています。さらに，私が現職教員を務めながら，研究を続けることができたのは，周りの方々の多大なるサポートがあったからだと感謝しています。特に，当時の所属校の先生方には，いつも温かく支えていただきました。また，話し合い指導の実践力を高めるための学びの場を提供してい

ただいた東京都小学校国語科教育研究会（都小国研）話すこと・聞くこと部のみなさまにも感謝申し上げます。講師の河村静枝先生，邑上裕子先生の両先生をはじめ諸先輩方からは，授業づくりの面白さと子供たちの声に学ぶ教師の姿勢を教わりました。

　最後に，家族のみんなに感謝を述べたいと思います。二人の娘には，研究の時間を確保するために時には休日も協力してもらいました。二人の無邪気な笑顔に癒されたからこそ，仕事と研究とを両立させて頑張れたのだと思っています。本当にありがとう。そして，何といっても妻の景子には，多大なるサポートをしてもらいました。この研究が一定の成果を出すことができたのは，私と妻の二人三脚で取り組んできたからだと言えると確信しています。この場を借りて，彼女の優しさや寛容さに感謝の思いを伝えたいと思います。

　末筆ながら，ここには書ききれなかった多くの先生方，子供たちとの出会いと，共に語り合えたことに感謝いたします。そして，この研究が国語科教育の発展の一助になりましたら，幸いです。子供たちが仲間との議論を通して真に学び合える教室が増えていくことを願って，今後も研究を重ねていきたいと思います。

　2024年10月

北川　雅浩

語 句 索 引
（ゴチック体は特に重要なページを示す。）

〈異論受信型〉の学習　**52**, 54, 76

〈議論展開能力〉　90, 91, **92**, 94, 109, 115, 165

協同探究型討論　5, **9**, **48**, 73

協同的態度　**81**, 90, 94

議論展開スキル　**92**, 94, 107, **108**, 112, 115, 165, **177**

クリティカルな態度・思考　**83**, 90, 94, 112

視座転換　**6**, 51, 74, 226

情意的次元・社会的次元　7, 68, **77**, 81, 190

推進機能　**91**, 107, 179

整理したりまとめたりする　95, 98, 99, **107**, **108**, 121, **140**, **172**, 176

全体に問いかける（全体への問いかけ）　102, **107**, **108**, 118, 131, **136**, 153, 168, 172, 175, **179**, **190**

選択型論題　194, 195,

対立的討論　197, **198**, 202, 233

対話的思考　**8**, 84

多元的方法による開発アプローチ　**12**

多元論理の問い　**8**, 53, 60, **84**, 123

探究の共同体　**7**, 91

調整機能　**92**, 107, 179

〈討論型〉の学習　51, **52**, 56, 58, 70

トランスクリプトの記述方法　**77**

並立的討論　197, **198**, 201, 202, 231, 233

累加型論題　**195**, 196

実践 A・B・C の概要…〈異論受信型〉と〈討論型〉　53～61

実践 I・II・III の概要…〈議論展開能力〉の育成過程　117～125

実践 a・b・c の概要…並立的討論と対立的討論　201～203

著者略歴

北川　雅浩（きたがわ　まさひろ）

東京学芸大学大学院連合学校教育研究科博士課程後期（言語文化系教育講座）
修了（2019年3月）博士（教育学）
熊本大学大学院教育学研究科　准教授
kitagawa@educ.kumamoto-u.ac.jp

2002年～2019年　東京都の公立小学校で勤務（2014年からは指導教諭）
2016年　学習指導要領等の改善に係る検討に必要な専門的作業等協力者（国語）
2019年より現職

主要著書
・『国語授業アイデア事典　アクティブ・ラーニングがうまくいく！ペア＆グループ
　学習を取り入れた小学校国語科「学び合い」の授業づくり』. 明治図書出版.
・『小学校国語科学び合いの授業で使える！「思考の可視化ツール」』.
　明治図書出版.
・『学習会話を育む：誰かに伝えるために』. 新評論.（翻訳書）　ほか

小学校国語科における討論指導に関する研究
―協同探究のための〈議論展開能力〉の育成―

2024 年 11 月 30 日　初版第 1 刷発行

著　者　　北　川　雅　浩

発行者　　風　間　敬　子

発行所　　株式会社　風　間　書　房

〒 101- 0051　東京都千代田区神田神保町 1-34
電話 03（3291）5729　FAX 03（3291）5757
振替 00110-5-1853

印刷　藤原印刷　　製本　井上製本所

©2024　Masahiro Kitagawa　　　　　　　NDC分類：370
ISBN978-4-7599-2519-7　　Printed in Japan
JCOPY〈出版者著作権管理機構 委託出版物〉
本書の無断複製は、著作権法上での例外を除き禁じられています。複製される
場合は、そのつど事前に出版者著作権管理機構（電話 03-5244-5088、FAX
03-5244-5089、e-mail: info@jcopy.or.jp）の許諾を得て下さい。